视频书
vBook

中国价值

ZHONGGUO
JIAZHI

中共中央宣传部宣传教育局
光 明 日 报 社 ◎编

人民出版社

前　言

　　培育和践行社会主义核心价值观，是坚持和发展中国特色社会主义、实现中华民族伟大复兴中国梦的战略任务。党的十八大以来，以习近平同志为核心的党中央高度重视社会主义核心价值观建设，作出一系列重要部署。为贯彻落实中央精神，2014年5月起，中宣部宣教局、光明日报社共同举办"核心价值观百场讲坛"。

　　"百场讲坛"着眼普及性理论阐释和宣传教育，坚持贯通理论与实践、融通历史与现实、连通国际与国内，广泛传播当代中国的价值观念和文化自信，努力推动核心价值观由认知认同转化为践履笃行，在社会主义核心价值观建设方面进行了有益探索。

　　五年来，各方面领导干部、知名专家学者和先进模范作为主讲人，围绕党和国家重大工作部署、阶段性任务、重要活动等，联系中国特色社会主义伟大事业的辉煌成就和中华民族伟大复兴的光明前景，联系新中国历史、改革开放史、中国共产党历史、中国近代史、中华文明史，开展贴近实际、贴近群众的核心价值观主题宣讲，展示了真理的力量、道义的力量和人格的力量。

　　五年来，从中国道路、中国制度到文化自信、生态文明，从依法治国、从严治党到爱国主义、民族振兴，从传统美德、家风建设到劳模精神、忠诚奉献，一个个鲜明话题切中时代肯綮，一场场精彩演讲引发广泛共鸣，为构筑中国精神、传递中国价值、凝聚中国力量作出了应有贡献。

　　五年来，无论在繁华庄严的首都北京还是椰风海韵的祖国南疆，无论在风景宜人的锦绣江南还是辽阔雄浑的塞北大漠，"百场讲坛"都坚持扎根基层，到高等院校、重点企业、大中学校、文化场馆、医疗机构等一线，为基层干部群众开展通俗易懂的宣讲。同时，注意现场宣讲与网络直播相结合，传统媒体和新兴媒体齐发力，既与网民进行了互动交流，也有效扩大了受众覆盖面。

立志欲坚不欲锐，成功在久不在速。当此"百场讲坛"举办一百场之际，对过去的工作进行回顾，是坚持不懈、奋力前行的基础。故此，撷取精华，编成《中国价值》一书。希望读者能在沉浸式阅读中获得更多感悟和启发，也期待各界对"百场讲坛"提出改进完善的建设性意见。

目　录

| 共筑中国梦 |

伟大复兴

| 70 多次掌声背后是中国自信 |

| 国际视野下的中国道路 |

| 将改革开放进行到底 |

| 民族复兴的文化根基与价值支撑 |

| 绿色发展中的中国 |

70 多次掌声背后是中国自信

——党的十九大报告六个"新"

谢春涛

谢春涛，中共中央党校（国家行政学院）副校（院）长，党的十九大代表，十九届中央候补委员。中国中共党史学会常务理事，多所高校和研究机构客座教授或特约研究员，曾任中共中央党校党史教研部主任、报刊社社长兼总编辑、教务部主任等。全国宣传文化系统"四个一批"人才，国家"万人计划"首批哲学社会科学领军人才。2005 年被国务院授予全国先进工作者称号。著有《大跃进狂澜》《庐山风云：1959 年庐山会议简史》，主编《历史的轨迹：中国共产党为什么能?》《中国共产党如何治理国家?》《中国共产党如何应对挑战?》《中国共产党如何反腐败?》《中国共产党如何治党?》等。

三个半小时的报告，70 多次掌声，这反映了各位代表的心声。十九大结束之后，全党全国人民都很振奋，对党的前途、国家的前途、民族的前途，包括我们每个人的前途，都充满了信心。这种自信的状态过去是没有的。

党的十九大胜利闭幕

党的十九大在中国共产党的历史上是一次非常重要的大会。我很荣幸在现场聆听了习近平总书记所作的《决胜全面建成小康社会　夺取新时代中国特色社会主义伟大胜利》报告，感触很多、很深。会后我又反复研读报告，感觉报告的内容非常丰富，今天要在有限的时间内把十九大报告的主要精神讲出来，我经过反复考虑，试图用六个"新"概括十九大报告主要内容。

新成就：极不平凡的五年

党的十九大报告回顾了过去五年的工作，总结概括了十个方面的成就，可能有的同志注意到了，报告这一部分用词跟过去不一样，有些说法过去没有，比如"极不平凡的五年"。"不平凡"已是不易，为什么还有"极"呢？在我看来，这个"极"十分准确。

我记得，党的十八大刚刚闭幕那会儿，我就注意观察外国媒体驻京记者的报道。我注意到有一个问题非常突出：习近平总书记面临的挑战，比如环境污染、百姓收入差距大、党内不正之风和腐败问题，还有中国经济发展的环境跟过去不一样了，还能不能高速发展？这样的报道我看过很多。我觉得，他们看问题看得很准，当然，中国共产党对中国发展现状理解得更准确。

党的十八届一中全会结束后新一届中央政治局常委同中外记者见面，习近平总书记讲话的时间很短，他讲话的主题是什么呢——责任。关于"责任"他讲了三个方面：对民族的责任，要实现中华民族的伟大复兴；对人民的责任，人民对美好生活的向往就是我们的奋斗目标；对党的责任，切实解决自身存在的突出问题，使党始终成为中国特色社会主义事业的坚强领导核心。

我记得他讲到了党内存在很多的问题，他看得很清楚，那么他就要解决这些问题。

2012 年 11 月 29 日，习近平总书记和中央政治局常委到国家博物馆参观《复兴之路》展览，第一次阐释了"中国梦"。国家富强、民族振兴、人民幸福，这就是我们中华儿女的心声。我们都希望党发展得越来越好，党好、国家好，我们每个人才可能好。

摆在面前的困难和挑战不少。我记得 2012 年 12 月初，"八项规定"刚公布的时候，有些同志还有所怀疑，现在我们看"八项规定"，真的是改变了中国。除了党的建设，党的十八大以来，经济建设、政治建设等等，五年间也都成就巨大，真是不容易。

习近平总书记在人民大会堂作十九大报告的时候，场内掌声热烈持久。三个半小时的报告，70 多次掌声，这反映了各位代表的心声。十九大结束之后，全党全国人民都很振奋，对党的前途、国家的前途、民族的前途，包括我们每个个人的前途，都充满了信心。这种自信的状态过去是没有的。五年之前那么难，五年之后大家越来越有信心。这是我想讲的第一个方面——新成就。

新时代：人民的美好生活

大家知道，党的十九大报告作出了一个非常重要的判断：中国特色社会主义进入了新时代。这是我们党作出的一个重大政治判断。在我看来，这也是十九大报告立论的基础。

新时代意味着什么？习近平总书记在作党的十九大报告时，讲到"中国特色社会主义进入新时代"有三个"意味着"。

第一个"意味着"是对中华民族而言，迎来了从站起来、富起来到强起来的伟大飞跃，迎来了实现中华民族伟大复兴的光明前景。"站起来"是中华人民共和国成立了；"富起来"是经过改革开放前的努力和改革开放后的奋斗，老百姓富起来了、温饱解决了、生活水平高了，总体进入了小康

"复兴号"中国标准动车组上线运行　　　　　　　　　　　　（新华社发　杨宝森 / 摄）

社会；走过了以上两个阶段，接下来就要"强起来"，建成社会主义现代化强国。

第二个"意味着"是对社会主义而言，科学社会主义在 21 世纪的中国焕发出强大生机活力，在世界上高高举起了中国特色社会主义伟大旗帜。社会主义五百年，经过了从空想到科学、从理论到实践、从一国实践到多国发展的过程。诸多的社会主义国家中，中国从过去到现在无疑是走得最好的，而且会越来越好。社会主义制度有其优越性，社会主义核心价值观也足具吸引力。社会主义在全世界影响力如何，中国是最有说服力的例证。

第三个"意味着"是对世界，尤其是对发展中国家而言，中国特色社会主义道路、理论、制度、文化不断发展，拓展了发展中国家走向现代化的途径，给世界上那些既希望加快发展又希望保持自身独立性的国家和民族提供了全新选择，为解决人类问题贡献了中国智慧和中国方案。好多发展中国家过去跟西方学，学多党制、三权分立……结果学得一团糟，越学越发展不好。拉美、非洲发展中国家我去过不少，好多人说学西方的东西上当了。

看到中国的巨大变化，他们越看越清楚、越看越羡慕、越来越希望向中国学习。

新时代，社会的主要矛盾有没有变化？

从党的十一届六中全会到党的十九大之前，我国社会的主要矛盾一直是"人民日益增长的物质文化需要同落后的社会生产之间的矛盾"。这个判断是正确的，改革开放之初，我们国家如何的落后，我想中年以上的同志都有体会，那时候连最基本的温饱都没有得到很好解决。因此，当时关于社会主要矛盾的判断符合实际，而作出这个判断的目的就是要发展，我们始终强调以经济建设为中心。现在，中国特色社会主义进入新时代，我们党作出了新判断——我国社会主要矛盾已经转化为人民日益增长的美好生活需要和不平衡不充分的发展之间的矛盾。

为什么要作出新判断呢？是因为人民对民主、法治、公平、正义、安全、环境等方面的要求日益增长。比如环境问题，像雾霾，如果这个问题长期解决不好，老百姓一定不满意。法治问题，要努力让人民群众在每一个司法案件中都感受到公平正义。民主问题，民主也要不断发展，才能满足老百姓的需求，解决很多难题，也要靠它。

我举个例子。浙江金华有个村的民主监督机制，让我印象很深。过去这个村管理很成问题，老百姓对村干部极不信任，不断地上访，甚至闹，有一次连维持秩序的警车都被老百姓推倒了。后来在县领导帮助之下，这个村选了一个村务监督委员会，监督村委会的这些领导。比如说村委会招待外面的人吃个饭，哪怕只花了 200 块钱，但是这个发票如果只有村委会主任一个人的签字，绝对报销不了，一定还得有监督委员会主任签字。签字报销之后，还得在老百姓当中公开账目。要出去采购东西，监督委员会的人得跟着。2005 年，时任浙江省委书记习近平同志到这个村考察，肯定了这个经验，在浙江全省推广。后来，浙江又搞了一个村级财务乡镇代理的制度，也全部推开，乡镇帮村的老百姓把一道财务关，村干部想搞点名堂更难了。

党的十九大报告中，讲到老百姓获得感、幸福感后，还加了一个安全感。很多出过国的人都有这样的感觉，一出国就觉得没有安全感。可不嘛，各种恐怖行为防不胜防。在中国就不一样，看看北京"朝阳群众""西城大妈""海淀网友""丰台劝导队"，这些西方就没有，学也学不过去。所以说，我们党就给了人民安全感，而且这种安全感越来越高。

当然，在"变"的同时，还有两点没有"变"。第一个是我国仍处于并将长期处于社会主义初级阶段的基本国情没有变，第二个是我国是世界最大发展中国家的国际地位没有变。这也是根据我们目前发展的实际，例如发展不均衡、经济总量大但人均少等情况作出的科学判断。

新思想：走好自己的路

党的十九大将习近平新时代中国特色社会主义思想写入党章，这是十九大最重要的理论成果。习近平新时代中国特色社会主义思想主要围绕新时代坚持和发展什么样的中国特色社会主义、怎样坚持和发展中国特色社会主义这一主题展开，涉及内政、外交、国防、治党、治国、治军等领域，内容非常丰富。

党的十九大报告中提出了"八个明确"，又讲了"十四个坚持"的基本方略。"八个明确"讲的是思想理论层面的，每一个"明确"都内涵丰富。而"十四个坚持"是行动纲领，两者之间有着密切的关系。由于时间关系，没有办法每一个都展开说，我主要结合自身研究和经历讲几个方面的"明确"。

第一个"明确"，明确坚持和发展中国特色社会主义，总任务是实现社会主义现代化和中华民族伟大复兴，在全面建成小康社会的基础上，分两步走在本世纪中叶建成富强民主文明和谐美丽的社会主义现代化强国。

习近平总书记强调，"既不走封闭僵化的老路，也不走改旗易帜的邪路"。我们有的人看到了今天存在的问题，但是不明白这些问题是怎么产生的，以为就是改革开放带来的，是中国特色社会主义道路带来的。那怎么解决？回到过去。这是出路吗？绝对不是出路，不光解决不了问题，一定还会带来更多的问题。所谓的邪路，就是全盘西化，迷信西方思想。很多发展中国家在这方面给我们提供了例证，如果我们真的走西方道路，很难想象会乱成什么样子。

坚持中国特色社会主义就是对我们党、对老百姓、对民族负责任的态度。我们要实现中国梦，这是我们最伟大的梦想和动力。这个梦想放哪里都说得通，美国人有美国梦，别的国家的人也有自己的梦，我们的梦就是要国家富强、民族振兴、人民幸福。尤其是我们的梦要讲点历史。我们为什么把国放在前面，没有国，有家、有人民吗？我们国家过去落后被人家欺负，人民哪有好日子呢？我们这个梦想有没有基础？我们提出的"两个一百年"，第一个一百年马上就到了，现在是决胜期，三大攻坚战：防范化解重大风险、精准脱贫、污染防治。以这几年的力度来看，小康社会全面建成，我相信一定能够实现。

第二个"明确"，明确新时代我国社会主要矛盾是人民日益增长的美好生活需要和不平衡不充分的发展之间的矛盾，必须坚持以人民为中心的发展思想，不断促进人的全面发展、全体人民共同富裕。社会主要矛盾刚才讲到了，我们就谈谈"以人民为中心"。

中国梦，归根到底是人民的梦。人民做什么梦？2013 年央视做了一个关于"梦想"的新闻采访，走上街头采访普通百姓。一位老太太的梦想是"看病不用担心钱的问题"，一位年轻人的梦想是"买一套房子和一辆车子"……通过这些梦想，我们很清晰地看到：在党和政府的努力下，我们普通老百姓做梦圆梦的机会越来越多。这就是我们党"以人民为中心"的一个体现。

党的十八大以来，土地制度改革、户籍制度改革、司法改革、教育改革……各类改革达 1500 多项。这些改革让人民群众有了更多的获得感。通过一个又一个具体有力的举措让老百姓明白了，我们的改革是对他有好处的。我们的发展就是为了人民，发展的成果就是让人民共享。我们要全面建成小康社会，十几亿人口，有房住、有饭吃、有衣穿，得了病能治，该上学能上学，几千年来的中国哪朝哪代能够做到这样？哪个国家能覆盖面那么宽？这事做成了了不得，绝对是人类发展的奇迹。

习近平：共同构建人类命运共同体

再一个"明确"，明确中国特色大国外交要推动构建新型国际关系，推动构建人类命运共同体。我们的大国外交，不像有的国家是霸权主义、单边主义，更不像有些国家把发展自己的利益建立在损害别人利益的基础上。我们的外交是站在道义的制高点上的外交，发展自身的同时也考虑让别人有发展的机会，互惠互利，合作共赢。

2013 年秋，习近平主席提出共建"一带一路"重要倡议，开启了世界共同繁荣发展的新征程。在经济上、政治上、外交上……给中国和沿线国家带来很大的改变。我们的"朋友圈"越来越大，我们也日益走近世界舞台中央。

再讲一个"明确"，明确中国特色社会主义最本质的特征是中国共产党领导，中国特色社会主义制度的最大优势是中国共产党领导，党是最高政治领导力量，提出新时代党的建设总要求，突出政治建设在党的建设中的重要地位。

我们党的执政地位，是历史的选择、人民的选择。大家都知道历史，不多说了。我们国家发展得快很重要的一个原因就是我们党的坚强领导。一些国家的多党制，各个政党各自代表一部分人的利益，谁都想执政，对方干得再好也不会说干得好，甚至要骂他，内耗不断。有一年我去拉美一个国家，有个人对我们党有些了解，就夸我们说："你知道我最敬佩你们的是什么吗？是你们的自我批评。我们就做不到。"我对他说：多党制没谁能做到。而中国共产党对人民对国家负责，就要不断地找自身的毛病，不断地改这个毛病，才会不断提高党的执政能力和领导水平。我们党执政那么多年，是为国家民族谋利益，党委总揽全局、协调各方，我们的决策实施起来就非常高效。

关于新思想，我简单谈以上几点。看报告的文字，"八个明确"不长，但它们内涵都非常丰富，"十四个坚持"内涵也很丰富。新思想必将在实践中产生很大的指导作用，对中国共产党和中国人民的发展也将起到更大的指导作用。

新目标："两个阶段"了不得

新目标，就是我们讲的"两个一百年"，从第一个一百年到第二个一百年，我们又分了两步。第一个阶段，从 2020 年到 2035 年，在全面建成小康社会的基础上，再奋斗 15 年，基本实现社会主义现代化。第二个阶段，从 2035 年到本世纪中叶，在基本实现现代化的基础上，再奋斗 15 年，把我国建成富强民主文明和谐美丽的社会主义现代化强国。这么一个新目标，也叫新征程，了不得。

1978 年，我刚入大学不久，那时候说得最多的是"四个现代化"。那一年，邓小平同志访问日本。在乘坐日本光号新干线列车时，日方陪同人员问邓小平："您感觉如何？"当时我们国家的列车时速是 60 多公里。邓小平听后微微一笑，说道："就感觉到快，有催人跑的意思，我们现在正合适坐这样的车。"后来，邓小平同志对"现代化"有了新的认识和提法——中国式的现代化。再后来，又有了"小康社会"。党的十八大提出"全面建成小康社会"的要求就更高更全了。

基本实现现代化的时间，原定是本世纪中叶，党的十九大将时间定为 2035 年，比过去的目标提前 15 年实现。这是个非常宏伟的目标，容易吗？不容易。为什么提前？因为我们有信心，因为过去这些年我们发展得好、发展得快，尤其是十八大以来的这几年。

有的同志注意到，这次讲"两个阶段"的目标，没有数字，没有讲人均收

湘西十八洞村生动实践精准扶贫 （新华社发 薛宇舸/摄）

入要实现多少，等等。过去单纯追求数字增长、追求国内生产总值增长的过程，暴露出相当多的问题。习近平总书记提出"五大发展理念""经济新常态"等，就是要解决这些问题。看看党的十九大报告，比如，中等收入群体比例明显提高，城乡区域发展差距和居民生活水平差距显著缩小，基本公共服务均等化基本实现，现代社会治理格局基本形成，生态环境根本好转……这些文字看似简单，仔细想想要求非常高，实现起来可比单纯的数字增长难多了。那怎么办呢？习近平总书记讲到新时代中国共产党使命的时候，就说："中华民族伟大复兴，绝不是轻轻松松、敲锣打鼓就能实现的。全党必须准备付出更为艰巨、更为艰苦的努力。"

我们看看过去若干年的发展，特别是党的十八大以来，中国的飞速发展，已经超出了很多人的预期，这就为新目标的设定提供了重要依据和充足信心。因此，我相信这个新目标经过努力一定可以如期实现。

新部署：中国故事很精彩

新的目标已经提出，要实现还需要新部署。党的十九大报告在经济建设、政治建设、文化建设、社会建设、生态文明建设以及军队建设、国家统一、外交工作、党的建设等方面作出部署，提出了很多要求，还提出了一些新的发展战略，如乡村振兴战略、军民融合发展战略、区域协调发展战略等。这些都是实现"两个一百年"奋斗目标的具体举措。

我们特别强调文化自信。2017年11月特朗普访华，在故宫参观时说："我想最古老的文化是埃及文化，有8000年历史。"习近平总书记回应说："对，埃及更古老一些，但是文化没有断过流、始终传承下来的只有中国。"习近平总书记讲中国故事讲得非常精彩，他在欧美国家出访时往往从中国文化讲起。愚公移山、后羿射日、夸父追日等都反映出了我们中国人自强不息的精神状态。中国共产党把家国情怀等优秀传统文化发展到极致，发展到全心全意为人民服务的宗旨。

除了文化还有很多方面，内容很丰富，面很宽，提出了很好的对策。我相信这些部署一定能够落到实处，一定能够取得应有的成效。

新要求：我们党没有自己的特殊利益

最后一点，我来讲一下新要求。中国特色社会主义进入新时代，对党的建设也提出了新的要求。

新时代党的建设总要求是：坚持和加强党的全面领导，坚持党要管党、全面从严治党，以加强党的长期执政能力建设、先进性和纯洁性建设为主线，以党的政治建设为统领，以坚定理想信念宗旨为根基，以调动全党积极性、主动性、创造性为着力点，全面推进党的政治建设、思想建设、组织建设、作风建设、纪律建设，把制度建设贯穿其中，深入推进反腐败斗争，不断提高党的建设质量，把党建设成为始终走在时代前列、人民衷心拥护、勇于自我革命、经得起各种风浪考验、朝气蓬勃的马克思主义执政党。

新时代党的建设总要求亮点很多，其中一个重大变化，是把政治建设和纪律建设列入党的建设总体布局，把制度建设贯穿于政治建设、思想建设、组织建设、作风建设、纪律建设之中，就是各方面的建设都要体现制度建设的要求，或者说都要用制度建设来保障。

习近平总书记特别强调制度治党。党的十八大以来，我们党内法规新制定、新修订的有 90 多部，我们现行的党内法规 180 来部，可以说，这几年的法规占了一多半。我们继续将"反腐败斗争深入推进"，而且巩固发展，"取得压倒性胜利"。

先看纪律建设。要将反腐败斗争深入推进，纪律建设很重要。从严治党，纪律就是尺度和依据。2015 年修订颁布的《中国共产党纪律处分条例》，明确了"六大纪律"。我们为什么要颁布这个条例？就是要通过宣传教育告诉每一名党员，哪些事不该做，做了之后什么情节怎么处分；还要告诉老百姓，让老百姓拿这个纪律来衡量我们的党员、监督我们的党员。

2017 年 11 月 6 日，中国记协在北京举办新闻茶座，我作为受邀嘉宾，与国内外记者进行交流。有境外记者提出，"中国由中国共产党一党领导，自己监督是解决不了自身问题的"。我回答说："我和你的理解完全不同。"为什么呢？我们虽然是中国共产党一党执政，但我们有多党参政；我们不光有党内的监督，还有法律的监督、人民的监督。尤其是人民的监督，无处不在，是和党内监督相结合的。我们党除了人民利益之外，没有任何自己的特殊利益。人民不满意的就是我们党所着力要解决的，人民不满意"四风"，人民不满意腐败，我们党十八大以来就是要解决这些问题。世界上包括发达国家在内，哪个国家的执政党在监督这方面，在抓作风、反腐败这方面的力度比中国共产党的大，效果比中国共产党的好？有吗？我没有听说过。

再有政治建设，什么意思？这几年，我们一再讲要"严肃党内政治生活""四个意识""坚持党的统一领导""维护以习近平同志为核心的党中央权威"……政治建设是摆在首位的，如果没有政治建设，其他建设就无从谈起。一定要按照中央要求办，不要乱提口号。有人提向省委看齐、向市委看齐、向县委看齐……乱提口号的话还能看齐吗？这就是要有政治意识。所以说把政治建设放在首位，政治建设搞不好，别的能搞好吗？

党的建设提出了新要求新布局，用习近平新时代中国特色社会主义思想武装全党，这个工作正在大力推进中，大家发自内心地认同，政治上、行动上就保持一致了。建设高素质专业化干部队伍，现在加了"专业化"，分工越来越细，专业化越来越强，这就要求党员干部不断提升自己的专业业务水平。还有加强基层组织建设、正风肃纪，全面增强执政本领有八个方面，不光要政治过硬，也要本领高强，等等。所以说得不断学习，积极主动适应新时代的变化。

我的总体感觉是，党的十九大成果非常丰富，不光有这份分量很重的报告，还有中纪委的工作报告等。我相信，党的十九大一定会在中国共产党的历史上，在我们国家民族的历史上起到非常重要的作用。

（演讲地点：北京市顺义区）

现场问答
XIANCHANG
WENDA ∨

提问：我是一名党支部书记，我有一个问题想请教您，在加强社会治理方面，要让百姓获得更多幸福感、获得感和安全感，您有什么好的方法呢？

谢春涛：这个问题很重要。2007 年，我到上海去调研考察一个区的基层组织建设情况，去了一个居委会。那个居委会的很多工作就是社区党委组织协调居民一起开展的。给当地居民解决问题、提供便民服务，都是些很细致的工作，参与的党员积极性很高，也很有成就感。当地的区委书记跟我说，过去他觉得没有办法完成的事就是通过社区党委组织帮助完成的，比如说要开一个规格很高的国际会议，首脑、元首路过社区的一段路，要求居民把窗户关上。他一听到这个任务脑袋都炸了，老百姓如果不关怎么办？后来通过社区党组织做工作，社区的居民都很理解、很配合。那一次我就深刻地理解到，什么叫作服务型党组织。你服务老百姓，老百姓一定认可你。

提问：我是一名乡镇干部，近几年区里通过村规民约的引领与约束作用改进了民风和村风，促进村民自治取得了一定成效。但在实际工作中，我们发现在对社会主义核心价值观进行宣传的时候，基层干部的宣传途径和形式比较单一，该如何拓展思路呢？

谢春涛：我讲一个成功的经验和办法。这几年浙江在农村普遍地建设文化礼堂。文化礼堂，地方不一定很大，除了图书室等常规设置外，还有一个很重要的设置，就是把村里面从过去到现在各方面让大家认可的事和人展出来，配上一张照片，写上一段文字放在里面。哪家人哪个人能够在文化大礼堂有点位置，那种获得感是特别强的，整个家族都觉得特别光荣。周围人很羡慕，就会朝着这样的方向努力，对当地人形成正向的影响。这个方式我觉得比仅仅进行宣传效果要好，潜移默化，润物无声。

国际视野下的中国道路

张维为

张维为，复旦大学特聘教授、复旦大学中国研究院院长，日内瓦大学国际关系硕士、博士，曾任牛津大学访问学者、日内瓦外交与国际关系学院教授、日内瓦大学亚洲研究中心高级研究员。20世纪80年代中期曾担任邓小平和其他中国领导人的英文翻译，走访过100多个国家。2016年全国哲学社会科学工作座谈会政治学领域发言代表，东方卫视《这就是中国》栏目主讲人。著有"思考中国三部曲"系列《中国触动》《中国震撼》《中国超越》，以及《文明型国家》《改造中国：经济改革及其政治影响》等中英文著作。

理解中国道路，一定要理解其背后的文明。中国是一个文明型国家，是一个没有中断的五千年古老文明和一个超大型的现代国家结合在一起，这在世界上独一无二。

国际视野下的中国道路，从核心价值观的角度来讲，它涉及富强、民主、文明、爱国等很多方面的内容。今天我想从自己研究的角度切入，从国际视野的角度来谈谈国际比较下的中国道路。

习近平在庆祝中华人民共和国成立 70 周年大会上的讲话

中国崛起需要道路自信

2011 年我出了本书叫《中国震撼》，影响还比较大。那年夏天，我在上海图书馆做过一个演讲，现场一位媒体人提了个比较尖锐的问题：难道"7·23"甬温线动车事故也是中国震撼吗？我当时是这样回答的：这场事故当然是一个悲剧，但我们一定要看到，当时动车在中国大地上已经安全运行了 5 年，看火车的安全记录，要实事求是。中国一个春运的铁路运载量恐怕比整个德国 10 年的运载量都要大，中国的铁路安全纪录在世界上当然是最好的之一。

我看到一个案例，中国台北市要建一条连接桃园机场的 51 公里长的地铁，1996 年开始建，到 2015 年还没有建完。台湾采用了西方模式，结果导致了"否决点"太多。这期间台湾换了 13 位"交通部长"，这哪是在做事业？1996 年到 2015 年，将近 20 年，北京、上海都建了十来条地铁，中国建成了世界上最大的高速公路网、高铁网，孰优孰劣，一目了然。

从国际视野看，中国的崛起，虽然从发展模式上来看不尽完美，发展过程中也付出了代价，但中国道路、中国特色社会主义道路是经得起国际比较的。我们可以把我们取得的成绩同世界上其他国家比较一下，比较之后得出一些慎重的结论。

首先与发展中国家比，我们可以毫不夸张地说，中国所取得的成绩，超过了其他所有发展中国家的总和。发展中国家面临的最大问题都是消除贫困，而中国在消除贫困方面是做得最好的，因为世界上 80% 的贫困是在中国消除的。如果没有中国的扶贫成绩，今天，世界的贫困现象只会有增无减。

2015 年我们国内还有 8000 多万贫困人口，我们现在采用的世界银行等的扶贫标准，只计算货币化的收入，看一天收入多少美元，并不计算农民事实上拥有的土地和房产。我去过贵州贫困地区农民家里，发现农民的温饱问题已解决，只是缺钱。其实，到世界上任何一个发展中国家去考察，他们所谓的贫困不只是没有钱，更多的是吃不饱、饿肚子，没有土地，没有房产，印度就是这样的情况。依我之见，中国贫困地区的多数农民兄弟，如果到印度或者埃及，大概可以算是中产阶级了。

其次是其他转型经济国家，中国的成绩应该说也超过了它们的总和。举例来说，1991 年苏联解体，当时俄罗斯的经济规模比中国还大。2015 年俄罗斯的经济规模大约是中国的五分之一。2015 年中国仅外汇储备一项，总额已近 4 万亿美元，这比包括俄罗斯、中欧东欧、中亚五国等国家的 GDP 总和还要大，而这还只是外汇储备一项，不算其他的。

庆祝中华人民共和国成立 70 周年阅兵式　　　　　　　　（新华社发）

再次是西方发达国家。我自己在西方长期生活过，在欧洲生活了20多年，走访了所有的西方国家，连冰岛都去过了，我可以做一个客观的比较。我们国家现在已经形成了一个发达板块，我称之为"准发达国家板块"，这个板块的人口和美国相当，有3亿多人。在这个板块里，硬件水平已经超越了多数西

北京大兴国际机场正式投运，京津冀协同发展再添新动力

（新华社记者　才扬/摄）

方国家，特别是超越了美国，无论是机场、码头、港口、火车站甚至是商业设施都超过了。软件的核心指标包括婴儿死亡率、人均寿命、社会治安等，都比美国要好。当然，我们也有不如人的地方、需要向别人学习的地方，但总体上我们可以平视我们的对手，平视是为了防止被"忽悠"。

2015年我有一个演讲视频叫"中国人，你要自信"，在网上推出的当天点击量就超过130万。我在视频中提到，一次我在上海做讲座时，一个青年教师问我："张老师，你的讲座给人一种感觉：中国人似乎生活得都很幸福，那么为什么这么多中国人要移民？你能不能劝他们不要移民，待在中国？"我是这样回答的："我不会做这样的傻事情，我会鼓励他们移民。"中国移民的人数不是太多，而是太少。官方统计数字，2013—2015年连续三年，每年在19万人左右。一个小小的波兰，人口才4000多万人，2013年移民50多万人。我说："我曾做过一个小小的研究，得出的结论很有意思，至少七成的人出国以后变得更加爱国，不管他是否加入了外国籍，所以千万不要担心这个问题——一出国，就爱国，效果比书本教育还好！"

现在还有很多关于美国的神话，实际上美国是一个由三个世界组成的国家，如果你不幸地坠入美国第三世界，恐怕就命运不济了；如果你能通过自

己的辛勤努力进入到所谓的中产阶级，即第二世界，你也可以问问自己，过去 20 年你的实际收入有没有增长？如果你买了房子，房子有没有增值？你对自己未来在美国退休的生活有没有信心？以我对美国的了解，估计 70%的人回答是否定的。我读过美国诺贝尔经济学奖获得者斯蒂格利茨的分析，他认为美国男性的中等工资收入，还停留在 1989 年的水平。坦率地讲，很多当初离开中国的人，离开的时候还算个中产，今天回来的话，可能已经变穷了，他们错过了中国崛起的大潮。

中国是个超大型的国家，如何准确地认识和把握中国不太容易。我们经常听到的表述是，中国发展非常快，经济总量已经超过日本成为世界第二，但是如果按人均 GDP 算的话，我们还很低，可能排在世界第 80 位、90 位左右。在我看来，中国这么一个超大型的国家，简单用人均 GDP 来计算的话恐怕说不清楚。非洲有个赤道几内亚，人均 GDP 早就是 2 万多美元，但是首都一半居民连自来水都没有，所以人均 GDP 之外还有其他因素。

读懂中国的新视角

我个人认为，读懂中国这个超大型的国家一定要分板块，然后看两个板块是如何互动的。中国今天主要是两大板块，一个是发达板块，一个是新兴经济体板块。新兴经济体板块主要指我们的中西部地区，实际上多数地方已经超出了一般发展中国家的水平。这两大板块之间实现了高度的良性互动，这就是中国崛起的秘密。中国的机遇也因此而比世界上其他国家要多很多。

第二个通过购买力平价来计算。购买力平价就是货币究竟能买多少东西，我们政府不太愿意用这个方法，觉得这个会过高地估计我们。但是，我多年来一直认为购买力平价比官方汇率计算更准确。当然，没有一种计算方法是十全十美的。其实，美国中央情报局从来都是用购买力平价来计算的。如果按照购买力平价来计算，国际货币基金组织认为，2014 年的中国经济规模已超过美国。

第三是家庭净资产。老百姓究竟有多少家底，我觉得这个特别重要。美国的家庭净资产中位水平，也就是 50% 比这个高，50% 比这个低，是 7.73 万美元，折合人民币大约为 47 万元。美国是债务型国家，政府靠借钱消费，而且恐怕永远也还不清这些债了，美国家庭也是债务消费，所以中美文化完全不一样。如果把借贷全部去掉，计算家庭的净资产，也就是把债券、股票、储蓄、住房等加在一起，美国家庭的净资产并不是很高。那么中国呢，2010 年城镇家庭的中位水平是 40 万元多一点，大约等于 6.63 万美元。大家可能注意到，我没有把中国农村家庭放进去，为什么？农村家庭低很多，一个重要原因是农村家庭的土地现在无法定价，不知道值多少钱。所以用我们城镇人口的水平与美国比也是公平的，毕竟 2015 年我们的城镇人口有 6 亿多，是美国人口的两倍。不管我们存有多少问题，中国人财富增长的速度人类历史上罕见，中国的整体面貌出现了翻天覆地的变化。

还有一个是人均预期寿命。中国现在人均寿命是 77 岁，美国是 78 岁，只比中国高 1 岁。但中国人口是美国的 4 倍，中国发达板块的人口寿命是 78—82 岁，比美国的人均寿命平均要高，北京和上海都是 82 岁，而纽约是 79 岁，这还是美国最高的。这些说明，中国取得了巨大的进步，有了这样的成绩，我们是完全可以平视西方的。

为什么从人均 GDP 来看，美国还是比中国高很多，但双方的家庭净资产和人均寿命差别并不是很大？这恐怕有几个原因，其中之一是我们 GDP 计算方法可能低估了自己。我们有很多东西不计入 GDP，比如我们农村的大量经济活动。而美国不一样，美国人说，有两个东西是美国人一生所逃避不了的，一个是死亡、一个是税。现在讲中国道路自信是有本钱的，不害怕比较，我们有自己的问题，问题也可以比较，但是我们的成绩是人类历史上前所未有的。

文明型国家的崛起

理解中国道路，一定要理解其背后的文明。中国是一个文明型国家，是一个没有中断的五千年古老文明和一个超大型的现代国家结合在一起，这在世界上独一无二。我们知道，古埃及文明、古印度文明、古巴比伦文明，由于种种原因都中断了，只有中国文明没有中断，延续至今，我们中国人都是生活在自己土地上的原住民，这个非常重要。

为什么提这个概念？有什么特别的意义？五千年不断的传统意味着什么？我觉得，它意味着很多东西是我们自己的传统和文化基因决定的，它意味着我们做的事情不需要西方人认可，就像中国人讲汉语，不需要英语来认可；就像孔夫子不需要柏拉图来认可；我们的宏观调控不需要美联储来认可；中国特色社会主义也不需要美国特色的资本主义来认可。我们知识界不少人最大的问题是不自信，总觉得要西方认可才行。实际上，我们很多东西都不需要别人的认可，随着中国的进一步崛起，将会出现我们认可不认可别人的问题，所以中国人一定要自信。

文明型国家主要的特征是四个"超"：超大型的人口规模，超广阔的疆域国土，超悠久的历史传统，超丰富的文化积淀。我先简单地解释一下超大型的人口规模。中国是世界上人口最多的国家，但是只有在国际范围内横向纵向的比较中，才能更好地理解这个概念。我们春运现在基本上稳定在每

国庆节夜晚天安门广场上的欢庆场面　　　　　（新华社记者　王晔／摄）

年 30 亿人次左右，这是什么概念？这大概意味着在一个月里面，你要把整个南北美洲、欧盟、日本、俄罗斯和非洲的人口，从一个地方挪到另外一个地方，中国面临的就是这样一种规模的挑战。没有任何一种其他政治制度，或者治理方式，能够很好地应付这样的挑战。中国基本上做到了，这很不容易。

治小国跟治大国不一样，超大型的国家更不一样。历史比较也是这样。美国独立的时候人口两三百万，当时主要在东部 13 个州。达到美国现在这个版图的时候大约是 1848 年，美国打败了墨西哥，吞并了加州，美国那时的人口是 2000 多万，就是北京今天的人口规模。中国人口当时是 3 个多亿，接近它的 20 倍。那个年代都是农业经济，最大的资源是土地。中国和美国相比，是一个人均资源非常紧张的国家，人均资源少，可以说当时美国的白人，按照中国标准，都是超级地主了。一个国家资源多，权利也讲得多，自由也讲得多。中国人均资源少，一个村庄里面甚至为了井水的分配都会打起来，所以我们的文化比较重视能够主持公道、解决问题的第三方，这个责任往往由政府来承担。所以中美是两种政治文化，由背后的人均资源的差异所形成。当然，人均资源少，不一定是坏事，中华民族数千年生活在这一块土地上，活得有滋有味，有自己的方式。比方说，"人气"这个概念老外一般听不懂，你建再好的房子，没有"人气"是卖不掉的，"人气"这个词英文很难翻译。还有中国的餐饮，太丰富了，大的就有八大菜系，这和人均资源相对短缺带来的餐饮创新和革命有关。中国人一出国，就爱国，爱国大概首先从中国人的味蕾开始。同样，超广阔的疆域国土、超悠久的历史传统、超丰富的文化积淀都有它特定的含义，这些都是中国崛起的重要方面。

中国道路背后的制度安排

下面我想讲讲中国道路背后的制度安排。这个问题一定要讲清楚，现在西方和国内亲西方的势力，对中国政治制度的批评，用的都是西方话语，认为我们的制度不行，最后一定要转到西方制度。

《中共中央关于坚持和完善中国特色社会主义制度 推进国家治理体系和治理能力现代化若干重大问题的决定》

"文明型国家"的制度安排,我把它叫作"一国四方"。"一国"就是文明型国家,"四方"就是四个方面的制度安排。

第一是中国的政党制度。西方指责中国最多的就是"一党制",为什么不能换一个党来执政?虽然西方共和党、民主党等都叫党,但中国共产党这个党跟西方的政党,意义完全不一样。西方的政党是公开代表部分利益的政党,然后通过法治条件下的竞选来执政。

中国跟西方情况完全不一样,中国历史上两千多年,自秦始皇统一之后绝大部分的时间内,都是统一的儒家执政集团执政,比较注重民生和社会的整体利益,中国一直是这样的传统。我跟西方学者解释说,如果一定要套用"多党制""一党制"来分析中国的话,那我觉得可以打个比方,过去两千多年中国都是"一党制",而这期间的四分之三时间,中国是领先欧洲的,甚至是远远领先的。文明型国家的最大特征是什么,我叫作"百国之和"。中国"十里不同音",是历史上成百上千的国家慢慢整合起来的,这样的国家如采用西方政治制度,那多半就等于选择自杀,国家会迅速走向解体。

第二,我们的政党背后有红色基因,这很重要。中国人民为自己的民族独立所付出的代价,百倍于美国人为美国独立付出的代价。所以邓小平讲,能够经历了这样的长时期斗争,没有人民的支持是不可能的,这也是我们道路自信一个很重要的方面。

第三,中国共产党具有高度的现代化导向和目标。所以中国共产党是为数不多的能提出"两个一百年"这样明确的现代化导向目标的政党。这种政党制度的安排包含了历史基因、红色基因和现代元素,可以叫"三合一"。

再讲讲协商民主。民主也是我们核心价值的组成部分,民主究竟怎么搞,我觉得应该区分实质民主和程序民主,两者都很重要,但实质民主更重要。实质民主就是民主所要实现的目标,即代表广大人民的利益,实现良政善治,对人民的需求及时作出回应。我们可以比较一下全国人民代表大会和美国国会讨论的议题。我们每年做大量的民调,老百姓关心的住房、医疗、养老、保险、"三农"等主要问题就是人大讨论的问题。美国不是的,美国国会讨论的问题，是由高度组织起来的利益集团通过游说组织来设定的。

我们已经生活在 21 世纪了，生活在网络时代了，了解老百姓最关心什么问题并不难。找三个具有公信力的民调机构，把民调的结果互相参照对应一下基本上就知道了，然后就这些问题进行民主协商，寻找解决的方法。

我想中国之所以侧重于协商民主，重要的原因是中国的人口规模。如果是一个小的国家，政府通过一个决定，这个决定 90% 的人支持、10% 的人反对，那就是压倒性的胜利，政府不用在乎那 10% 的人的意见。但是在中国这样的国家，即使 10% 的人反对也是一亿三千多万，我们还是要尽量把反对的力度降低一些，所以我们追求协商民主，我想这是重要的原因。

还有就是选贤任能。中国共产党历来重视选贤任能。政治局常委，一般是担任过两任省委书记，也就是说至少治理过一亿人口。习近平治理了福建、浙江、上海，我算了一下，一亿两千万人，治理过这么大一个板块之后才进入政治局常委，再有五年时间熟悉整个国家政治、经济、军事、社会方方面面，然后才出任最高领导人。我个人觉得这个方式实际上是最具有竞争力的。我们是通过尽可能多的努力来找到比较能干的、经得起考验的领导干部。

最后是经济体制，我们叫作社会主义市场经济。我们还在不断地完善这个模式，我想强调一点，就是我们从 1992 年提出搞社会主义市场经济之后，还没有经历过西方意义上的金融危机、财政危机和经济危机，这一点本身就很能说明问题。一场金融危机给美国百姓带来的创伤巨大。所以仅此一点，我们就可以肯定我们这个模式，先肯定，再改进。我们现在叫作使市场在资源配置中起决定性作用和更好发挥政府作用，我觉得这是比较靠谱的，也就是有效市场加上有为政府，我觉得这是对中国经济模式一种比较简单的概括。

实现中的中国梦

我们现在都在讨论实现中国梦，中国道路保证中国梦的实现，这里我想讲几个方面对美国的超越。一是经济总量的超越。这个现在看来疑虑比较少了，如果是根据官方汇率计算的话，我们的 GDP 总量 10 年之内应该超过美国了。二是百姓财富的超越。中美双方的中位收入水平家庭净资产的差距，已经不是很大了，而发达板块已经超过了美国。三是社会保障的超越。美国现在还有五分之一到六分之一的人口没有任何医疗保险。美国医疗保险太贵了，起码 500 美元一个月，而且医疗保险是私营的，不是国家的，不能亏本而是要赚钱的。2013 年美国平均的养老金是每月 1200 美元左右，在中国这个数字不算低，但 1200 美元在美国是难以生存的。如果你有房产，房产税一般要占到房子价值的 2%，美国老人普遍退休后还工作是常见现象。与中国比较，不说我们做得十全十美，但是我们已经基本实现了医疗保险的全覆盖，退休金方面也进步巨大。虽然中国各地差异很大，社保水平也有高有低，可是这么快就做到了医疗保险和养老保险几乎全覆盖，这是走中国道路的结果，是我们制度优势的体现。

还有就是政治制度的优越性。这里讲一下三种力量的平衡和"三合一"的制度安排。一个国家的政治制度，它的好坏怎么样来衡量，我觉得是三种力量的平衡。现代社会、现代化国家的良性运作，不仅是政治领域内的事情，也是经济领域和社会领域的事情。所以我说这背后是三种力量，即政治力量、社会力量、资本力量之间的平衡。美国现在最大的困境就是资本力量主导了政治力量和社会力量。如果是跟中国比较的话，也可以这么说，最富的 100 个中国人不可能左右中共中央政治局，而最富的 20—30 个美国人可以左右白宫。中国自改革开放以来，社会力量大大加强了。同时，我们的资本力量也在每时每刻地影响中国共产党。但到目前为止，共产党是能够代表中国绝大多数人的利益的，这是最关键的。在资本力量、社会力量面前，它保持着自己相对的中立性和独立性。这很重要。我当年给邓小平做翻译，后来也研究邓小平的思想。他当时讲过很多次我们还在探索什么是社会主义，但有两点他从未放弃过，一是党的领导，二是公有制占主体，但公有制的形式可以多样化。现在回头看，这两条就是邓小平的底线思维，只要这两条在，不管探索社会主义的过程中出现什么样的问题，我们都可以解决。共产党把握人民的整体利益，公有制使我们有财力来进行纠偏。

　　所谓"三合一"的制度安排，就是说，我们现在成功的制度安排中，都包含了中国自己文明传统的基因、红色基因和西方的有益元素。比方说选贤任能。选贤任能在历史上的体现，如科举制度，通过考试来选拔官员，这个传统一直延续到现在。同时，也有社会主义因素，包括组织部门的安排，不同岗位的考验、锻炼等。另外，西方的有益元素，如民调和选举。我把这种制度安排概括为"选拔＋选举"，这种制度安排，虽然还要完善，但已经超越了西方光是靠"选举"的制度。

　　最后，我的结论是，说到底，实际上是两种逻辑在起作用。一种是历史发展是单线的，从极权主义到威权主义，到民主化。另一种是文明型国家的逻辑，即历史上中国长期领先西方，有其深刻的原因，我把它叫作原因一。18世纪开始落后于西方，有着沉痛的教训，现在又在赶超西方，而且总体上做得比较好，当然还可以做得更好。这种成功的赶超也有其深刻的原因，我称之为原因二。原因二和原因一是一种继承关系，这就是中国崛起的逻辑。从哲学角度来讲，中国人认为，这个世界历来都有不同制度在衍生，相互学习、相互借鉴，当然也有剧烈冲突的，最后是相对比较好的胜出。

（演讲地点：北京凤凰国际传媒中心）

现场问答
XIANCHANG WENDA

　　提问：是否可以说，西方的成功是因为缺乏竞争对手，与西方模式没有必然的直接关系？这对中国的发展有何借鉴的地方？

　　张维为：分析西方政治模式，要平视西方，看清它的长处在哪儿，短处在哪儿。今天西方民主制度运作中存在三个预设：一是人是理性的。但在大众媒体的包围下，特别是在新媒体时代，广告砸下去什么效果都有可能。因此，要理性地作出决定越来越难，甚至可以说是小概率的事情。二是权利是绝对的。今天的美国社会就充斥着各种权利互相打架的严重问题，这也是美国今天最大的社会危机之一。而在中国，我们讲，权利和义务是平衡的。三是程序是万能的。这导致了西方政治制度的日益游戏化：西方民主演变成了以"游戏民主"为核心的程序民主，只要程序正确，谁上台都无所谓。在这个竞争日益激烈的世界上，这种"游戏民主"看来将越来越玩不转。

将改革开放进行到底

杨　禹

杨禹，中国改革报社副社长，中央电视台特约评论员。大型政论专题片《将改革进行到底》总撰稿。从 2009 年起在中央电视台综合频道、新闻频道担任特约评论员，参与评论的节目包括《新闻联播》《焦点访谈》《朝闻天下》《新闻直播间》等。参与 2009 年以来历次全国两会、中央全会等党和国家重大会议的新闻评论工作，党的十八大、十九大期间中央电视台所做的大会开幕会、闭幕会、新一届中央政治局常委见面会直播，均由其担任评论员。作品曾获"中国新闻奖"等多个奖项。

在新的长征路上，还有太多的娄山关、腊子口等着我们去突破。我们要把这 40 年的伟大成就、宝贵经验总结好，走得更远更长久。

庆祝改革开放40
周年大会在京召开

大家都知道，"将改革开放进行到底"是习近平总书记在庆祝改革开放 40 周年大会上发出的号召。40 年来，中国人民一直努力将改革开放这一伟大事业不断向前推进。尤其是党的十八大以来，在以习近平同志为核心的党中央带领下，开启了全面深化改革的进程。

在民族复兴进程进入关键阶段时，"将改革开放进行到底"体现出了近 14 亿中国人民共同的精神状态、行动状态。所有的回望，都是为了展望，是为了把改革开放之路走得更好。社会主义核心价值观，并不是一些飘浮在空中的辞藻、概念。社会主义核心价值观就体现在我们每一个人的奋斗里，而我们每个人又都处在改革开放的伟大事业当中。我想，践行社会主义核心价值观的最好方式，就是大家一起努力，将改革开放进行到底。

改革的历史纵深

我们可以由远及近，一起来找一找"将改革开放进行到底"背后的、有着丰富内在关联的历史纵深。

首先，在改革开放 40 年的背后，有着 5000 年的纵深。5000 年属于谁呢？属于中华民族，属于中华文明。在 5000 年中华文明的积淀当中，饱含着变革的基因。近年来，习近平总书记在很多重要场合讲到过这些文明基因。2018 年 12 月 18 日，在庆祝改革开放 40 周年大会上，习近平总书记在讲话的最后部分，用了很长一段来讲中华民族历史上的变革与开放，那段话的最后是："以数千年大历史观之，变革和开放总体上是中国的历史常态。中华民族以改革开放的姿态继续走向未来，有着深远的历史渊源、深厚的文化根基。"我想，他讲的就是这 5000 年的历史纵深。

由远及近，下一个纵深是 170 年。有双重含义：一是 170 多年前的 1840 年，那是中华民族的命运走到谷底的时候。但对于一个有着不断奋进的内在愿望的民族来说，走到谷底，也就意味着要开始奋力往上走。从那时开始，有多少仁人志士开始不断寻找民族复兴的正确道路，直到五四运动之后，中国共产党诞生，才找到了这条路。今天，我们已经走在中国特色社会主义道路上，比任何时候都更接近民族复兴的梦想。

170 年的另一个含义，就是 1848 年，那一年马克思 30 岁，《共产党宣言》正式发表。中国共产党的命运，始终和科学社会主义的命运，牢牢地绑在一起。我们有责任让科学社会主义在新时代焕发新的光芒。

再往近了说，就是 100 年。2021 年，中国共产党就要迎来自己 100 岁的生日。我们的党在将近 100 年的历程里，并不是只有最近 40 年才知道要变革。在每一个历史阶段，中国共产党人都在推动社会变革。比如革命战争年代，我们一边打仗一边进行土地改革，这就是那个年代的社会变革。党成立以来一直在进行另一场革命——自我革命，这场革命没有终点。总之，中国共产党是一个有变革基因的政党。

继续往近了说，就是 70 年。2019 年，我们一起庆祝新中国成立 70 周年。这 70 年，又大致可以分为前 30 年和后 40 年。我们特别要把握好这两个阶段的关系，这是两个既相互联系又有重大区别的阶段。

在庆祝改革开放 40 周年大会上，习近平总书记讲道："建立中国共产党、成立中华人民共和国、推进改革开放和中国特色社会主义事业，是五四运动以来我国发生的三大历史性事件，是近代以来实现中华民族伟大复兴的三大里程碑。"这句话正是体现了前面所提到的 100 年、70 年、40 年这些历史纵深的叠加。

在国家博物馆举办的"伟大的变革——庆祝改革开放 40 周年大型展览"，不知道大家有没有去看。我参加了这个展览的筹备工作，是内容审核组的副组长。这里给大家讲一个细节：进入国家博物馆，所有参观者看到的第一件展品，其实是一个大屏幕，我

纪录短片《伟大的变革》

们在那上面滚动播放一段 3 分 33 秒的视频《伟大的变革》。

用 3 分半钟的时间讲 40 年这场伟大的变革，那可以说是"寸秒寸金"啊！可能很多网友会想，这样"寸秒寸金"的视频肯定是从 1978 年开始讲的。其实不然。这个视频的第一句话是：1921 年中国共产党成立，这是开天辟地的大事变。然后讲，党带领我们经过浴血奋战建立了新中国；新中国推进社会主义建设，为当代中国一切发展进步奠定了根本的政治前提和制度基础。讲到 1978 年，已经是视频的第 34 秒了。换句话说，我们从"寸秒寸金"的 3 分半里，拿出了 33 秒，专门讲 1978 年以前的事情。为什么？我想，这就是在展现历史纵深——改革开放这 40 年，不是从真空里蹦出来的。没有共产党，就没有新中国。没有新中国，就没有改革开放。

登高望远　居安思危

在找到了过去的这些纵深之后，我们还要面向未来，还要寻求未来 30 年的纵深。30 年之后到本世纪中叶，我们就要按照党的十九大提出的奋斗目标，全面建成社会主义现代化强国。习近平总书记在庆祝改革开放 40 周年大会的讲话里，从 9 个方面概括了 40 年积累的宝贵经验。之后，有一句话意味深长："我们现在所处的，是一个船到中流浪更急、人到半山路更陡的时候，是一个愈进愈难、愈进愈险而又不进则退、非进不可的时候。"在这篇 1 万多字的讲话里，这段话的篇幅并不长，但是我认为这句话的重要性，不能以篇幅长短论。其实这句话所表达的精神内涵，习近平总书记已经讲过太多次。把这句话理解透彻了，我们才能够深切地体会到，为什么要反复地讲"将改革开放进行到底"。

2018 年 4 月 10 日，在博鳌亚洲论坛开幕式的主旨演讲中，习近平主席从四个方面总结了改革开放的 40 年：一是"极大解放和发展了中国社会生产力"，这讲的是改革的本质是什么；二是"开辟了中国特色社会主义道路"，这是对改革开放来说最重要的道路问题；三是"充分显示了中国力量"，中国力量的背后饱含着包括社会主义核心价值观在内的中国精神；最后是"积极作出了中国贡献"，这讲的是改革开放与整个世界的关系。

仅仅 3 天后，习近平总书记在庆祝海南建省办经济特区 30 周年大会上，又用了五句话概括改革开放 40 周年。我不再具体叙述，简单谈谈我的体会：第一句话讲的是过去 40 年我们的路走对了；第二句话讲的是这条路为什么能走对，因为始终有党的领导；第三句话讲的是未来民族复兴仍然要沿着改革开放这条必由之路继续往前走。你看他前三句讲的都是道路问题。讲到第四句话时，习近平总书记强调经济特区要办得更好。可以理解为，不仅是经济特区，所有改革开放的尖兵，都要走得更好。第五句话说"人民是改革的主体"，这是历史唯物主义当中的群众观点。2018 年 4 月份的这两次概括，特别有助于我们把对 40 年整体思考的结构理清楚。

我再带着大家往前看，再找一个抓手。2017 年 10 月 18 日，习近平总书记作了党的十九大报告。这份报告 32000 多字，其中有 16 字，可以看作是整个报告的题眼：前八个字是"不忘初心，牢记使命"；还有八个字是"登高望远，居安思危"。当我们站在改革开放 40 年的新起点上，思考这前后两个"八个字"，意味深长。

党的十九大闭幕后的第二天，在新一届中共中央政治局常委的见面会上，习近平总书记说："2021 年，我们将迎来中国共产党成立 100 周年。中国共产党立志于中华民族千秋伟业，百年恰是风华正茂！"这只是在夸赞我们的党吗？我觉得，这句话当然包括对党的赞扬——"风华正茂"，但同时也是在提出很高的期望、要求——要求中国共产党人要登高望远。我们谋求的是千秋伟业，站在 1000 年的历史纵深里看，接近 100 岁的党，越来越成熟，但也仍然年轻，年轻就难免还有很多稚嫩之处，要不断学习、不断提高，未来的路还长着呢！中国共产党人越是充满自信，越要居安思危。

2016 年 7 月 1 日，在庆祝中国共产党成立 95 周年大会上，习近平总书记在讲话里不仅强调了"四个自信"，还讲了"四个重大"——"要时刻准

备应对重大挑战、抵御重大风险、克服重大阻力、解决重大矛盾"。2018 年
5 月 4 日，在纪念马克思诞辰 200 周年大会上的讲话中，又加了一个"解决
重大问题"。这其实是把居安思危的"危"、把在居安思危之际应该做什么展
开了讲，把"更陡的路""更急的浪"展开了讲。

在迎接党的十九大的时候，中央组织拍摄了大型政论专题片《将改革进
行到底》，我当时参与了这个片子的创作工作。在创作过程中，我们一直琢
磨这个片子应该起个什么名。起这个名字，特别不容易。后来，习近平总书
记在 2016 年 12 月 30 日全国政协的新年茶话会上的讲话，给了我们创作团
队很大的启发。

我们来看看习近平总书记当时讲了什么：

"71 年前，正当中国人民抗日战争即将赢得伟大胜利之际，毛泽东同志
发表《愚公移山》的演讲，号召全党全国人民下定决心，不怕牺牲，排除万
难，去争取胜利。""68 年前的今天，正当解放战争即将取得全面胜利、新
中国即将建立之际，毛泽东同志发表新年献词，号召全党全国人民不怕任何
困难，团结一致，将革命进行到底。"

习近平总书记为什么要在迎接 2017 年的讲话里讲这两个重要表达？
2017 年最大的事情，就是召开党的十九大。他在迎接 2017 年之际，把它们
再次讲给全党，我们认为就是要告诉大家，既要大大方方、充满自信地迎接
党的十九大，又要保持冷静和清醒。后面的路还很长，所以要强调愚公移
山；后面的难题更多，所以要强调"将革命进行到底"。创作团队的同志们
想，改革开放，不就是今天的革命任务之一吗？我们不妨把"改革"两个字
放进去，片名不妨就叫作"将改革进行到底"。最终，这个片名得到了中央
领导同志的肯定。

改革开放永远在路上

这一年多来，"将改革进行到底""将改革开放进行到底"这样的表达，
经常出现在习近平总书记的话语里。还有很多时候，他没有直接说这七个字

或九个字，但是他表达的精神内涵，就是这个含义。

我的学习体会是，"将改革开放进行到底"有以下几重含义。第一，改革开放只有进行时，没有完成时。它永远在路上，没有终点，没有止境。因为改革就是调整生产关系，生产关系要不断适应生产力的发展，这是历史唯物主义的观点。第二，改革开放要不断在新的起点、更高水平上再出发。2018年秋天，习近平总书记在广东、上海都讲到了"再出发"的含义，强调的其实就是将改革开放进行到底。第三，改革开放当前面对的是比以往更难的任务，如果没有将它进行到底的勇气、决心和能力，眼前这一步就迈不出去了。这句话充满紧迫感。第四，我们讲改革开放永无止境，这是在历史范畴里讲。而眼前、手边的每一个具体改革，我们都要把它改得彻底，整体的改革开放才能够滚滚向前、没有止境。

我记得，1990年，正在福建工作的习近平同志就讲过，推动改革发展，要把握天时、地利、人和，这三者当中，人和是最重要的。40年来，改革开放的伟大成就，不是天上掉下来的，都是党带领我们干出来的。而我们之所以能干出这份事业，是因为我们身上有着时代的精神。这个精神里，就包含着核心价值观。

咱们继续来分析。党的十九大之后，习近平总书记又讲过很多话。如果把这些讲话内在的精神逻辑找出来，有很多相通的重点。我概括了六个"强调"——强调居安思危、强调艰苦奋斗、强调革命精神、强调人民立场、强调新的突破、强调担当作为。习近平总书记越来越多地强调我们要居安思危；越来越多地强调我们还要艰苦奋斗；他几次讲共产党人不能丢掉革命精神；人民立场是我们党的根本政治立场，年年都要讲，但是大家有没有注意到，这两年总书记讲得尤其多；他不断地讲我们要在改革开放中谋求新的重大突破；他不断地讲，党政干部在突破进程中要有新的担当，新的作为。

这六个"强调"，内在的精神逻辑是贯通的——只有真正找到了居安思危的心态和状态，才能够真正地懂得，我们为什么还要奋斗。奋斗靠什么？归根结底靠革命精神。共产党人奋斗是为了什么？为了更好地体现人民立场、为人民谋幸福。奋斗的时候具体干什么？不断地谋求各自岗位上新的创新与突破。党员干部在努力突破时应该怎样做？应该体现新时代的新担当、新作为。所以，大家思考后面这几个"强调"时，不妨都从登高望远、居安思危琢磨起。

我们在 2018 年迎接改革开放 40 周年，2019 年迎接新中国成立 70 周年，2020 年全面建成小康社会，2021 年要迎来中国共产党成立 100 周年……每一个重大的胜利节点到来时，我们都应该把习近平总书记关于"改革"的关键表述重温一遍，再思考、再理解、再实践，从而更加真切深刻地理解习近平总书记为何号召我们"将改革开放进行到底"。

所有这些思考，最终也都会变成我们一个又一个鲜活的个体身上的实践。"奋斗"二字，也不是一个飘在空中的空泛概念，跟社会主义核心价值观一样，埋藏在我们的每一天里、每一个生活的场景里、每一个工作的任务里。个体的奋斗，最终将汇入时代的大发展中，改革开放的伟大事业，必将奔涌前行。

朝着建设中国特色社会主义先行示范区方向前行的深圳经济特区

(新华社记者　毛思倩 / 摄)

改革开放如何走得更远更长久

改革开放，有其时代性、体系性和全局性的要求。今天，我们站在改革开放 40 年的重大节点上，还要更深入地思考，改革开放的未来之路，如何走得更远更长久。

我觉得我们应该思考两个问题。第一个，什么是好目标？你怎么判断一个目标好不好？比如说，习近平总书记提出到本世纪中叶建成社会主义现代化强国这个目标。假设第一种情况，如果面对这个目标，我们大多数人都认为，以今天的工作水平、工作状态，按部就班再干 30 年，就有把握实现它，说明什么？说明这不是一个好目标。一个好的目标，要能够不断地给我们带来压力。假设第二种情况，如果面对这个目标，我们大多数人认为，再拼命干 30 年，将来也不见得有把握实现它，这说明什么？说明它也不是一个好目标，有点定得过高。第三种情况，如果目标定出来了，大多数人普遍认为，大家一起努力，用未来 30 多年的时间奋力一蹦，就有把握实现它，从树上把这个果子摘下来。这就是好目标。习近平总书记提出的目标，就是这样的好目标——需要我们奋力一蹦，奋力一蹦了，就有把握实现它。

第二个是，怎么把握长远的目标。曾经有一位民营企业家问我，说这次十九大提的目标特别好，很受感染，但是你怎么让我相信这个目标一定能实现呢？我说，我们党带领人民给自己确定了一个未来 30 年的长远目标，当然有把握住这个目标的思想方法和实践方法。这些方法不是某一本教科书告诉我们的，而是党带领人民在这几十年的奋斗中，尤其是在改革开放 40 年里找到的。这个方法说来也简单。

第一，想看未来 30 年走多远，可以先回过头来看看，刚刚过去的 30 年我们走了多远。习近平总书记讲过一句话，能看到多远的过去，就能看到多远的未来。第二，站在今天面向未来，跟以前对比分析一下，我们今天面对的有利因素比当年增加了哪些、减少了哪些，不利的因素又是怎样的？把这些都分析出来，你就可以得出一个基本的判断，就是未来 30 年我们还能够走多远，以及为了走那么远，我们今天应该如何面对那些有利因素，把它们一个一个发挥好；如何去面对那些不利的因素，把它们一个一个化解掉。我们对目标的学习和思考，不应该只停留在对蓝图的勾画上，而应该落脚在通往蓝图的路上。我们走的是一条什么路，怎么把这条路坚定地走下去，怎么把它走得更好，这是最重要的。

站在"40年"的新起点上，我觉得还应该防止一些可能出现的认识倾向。我用四个"不能"来概括——一是不能用后40年否定前30年，也不能用前30年否定后40年。二是不能因为改革开放40年来取得了辉煌成就，就忽略了当前改革的复杂性、敏感性、艰巨性。三是不能因为眼前遇到了具体难题，

"伟大的变革——庆祝改革开放40周年大型展览"在国家博物馆开幕　　　　　　　　　　　（光明图片　刘宪国／摄）

迫切需要攻坚、需要突破，就只盯着一点不看全局，从而否定了成就、动摇了方向。四是不能把人民群众只看作受益者，人民群众不仅是改革的受益者，人民群众还始终是历史的创造者、改革的推动者。

今天的改革开放，仍然是一场赶考。新时代给我们出了6道共同面对的考题，两两一组——第一组是基本功和新本领。它们之间当然有交集，有些新本领就是基本功范畴里的。用马克思主义的立场、观点、方法去分析问题、解决问题，这就是我们应掌握的基本功；在互联网时代怎么继续做好我们各自的工作，这就是新本领。第二组是方向感和行动力。今天的改革越来越复杂，对于方向感的要求也就越来越高、越来越精细了；但是你要是没有行动力，白搭。第三组是专业性和大众性。全面深化改革的系统性、整体性、协同性，习近平总书记在广东讲的时代性、体系性、全局性，都体现了

专业性的要求；而改革的大众性始终都在，要让更多的人民群众参与进来，成为推动者，也成为受益者。

站在"40年"的新起点上，还应该防止三个"zhì"，追求三个"zhì"：防止桎梏的桎、稚嫩的稚、停滞的滞，追求志向的志、智慧的智、行稳致远的致。我们还要把握好党的领导与国家治理，党的核心与长治久安，党与法，党与政，党与人民，党的自信与党的忧患，党的传承与党的革新等重大关系。

在第十三届全国人民代表大会第一次会议的闭幕会上，习近平总书记定义了"伟大民族精神"，即伟大创造精神、伟大奋斗精神、伟大团结精神、伟大梦想精神。这也是改革开放精神的基本底色。

新时代是奋斗者的时代。时代是出卷人，共产党人是答卷人，人民是阅卷人。我们近14亿人都是新时代的引领者、参与者、分享者。我们是奋斗者、胜利者，更始终都是创业者。我们要不断奋斗，迎接一个又一个胜利，要一棒接着一棒跑，每一棒都要跑出好成绩。在新的长征路上，还有太多的娄山关、腊子口等着我们去突破。我们要把这40年的伟大成就、宝贵经验总结好，走得更远更长久。

（演讲地点：四川省广安市）

现场问答
XIANCHANG WENDA

提问： 在加快现代化城市发展的进程当中，如何加强文化建设，提升市民文明素养？

杨禹： 我觉得最重要有两点：一是让人民群众能够感受到自己在这个城市里被尊重。这也就要求城市治理、公共政策、公共服务等从人民的立场出发。一个人能得到尊重，才有可能变得更文明。二是通过各种有形无形的机制，让人民成为这个城市里富有创造力的人。人人尽责，人人享有，让每一个人都成为这个城市的尽责者、参与者、推动者。这是一个时代的新课题。

提问：新时代是奋斗者的时代。将改革开放进行到底对今天的年轻人提出了哪些新要求？现今我们都在强调职业化教育，您认为这对践行改革开放有什么重要作用？

杨禹：今天在座有很多年轻人，我觉得这个时代给年轻人提出什么要求，习近平总书记讲过很多。从我自己的体会来说，年轻人更要体现出青春的活力，要勇于奋斗，更重要的是把自己的奋斗放到这个时代的平台上去。这是最有效率的一种努力方式。职业化教育已经跟这个时代需要之间搭起了特别具体的桥梁，一定不要小瞧这个桥梁，把这个桥梁用好，你就可能站在了这个鲜活的时代平台上。

民族复兴的文化根基与价值支撑

叶小文

叶小文，第十三届全国政协委员、全国政协文化文史和学习委员会副主任，原中央社会主义学院党组书记、第一副院长，曾任国家宗教事务局局长、党组书记。全国哲学社会科学规划领导小组社会学学科组成员，中国人民政协理论研究会副会长，中国（深圳）综合开发研究院代理事长，中共中央党校（国家行政学院）、国防大学、北京大学、长江商学院等兼职教授。主要著作有：《多视角看社会问题》《化对抗为对话》《把中国宗教的真实情况告诉美国人民》《宗教七日谈》《望海楼札记》（中、日版）等。

中华民族实现民族复兴的伟大进程，肩负着推进一场新的文明复兴的时代使命。迎接这场并不逊色于历史上的文艺复兴的、新时代的"文艺复兴"，中国应该有所作为。

今天，我很荣幸来讲讲民族复兴的文化根基和价值支撑。这个题目有一点难，我从三个方面来讲。第一，三君子问出"文化焦虑"。第二，中国梦呼唤"文艺复兴"。第三，富起来更要"厚德载物"。

三君子问出"文化焦虑"

第一个是黄炎培之问：我生六十多年，耳闻的不说，所亲眼看到的，真所谓"其兴也勃焉，其亡也忽焉"……都没能跳出这周期律的支配力……中共诸君如何找出一条新路？第二个是梁启超之问：郑和下西洋乃"有史以来，最光焰之时代"，"而我则郑和之后，竟无第二之郑和"？第三个是李约瑟之问：为什么直到中世纪中国还比欧洲先进，后来却会让欧洲人着了先鞭呢？怎么会产生这样的转变呢？

何来文化焦虑？

三君子所问，无不凝聚折射着文化焦虑。人无文化，浮躁浅薄，难免"其亡也忽焉"。文化涵养，有助于跳出"人亡政息"的周期律。民无文化，行也不远，当然"竟无第二之郑和"。文化繁荣，催生着"江山代有才人出"的新局面。国无文化，急功近利，能有几个人愿意锲而不舍地艰苦创业？文化底蕴，才能孕育以爱国主义为核心的民族精神和以改革创新为核心的时代精神。

三君子所问，我认为根本答案就在二字：文化！

三君子问出了文化焦虑。他们焦虑什么呢？中国是最有文化的，先秦诸子、汉唐气象、宋明风韵……五千多年文脉涵养出泱泱中华，多元一体的中华民族创造了万紫千红的文化。

那何来文化焦虑？近代以来，中国沦为半殖民地半封建社会。古国蒙羞，生灵涂炭，国将不国，文化安在？

可是中国人一直就没有停止过追求民族复兴、追求文化强国的梦想。只有新中国成立，站起来的中国人民才能改天换地，才能自己穿上一件新的衣服。可是一穷二白，还是挥之难去啊！我是新中国成立后长大的，记得20世纪50年代"大跃进"我们意气风发，超英赶美，拼命干啊。可是毛泽东还是沉痛地说，我们一为"穷"，二为"白"。"穷"就是没有多少工业，农业也不发达。"白"就是一张白纸，文化水平、科学水平都不高。毛泽东着急啊！

文化荒漠立不起伟大民族

建设军事强国、经济强国，还要建设文化强国，这是几代中国人的强国梦。在文化信念的荒漠上，立不起一个伟大的民族。今天习近平总书记提出民族复兴的中国梦，这个梦要有文化的根基，要有价值的支撑。

经过40年改革开放，"穷"的帽子甩掉了，外人看我脱穷，都惊讶地睁大眼睛。几年前我去香港出差，女儿让我买一个LV包。一看价格一万二，我就犹豫：买吗？尽管我是个部级干部，工资也不低，如果买，一个月工资没了；如果不买，回去怎么交代

北京长安街庆祝新中国成立70周年立体花坛

（光明图片　杜建坡／摄）

呢？正犹豫，旁边来了一个人，说"拿十个"，看都不看，钱一甩，就走了。我说，老板，这是什么人，你们商店都是什么人来得多？他说，前些年是日本人，后来是我国台湾人，他们钱多。可这两年都是内地的，最近来的全是

十个、二十个地拿。

可是，外人观我治"白"，却不屑地耸耸肩膀。撒切尔夫人，她不像后来的卡梅伦那么客气。中国对英国的出口贸易量大，她说那有什么呢？中国注定成不了强国，出口了那么多台电视机，出口过一部电视剧吗？这就讲到我们的软肋了。我们的电视剧很多，这些年开始出口了，前些年可没有出口。但是电视剧题材一窝蜂，一会儿都是清朝格格那点事儿，有段时间全是反间谍片，而且间谍一定是美女。这些片子怎么出口呢？所以外人觉得我们的文化还不太行。

但不管外人如何看我们，我们不必妄自菲薄。我们的文化建设已经出现了发展里程碑。现在文化基础设施大为改善：广播电视村村通，文化站到处都有，农村电影到处放，还有很多农村书屋，是世界第三大电影生产国、第一大电视剧生产国、出书数量第一。可是，我们还算不上文化强国，我们的文化还是繁而未荣啊！

文化上"人强我弱"要改变

现在，文化强国不仅是梦想、期待，还是具有紧迫性的强烈需求了。向外看，经济上的"人强我弱"变了，文化上的"人强我弱"也要改变。江泽民同志说，必须把弘扬和培育民族精神作为文化建设极为重要的任务。胡锦涛同志指出，全面建成小康社会，实现中华民族伟大复兴，必须推动社会主义文化大发展大繁荣，兴起社会主义文化建设新高潮。习近平总书记讲，中华民族创造了源远流长的中华文化，中华民族也一定能够创造出中华文化新的辉煌。

大家都知道，当人均GDP低的时候，主要是物质文化需求。我是20世纪50年代出生的。那时候谈恋爱，女孩穿军装就美得不行了。我太太穿了一套军装，我就开始追求她。今天看在座的女孩子哪个衣服一样了？都百花齐放了嘛！你满大街去找，能找到两个一样的吗？找到就说今天撞衫了，回去换一件。

我们的精神生活需求是越来越厉害。我们富了吗？我们富了。但我们中国是文明古国，书香门第，再富也不能浮躁。沉静、从容、大气、平和，有其境界，是文化大国的气质。不应该有了钱就狂了、疯了，不知道该怎么办了，就"我爸是李刚"，这怎么搞得？

文化啊文化，三君子所问，今天还在撞击着我们的心灵！

中国梦呼唤"文艺复兴"

中国在现代化浪潮中的崛起有数可算。连续 30 多年保持高速增长，这在世界上没有过。现在经济下行的压力已经来了，各种问题扑面而来，让人应接不暇。经济增速的换挡期，结构调整的阵痛期，要保证经济持续、良性增长，整个国家必须有一股精气神，必须保持持续振奋的民族精神和旺盛的创新活力，必须团结奋进，所以实现民族复兴中国梦一定要有文化根基和价值支撑。

习近平：《坚定文化自信，建设社会主义文化强国》

中国梦为什么呼唤"文艺复兴"？人类文明进步的历史充分证明，没有先进文化的积极引领，没有人民精神世界的极大丰富，没有全民族创造精神的充分发挥，一个国家、一个民族就不可能屹立于世界先进民族之列。

今天世界的现代化起源于数百年前的西欧历史上发生的一场持续两百余年的文艺复兴运动。文艺复兴把"人"从"神"的束缚中解放出来，把生产力从封建社会的束缚中解放出来，带领西欧走出中世纪的蒙昧和黑暗，迎来了现代文明的曙光。

文艺复兴"后遗症"

文艺复兴真的很伟大，但是我们也不能不承认文艺复兴之后解放了的人有一点儿膨胀，搞得人与自然的关系紧张，人与人的关系也紧张了。

比如，人与自然关系的紧张。天、地、水、空气，是人类生存最基本的要素。现代工业文明彻底打破了自然的和谐与宁静，人类成了自然的主人和敌人。

我们糟蹋环境，温室效应不断加剧，使世界气象组织发出警告。"但存方寸地，留与子孙耕"，"绿水青山就是金山银山"。然而我们的地怎么样了？生态恶化，粮食紧张，水源污染，鱼死滩头……

客观上看，有个"环境库兹涅茨曲线"，讲环境退化和经济增长的关系。在经济增长的前期阶段会使环境遭到破坏，到一定的拐点，经济质量提高了，人均收入增长了，环境就开始得到保护，环境污染会由高趋低。

据说，美国是 11000 美元才拐，日本 8000 美元就拐了，德国 7000 美元就拐了，我们 4000 美元就开始考虑拐了。我们现在正处于 4000 美元到 10000 美元的爬坡阶段，处于倒 U 曲线的左侧，即增长要以加速整体生态环境恶化为代价的阶段。而中国生态环境脆弱，资源相当紧缺。我们只能选择一条发展道路：在保持经济增长势头的同时延缓和尽量避免整体生态环境的恶化，并尽可能地节省能源。你看中国办点事难不难？

再比如，人与人关系的紧张。《共产党宣言》里说，"资产阶级撕下了罩在家庭关系上的温情脉脉的面纱，把这种关系变成了纯粹的金钱关系"。当代西方社会在从现代社会向后现代社会转型的过程中，"上帝之死"带来了信仰迷茫和精神焦虑。当代中国社会在向现代化转型的过程中，也出现了某些"远离崇高"和"信仰缺失"的精神现象。文艺复兴极大地解放了人，但人又付出了极大的代价——文艺复兴使人从神的束缚中被解放出来，之后人又被神化、异化。

"新的文明复兴"中国应该有所作为

出路何在？一场新的"文艺复兴"，我将其称为"新的文明复兴"，已躁动于时代的母腹，呼之欲出。这场新的文明复兴，要把过度膨胀的人还原为一个"和谐"的人，要建设一个人与自然和谐、人与社会和谐、人与人和谐的新的"和谐世界"。

中华民族的文化传统，因应着这个时代要求。英国著名历史学家汤因比说过，"避免人类自杀之路，在这点上现在各民族中具有最充分准备的，是两千年来培育了独特思维方法的中华民族"。

什么独特思维方法？就是天人合一，允执厥中，仁者爱人，以和为贵，和而不同，众缘和合。其核心，就是"和"。"礼之用，和为贵，先王之道斯为美。"人类文明的交汇已走到量变到质变的临界点，人类危机呼唤人本主义在否定之否定意义上的继承和发扬。中华民族实现民族复兴的伟大进程，肩负着推进一场新的文明复兴

孔子学院开展中国武术进社区活动

(新华社发　加布里埃尔·杜萨贝/摄)

的时代使命。迎接这场并不逊色于历史上的文艺复兴的、新时代的"文艺复兴"，中国应该有所作为。

富起来更要"厚德载物"

"周虽旧邦，其命维新。"富起来更要"厚德载物"。民族复兴中国梦要有价值支撑。习近平总书记特别强调指出，人类社会发展的历史表明，对一个民族、一个国家来说，最持久、最深层的力量是全社会共同认可的核心价值观。它承载着一个民族、一个国家的精神追求，体现着一个社会评判是非曲直的价值标准。

十八届中央政治局进行第十三次集体学习

核心价值观在家国情怀中

在中国，说不完道不尽的，正是家国情怀。史书万卷，字里行间都是"家国"二字。无论社会变迁、沧海桑田，不管乡野小农、高官巨贾，人皆知"万物本乎天，人本乎祖"的规则，都遵循"敬天法祖重社稷"的古训。

"家是最小国，国是千万家"，"我爱我的国，我爱我的家"。有一个情感是共同的，"为什么我的眼里常含泪水，因为我对这土地爱得深沉……"中华民族同样属于一个伟大的、不可替代的族群。凝聚我们这个历久弥新的伟

大国度的精神资源之一，同样是那永不衰竭的家国情怀。

未有我之先，家国已在焉；没有我之后，家国仍永存。多少沧桑付流水，常念家国在心怀。如此，每个中国人短暂而有限的生命，便融入永恒与深沉的无限之中，汇集成永续发展永葆青春的动力。"家"在"国"中卿卿我我，吉祥如意；"国"在"家"中生生不息，兴旺发达。核心价值观就在我们的心中，就在家国之中。民族复兴中国梦，一定要有核心价值观的支撑！

核心价值观要对症下药

党的十八大报告从三个倡导提出积极培育和践行社会主义核心价值观。中央发布《关于培育和践行社会主义核心价值观的意见》，标志着我们从讨论核心价值观到开始践行的飞跃。核心价值要变成基本动力，既要有完备的理论体系，也要有更凝练的观点，才能形成基本动力。

要怎么凝练呢？要接地气，必须植根于中国传统文化，同时要有活力，要吸收世界的创新成果。这里面的核心是要解决公和私、人和己的关系。核心价值观的要害是要处理好市场经济中公和私、人和己的关系问题——道德问题，要对症下药，对症施治。

中国是最守诚信的国家，是一个有着悠久诚信传统的民族，在发展市场经济中遇到了诚信缺失症的难题。对于发展市场经济中社会上出现的道德沦丧、信任缺失、腐败时现的现象，如果整个社会的核心价值观不能对症下药、刮骨疗毒，而任其病入膏肓、束手无策，就没有说服力，缺乏生命力。

《新时代公民道德
建设实施纲要》

国无德不兴，人无德不立。市场经济无德，也搞不好、搞不成。"地势坤，君子以厚德载物。"中国特色社会主义之所以能浩浩荡荡、生机勃发，其特色之一，就是能以"厚德"载市场经济。所以核心价值观建设在道德问题上聚焦，道德问题在市场经济发展中凸显。

市场经济中的道德问题，尤以信用缺失症为重，所以我想讨论市场经济中信用缺失症的"诊"和"治"。

信用缺失症四大症状

这是一个病啊，我们现在诊断一下，望闻问切，看到了它的四种表现：一切向钱看，信用缺失症在细胞滋生；有钱啥都干，信用缺失症向肌体蔓延；权钱做交易，信用缺失症使器官腐败；为钱可逆天，信用缺失症让大家疯狂。

致富是大家的期盼，穷病穷病，都是穷出来的病，但是富怎么也出来病呢？改革开放极大地根治了穷病，但不能"富得只丢掉了魂，穷得只剩下钱"啊！不能搞得大家都心浮气躁、不思进取，心烦意乱、不知所从，心高气盛、欲壑难填啊！

信用缺失症使器官腐败。我们大多数的干部都是兢兢业业的，但是不能不正视腐败之风已经侵蚀我们的党政干部队伍，总不能"老虎遍地有，苍蝇满天飞"。所以在依法严惩腐败的时候，坚持"老虎""苍蝇"一起打的同时，必须建立"不敢腐、不能腐、不想腐"的机制，必须解决有效的道德调节问题。

市场经济下的道德调节问题

无论东方西方，无论已"后现代化"还是在努力实现现代化，都面临一个共同的问题——市场经济条件下的道德调节问题。

我曾与国学大师南怀瑾有一个对话：现代化使人们的物质生活水平普遍提高，可精神世界却缺少了关照。现代的人们拥挤在高节奏、充满诱惑的现代生活中，人心浮躁，没有片刻安宁。大家好像得了一种"迷心逐物"的现代病。如果失落了对自身存在意义的终极关切，人靠什么安身立命？问题是现代化和市场经济不断放大满足安身立命的基本约定，刺激、放任个体对物质享受的过度追求。于是，"天下熙熙皆为利来，天下攘攘皆为利往"。近利远亲、见利忘义、唯利是图、损人利己甚至"要钱不要命"的道德失范现象，在生活提高、人类进步的现代化浪潮中沉渣泛起。

市场经济有两个起点，每个经济的个体都追求利润的最大化，这是资本的本质；每一个真实的个人都追求利益的最大化，这是自私的本性。社会转型带来了信任模式的断层，许多不道德、不诚信的行为与市场经济中的不规范、不发达相伴相生。社会运行机制失当也给社会信任机制带来负面影响。

市场经济是好东西，能推动社会生产力的发展，有巨大的进步意义。但是市场经济的道德调节有明显的局限性：它本身是不分善恶的。市场经济要逐利，就管不了那么远，管不了整体利益、长远利益，于是，人类日趋严重的生态伦理问题就出来了。

市场经济对道德是"二律背反"。一方面，资本追逐利润，个人追求物质利益，导致拜金主义——排斥道德；另一方面，社会整体追求公平、正义，市场规则要遵守，道德要自律——要求道德。这个病就难治了。

诊治信用缺失症的六味药方

我今天先开出六种药方，当然更寄希望于大家一起来群策群力。

第一要法治。不受制约的权力难免腐败，绝对不受制约的权力有可能绝对腐败。习近平总书记强调，"党领导立法、保证执法、带头守法"。只有这样，才能把权力关进制度的笼子里，使各级官员都经得起市场经济的诱惑和考验。常修为政之德，常思贪欲之害，常怀律己之心，在市场经济的考验中继续成为全心全意为人民服务的道德模范。如此，群众对我们的干部才能"譬如北辰"，"众星共之"。

第二要规治。党的十八大报告提出，深入开展道德领域突出问题专项教育和治理，加强政务诚信、商务诚信、社会诚信和司法公信建设。要让"骗子过街人人喊打，信用不良寸步难行"。

第三要德治。自己管住自己。康德说过，有两样东西一直让我心醉神迷，那就是头顶的星空和内心的秩序。内心的秩序是什么？今天就是要倡导爱国、守法、敬业、诚信，要构建传承中华传统美德、符合社会主义精神文明要求、适应社会主义市场经济的道德和行为规范。提倡修身律己、尊老爱幼、勤勉做事、平实做人，推动形成"我为人人，人人为我"的社会氛围。

第四要心治。最难治的病是心病。和谐世界，从心开始，最难的就是这个心。1989年我在《中国社会科学》杂志发表长篇论文《变革社会中的社会心理》，结论很清晰，经济快速增长引起紧张，高度紧张造成焦虑。现在大家脾气很大，所以要心治。

第五要综治。这是关键。市场经济对道德的"二律背反"，需要自律，需要互律，需要他律。我们要加大政府自身的改革，推进政治文明进程；我们要提高法治的公正性；我们要进一步完善市场经济体制，要加大对市场的监管力度；我们要提高"合力"的作用。互律也好，他律也好，关键是自律。我们要使有德的人多起来，道德的土壤厚起来，厚德载物，厚德载市场经济。

第六要长治。长效药在哪里？我写了一篇文章《让道德成为市场经济的正能量》，发表在《光明日报》头版头条。中华民族作为一个有着深厚文化传统的伟大民族，在走向现代化、建设社会主义市场经济的过程中有没有办法化解市场经济的道德悖论？

习近平总书记指出：中华文明积淀着中华民族最深层的精神追求，代表着中华民族独特的精神标识，为中华民族生生不息、发展壮大提供了丰厚滋养。这段论述使我们眼前一亮：化解市场经济自发运行的道德悖论，不妨在市场经济发展中激活中华民族的精神基因。中华民族的精神基因在哪里？在传统文化里。但传统文化、传统道德，过去没有、现在也不能把我们带进现代化。就此，习近平总书记又指出，要加强对中华优秀传统文化的挖掘和阐发，努力实现中华传统美德的创造性转化、创新性发展。

总之，我们应该尝试，在唯物史观的指导下，激活中华传统文化的优秀精神基因，成功结合资本的冲动与诚信的构建，建立适应社会主义市场经济的道德和行为规范。当这个价值观的大问题基本解决了，当大家都富起来，且人人皆君子，就可以"君子以厚德载市场经济"。

（演讲地点：中国人民大学）

现场问答
XIANCHANG
WENDA

提问：听了您的讲座觉得很振奋，也很焦虑。作为新生代群体，我们受新媒体舆论的影响很大，那怎么在价值观形成的时候，通过网络的方式让我们学得进去，能够学习？

叶小文：现在这一代很多都是伴随着互联网的成长长大，网络上的信息纷繁复杂，有一点彷徨、有一点焦虑是可以理解的。那社会主义核心价值观怎么能够战胜网上的乱七八糟呢？其实办这个"百场讲坛"就是这样，让大家一起来讨论。正能量就是正能量，中国人是讲道德的，我们通过各种方式，"百场讲坛"就是一种，来传递正能量，来推动核心价值观的形成。同时，我希望能真正形成讨论的氛围，最好让我们的大学生自己来讲，弘扬我们的正能量。

绿色发展中的中国

胡鞍钢

　　胡鞍钢，清华大学国情研究院院长，国情研究领域的开拓者和领军人物，国家"十一五""十二五""十三五"规划专家委员会委员。从1998年至今主编《国情报告》，向中央领导同志和省部级主要负责人累计提供1300余期，先后获得党和国家领导人批示百余次，对国家重大决策产生持续影响。先后出版国情研究系列专著、合著、编著及外文著作90余部。近期著作有：《中国国情与发展》《中国新理念：五大发展》《"十三五"大战略》《民主决策：中国集体领导制》《中国：创新绿色发展》等。

中国绿色发展的成功，就是世界绿色发展的成功；能够为中国绿色发展作出贡献，就是对世界绿色发展作出贡献！

2008 年汶川地震灾后重建的时候，我来到四川，吃惊地发现，哪怕周围的房子都倒塌了，有着 2000 多年历史的都江堰却岿然不动。早在公元前 200 多年，李冰父子就修建了"天人合一"的千年佳作——都江堰。今天回过头看，它也是一项"天人互益"的绿色之作。像都江堰这样的人类重大工程说明什么？它告诉我们，中国的文化讲求"天人合一"，天然地对大自然葆有敬畏之心、亲近之心，这是中国传统文化的智慧之所在。都江堰的案例启示我们，"人与自然是生命共同体，人类必须尊重自然、顺应自然、保护自然"——这两句话不仅写入了党的十九大报告，还写进了中国共产党的党章。

绿色发展理念是什么

那么，今天我们怎么来看绿色发展的理念呢？人类的发展观念经历了"黑色发展""可持续发展"和"绿色发展"三个阶段。当世界从农业文明进入到工业文明的时候，虽然创造出了前所未有的财富，但是也消耗了迄今为止最多的资源，破坏了人类的生存环境，这就是"黑色发展"。它的特征可概括为：吃祖宗之饭，造子孙之孽。经过一两百年的实践之后，人类才开始反思，并于 1987 年提出了可持续发展的理念。在一定意义上，这是对"黑色发展"的一次重大扬弃。我们称之为"不断子孙之路"，这是一个底线，因此也成为全世界的共识。

2015 年，党的十八届五中全会提出了五大发展理念，其中一个重大理念就是提出了"绿色发展"。这是对可持续发展的一次继承与超越，可以说是"前人种树，后人乘凉"。当然，这里的"树"并不是指一般意义上的生态之树，而是指对生态环境进行持续的生

习近平在党的十八届五中全会二次会议上的讲话（节选）

态投资，不断积累生态资本。将来，我们还可以用国民经济核算账户来计算绿色 GDP。

　　绿色发展的理论有哪些来源呢？首先，它根植于中国"天人合一"的智慧。人类来自于自然，当然就要顺应自然、反哺自然。只有这样，人类才能与自然共生、共处、共存、共融。其次，来自于马克思主义自然辩证法，特别是恩格斯的《自然辩证法》一书中所阐述的，也就是历史唯物论提出的，人类历史是自然史的延续。自然辩证法认为，人和自然的关系是对立统一的。最后，充分借鉴和超越了可持续发展观，切实强调对资源环境的保护，既满足当代人的需求，又为子孙后代着想。从这个意义上来看，"绿色发展"是这几种思想理论的集大成者。

　　"两山论"是"绿色发展"理念最生动的写照和最形象的表述。习近平总书记曾专门谈道："我们既要绿水青山，也要金山银山。宁要绿水青山，不要金山银山，而且绿水青山就是金山银山。"那么，怎么通过"两山论"来理解绿色发展呢？我们可以将"绿色发展"界定为经济、社会、生态三位一体的新型发展道路。以合理消费、低消耗、低排放，生态资本不断增加为重要特征，以绿色创新为基本途径，以积累绿色财富和增加人类福利为根本目标，以实现人类之间的和谐、人与自然之间的和谐为宗旨。因此，绿色发展强调实现人与自然全面、整体地发展，强调在尊重、顺应自然规律的基础上科学、理性地发展，强调充分发挥人的主观能动性，自觉、自律地发展，这就是从"天人合一"到"天人互益"。

　　绿色发展基于三大系统，也就是我们所说的经济系统、生态系统或自然

浙江安吉余村大力实践"绿水青山就是金山银山"

（光明图片　王启明／摄）

系统，以及社会系统。绿色发展是一种全面的发展观，要实现经济、自然、社会三大系统的全面、公平、和谐的发展。也就是说，基于经济国情，我们要科学发展；基于社会国情，我们要共享发展；基于自然国情，我们要绿色发展。绿色发展是绿色增长、绿色福利、绿色财富的交集。

那么我们怎么来看绿色发展的三大阶段呢？第一个阶段是农业文明时期，当时的生态赤字是一个缓慢并持续扩大的过程。根据科学家测算，远古时代，中国的森林覆盖率大体在60%—64%，而后持续下降。迈入工业化时代之后，出现了生态赤字急剧扩大的现象，从而进入到人与自然对立的时期。

第二个阶段，我们称之为生态赤字开始缩小的时期，主要表现为经济发展方式的重大转变。这一阶段出现了经济增长与资源总量消耗、污染排放总量以及碳排放总量的脱钩，使得生态赤字开始缩小。

第三个阶段，我们称之为人与自然互益的阶段，也就是从生态赤字缩小转向生态盈余扩大的阶段，开始进入到生态盈余时期。目前三清山的森林覆盖率达到了90%以上，森林蓄积量也在大幅度提高，已经在全国范围内率先进入第三个阶段。

中国怎样走上绿色发展之路

按照这样一个理论逻辑和分析框架，我们对中国发展道路的实践作一个简要的分析。

可以说，中国的发展实践和发展道路受制于中国的基本国情，特别是自然国情。首先，中国属于世界上人均资源匮乏的人口大国。中国这样一个基本国情，导致对资源消耗产生巨大的需求。第二，经过多年发展，中国已成为世界制造业第一大国，对各类主要的资源能源产生了巨大的需求。第三，中国从极低收入水平到低收入水平，进而现在到中等收入水平，将来进入高收入阶段，人均自然消耗量需求不断上升。最后一点，中国资源消耗占世界总量比重不断上升，因此中国也会对世界资源消耗产生重大的影响。这也就反映了中国自然国情，特别是自然资源消耗的特征。

从生态系统的角度来看，受上述几个方面原因影响，人口增长、城镇化、工业化的巨大规模都会对我国的生态环境，特别是对生态系统造成持续的压力，突出表现为中国环境脆弱地区占国土面积比重较高，水土流失面积以及其他主要的生态系统指标都承受着历史上前所未有的巨大压力。另外，中国出现了超大规模的环境污染。既包括工业污染，也包括农业污染；既包括城市污染，也包括农村污染。正因此，中国仅仅用了70年"压缩饼干"式地实现了工业化和城镇化的进程，也同时伴随着压缩性的、全局性的、复合性的环境污染，这是人类所没有遇到过的巨大挑战。

最后一点，中国之前高消耗、高污染的发展道路，形成了新的全球性的发展难题。我们知道美国和欧盟都是世界上最大的能源消耗和碳排放地，但是过去十几年中，中国已经取代了美国和欧盟成为世界能源消耗特别是煤炭消耗以及二氧化碳排放最大之国。

在这种严峻的生态危机的挑战下，我们必须积极应战，对此作出回应。如果我们归纳一下自1992年党的十四大以来，生态文明在党代会报告中的地位表述、中国共产党的领导人对于生态文明的理解，可以说经历了从不认识到产生认识、从一般认识到深刻认识、从局部认识到全面认识的过程。在中国特色社会主义现代化建设的总体布局中，生态文明从"无位"到"有位"，从"副位"到"主位"，从无目标到有目标，从一般目标到核心目标，最终成为贯穿经济、政治、文化、社会、生态文明"五位一体"中国特色社会主义建设始终的核心支柱之一。"五位一体"的总体布局使我们不仅对中国的经济国情、社会国情、政治国情、文化国情有了更深刻的认识，而且让我们对自然国情也有了深刻、全面的认识。从全球范围内来看，中国可能是世界上唯一公开向全世界宣告要实行生态文明、推进生态文明建设的国家。

当然，我们也承认中国在工业文明时代是落伍的，我们是后来者。但当世界从工业文明时代走向后工业文明时代，中国共产党意识到我们需要创新并引领21世纪生态文明，这就是五大发展理念尤其是绿色发展提出的国际背景。

《中共中央　国务院关于加快推进生态文明建设的意见》

中国绿色发展战略与重大举措

我们来看一看，就中国绿色发展的实践而言，党中央、国务院是怎么进行战略设计，提出了哪些重大的举措？大体可以概括为四个方面的绿色发展战略。

第一，实施绿色能源战略和生态投资战略。在"十五"时期，我国的绿色能源在全球还没有一席之地，但是经过"十一五"规划、"十二五"规划之后，中国迅速从落伍者成为领先者。从中国发电总量占全球各项发电总量比重的变迁上，我们可以看出这种趋势。根据《BP世界能源统计年鉴》，太阳能方面，2000年我国太阳能在全世界所占的比例只有1.94%，到2018年占世界总量比重已经达到30.36%。风能方面，2000年中国的风能只占全球比重的2%，但是到2018年我国风能占世界总量比重已经超过了四分之一，达到28.82%。核能方面，在2000年我国的核能所占全球的比例仅有0.6%，但到2018年已经达到世界总量的10.90%左右。最重要的是水能，同样是2000年，中国的水能大体占全球总量的8%，到2018年已经达到了28.7%。中国已经成为世界上最大的绿色能源之国。

第二，实施主体功能区战略。中国发展的一个重大创新就是提出主体功能区战略，这是从"十一五"到"十二五"，也包括"十三五"规划中提出的一个战略。那么作为中国这么大的国家，如何来实现主体功能区战略呢？重庆进行了有效的创新。总结一下，可以分为两大类型：一种是大都市型，另一种是大生态型。我们对重庆创新主体功能区战略作了一个国情调研报告，可以总结为"加法""减法""乘法"和"除法"。从大都市区角度来讲，"加法"主要是聚集人口、要素、产业；从大生态角度来看，"加法"便是增加生态财富，包括增加森林、湿地、湖泊等。从"减法"角度来看，大都市区主要是淘汰落后产能，去库存、去杠杆；大生态区，主要是转移人口，转移污染型的、破坏生态环境的产业。从"乘法"角度来看，大都市区主要是提高人口密度，也包括单位建设面积的产出密度，这就包括了经济密度、税收密度、贸易密度、科技密度等等；大生态区主要是提高生态资源的密度，包括林地生产率、草地生产率的提高等。那么"除法"，什么含义？在大都市区，降低能源消耗强度、资源消耗强度；同样在大生态地区，主要是降低单位面积的人口和工业密度等。

在谈到长江经济带的发展战略时，习近平总书记明确提出保护生态优先的基本思路，并且提出了"共抓大保护，不搞大开发"。我们可以看到，重庆、湖北、江西等沿岸地区，以及现在的长江三角洲下游地带都在开始朝着这个方向转变。今天我们必须使母亲河长江能够实现大保护，从而给子孙后代留下巨大的生态资本、生态财富。

第三，实施绿色经济战略。从生态战略角度来看，一个很典型的案例就是"右玉造林"。从县一级角度来说，右玉较早实现了从生态赤字到生态盈余的转变。从新中国成立初期森林覆盖率只有 0.3% 的不毛之地，经过 18 任县委书记持续努力领导人民进行生态投资，变成今天我们所看到的绿洲，2015 年森林覆盖率达到 54%。我们对任何一个地区，不管你是在南方还是在北方，是在西部还是在东部，50% 都是一个标准。你来衡量一个地区是不是生态财富富裕之地，就是 50%。当然江西也好、福建也好，都已经高达 60%，与日本和北欧等生态富裕国家相当。生态投资战略验证了"要想富先修路，要想真富多栽树"的简单真理，这也是中国创新的绿色发展的理念。

山西右玉"绿色接力"70 年

（新华社发　曹阳／摄）

五年规划推动中国绿色发展

我们来看一看中国的五年规划和绿色发展的关系，这里我想从"十五"计划谈起。我国的"十五"计划可以说首次明确把实施可持续发展作为国家战略；"十一五"规划首次提出加快建设"资源节约型"和"环境友好型"社会。"十二五"规划首次明确了"绿色发展"的主题，特别是规划纲要中的第六篇，首次通过提出建立"两型"（资源节约型、环境友好型）社会，提出了"绿色发展"的主题。从这个过程中可以看出，我们先学习和借鉴可持续发展战略，可以说这是西方人的理念，同时我们也创新并超越了可持续发展理念，提出了中国原创性的绿色发展思路。

特别是在"十三五"规划中，"绿色发展"成为"五大发展"核心理念之一，并首次明确提出了"生态环境质量总体改善"的核心目标。对此"十三五"规划还提出了一系列的发展要求，包括能源资源开发利用效率大幅度提高，能源和水资源消耗、建设用地、碳排放总量得到有效控制，主要污染物排放总量大幅度减少，主体功能区布局和生态安全屏障基本形成等。这就意味着我们在经济持续增长、城镇化不断加快、大规模的基础设施继续开展的情况下，要实现发展与污染排放总量的脱钩；也意味着，中国要从生态赤字扩大的发展阶段迈向生态赤字开始缩小的发展阶段。

那么中国有没有可能实现绿色发展的核心目标，即生态环境的总体改善呢？我们的回答是肯定的。

首先，中国经济由高速增长阶段转向高质量发展阶段，这为绿色发展提供了一个难得的宏观经济环境。当经济增长率下行之后，能源消耗增长弹性，特别是煤炭消耗增长弹性都会下降，甚至还可能出现负增长弹性。

第二，在"调结构"的大背景下，服务业占GDP比重不断提高，工业特别是传统工业占GDP比重已达到峰值并转入持续下降，进入后工业化时代。这就意味着中国已经从以现代工业为主导的产业体系转向以现代服务业为主导的现代产业体系，中国将迎来服务业发展的黄金时期。这样的重大转变有利于促进经济增长与资源总量消耗和污染物排放总量，尤其是与碳排放总量彻底脱钩。中国经济增长曾在 1998 年、1999 年与能源消耗和污染排放脱钩，之后又重新挂钩而且挂钩越来越紧。2015 年以来，中国启动供给侧结构性改革，产业体系的转变有助于根本改变这一现象。

第三，中国在新的经济环境下依靠改革创新培育发展新动能，在经济发展方面从要素驱动向创新驱动转变，从利用模仿创新的后发优势向自主创新的先发优势转变。这有利于中国进入绿色发展的第三个阶段——从生态赤字缩小进而进入生态盈余扩大的阶段。

从整个五年规划的设计来看，我们可以说"十三五"规划就是"绿色发展规划"。我们将"十三五"规划和"十二五"规划做比较，仅就有关资源环境指标而言，"十二五"时期一共有 8 个，占整个 24 个主要指标的 33%；实有指标是 12 个，占整个实有指标总数的 42.9%。在"十三五"规划期间，有关资源环境的指标增加为 10 个，占了总量指标的 40%；实有指标 16 个，占整个实有指标总数的 48.5%。从发展指标上可以看出，不再只以经济增长率为发展的指挥棒，越来越多的生态环境指标被纳入其中。从指标上来说，"十二五"规划已经具有很强的绿色发展性质，而"十三五"规划则是最具绿色发展理念的规划。

而且大家可以看到，"十三五"规划中有关资源环境的指标全部是约束性指标。也就是说，我们可以通过制度创新、市场创新、组织创新、政策创新，也包括技术创新，在比较低的收入水平条件下进入绿色发展的第三个阶段，即"天人互益"时期、生态盈余时期。

此外，"十三五"规划还列出了许多比较核心的次优先指标，其中就包括了环境保护、生态保护以及气候变化等方面的重要指标。这些指标将在各部门的发展规划中得到具体体现。我们也会根据以上的核心指标和次优先指标，逐年对全国进行第三方评估。

那么如何来进一步促进绿色发展呢？在这次的五年规划中，一个最突出的现象就是提出了实施国家重大工程建设。在"十三五"规划中绿色发展的重大工程共计 8 大类、39 个具体项目，累计投资总量将相当于"十二五"

时期的两倍之多，也将是迄今为止中国乃至全世界最大的生态投资、绿色能源投资。

正如我们所说的，绿色发展就是"前人种树，后人乘凉"。这些重大工程，具有全局性、基础性、公益性，都是针对我国生态环境建设的薄弱环节而设立的，同时又是具有带动性、外溢性的有效投资，通过利用物质资本、技术资本、知识资本、人力资本对生态环境、生态系统进行大规模、持续的生态投资。比如说退耕还林，之前很多地方都搞过，是否能继续下去？"十三五"规划明确提出继续强化对退耕还林方面的投入，这就不像有些国家，它换了总统、换了政府、换了政党这些投资就中断了。这样我们就保证了绿色投资的持续性，在承接上一个五年规划的同时，为下一个五年规划乃至更长时期的经济社会生态永续发展夯实基础，起到"前人种树，后人乘凉"的绿色投资效应和效益。

我还想介绍一下在"十三五"规划实施中的一个很重要的变革，我们称之为"指挥棒"。怎么去理解呢？就是参照联合国2008年核算体系，改革现行国民经济核算体系，从传统的GDP逐渐向绿色GDP转变。第一，从资源核算角度来看，改革后的核算体系包括了自然资源核算表和自然资源产品供应表；第二，从环境保护方面来看，新的核算体系将把对环境的所有投资以及对环境保护的运营费用，纳入到地区生产总值之中，在改革核算体系的同时催生新兴的环保产业。

中国对世界的绿色贡献

最后，我想强调一下中国对世界的绿色贡献。我们知道，到目前为止世界已经经历了四次工业革命，我们在过去的200多年间失去了进行第一次、第二次工业革命的机会，到了第三次工业革命的时候，我们也还是落伍者、追赶者。而现在，我们面临第四次工业革命——绿色革命。在绿色革命上，中国现在变成了领先者。

第四次工业革命同前三次工业革命，本质上有什么差别？前三次工业革命的基本特征就是经济增长、人口增长、城市化率增长，碳排放也随之增长。第四次工业革命则相反，要实现人口继续增长、经济增长，城市化率也要增长，但是要实现第一次人类历史上发展与碳排放的脱钩。

在绿色发展方面，中国可以引领世界绿色革命。2014 年 11 月 12 日，中美两国领导人正式发表了《中美气候变化联合声明》，宣布两国 2020 年后各自应对全球气候变化的目标，特别是中国提出了到 2030 年前后二氧化碳排放达到峰值，且将努力早日达峰，同时非化石能源占一次能源消费比重提高到 20% 左右。中美在协议中达成的共识，促成了 2015 年 G20 会议上的共识，G20 共识又成为 2016 年巴黎气候变化大会的共识，有 100 多个国家签订了自主减排的政治承诺，这是当时中国引领世界绿色革命的一个非常成功的案例。国际社会也对中国的努力给予了高度评价。

中国进入经济新常态后，一个直接的生态收益就是煤炭消费增长率出现持续的负增长，进而实现碳排放量的负增长。我们相信，中国可能在 2020—2025 年之间达到碳排放峰值，之后将会持续下降，让经济发展与碳排放彻底脱钩，为人类绿色发展作出巨大贡献。

我们还要注意到，中国今天已经成为一个绿色能源投资大国、绿色能源生产大国、绿色能源消费大国，同时也是绿色能源出口大国。现在世界上许多国家，包括许多欧洲国家以及美国使用的都是中国的太阳能设备，运用的都是中国的新能源技术。我们坚信，中国将成为世界新能源、清洁能源以及低碳产业方面的创新者、引领者、领导者。中国将引领绿色增长，开启世界绿色经济发展历史上前所未有的黄金增长期；中国将成为世界绿色贸易的最大引进国，也将成为绿色制成品出口国；中国将积极参与和引领世界绿色治理，成为世界绿色发展的主要领导国之一。中国也将向世界贡献绿色发展理念，同时将引领中国文明、生态文明的理念走向世界。2016 年 5 月，联合国环境规划署的《绿水青山就是金山银山：中国生态文明战略与行动》报告，就标志着中国"两山论"的发展理念正式被联合国采纳，成为全球新理念。

全国生态环境保护大会在京召开

此外，中国还对其他国家进行绿色发展援助。2015 年 9 月，习近平主

席在联合国公开承诺中国要拿出 200 亿元人民币建立"中国气候变化南南合作基金",支持其他发展中国家应对气候变化。这不是夸夸其谈,更不是空头支票,是真金白银、真心实意的绿色发展援助。

我最后的结论是什么?中国绿色发展的成功,就是世界绿色发展的成功;能够为中国绿色发展作出贡献,就是对世界绿色发展作出贡献!

(演讲地点:江西省上饶市三清山)

现场问答
XIANCHANG WENDA

提问:旅游服务从业人员应该如何参与和推进绿色旅游业,进而为生态文明建设作贡献?

胡鞍钢:目前,旅游业的发展已经到了绿色旅游的阶段。绿色旅游不光是要有绿水青山,还涉及其他几个重要因素。比如,景区产生的所有垃圾都要能被回收、污水都要能下山处理;还比如,洗手间也要绿色环保。

旅游服务本身是绿色服务、绿色消费、绿色理念。这就需要向游客多宣传、多介绍,游客也要多尊重景区特别是清洁工人的劳动,要把景区当家,这样才能够创新一种绿色旅游。我也希望能够总结绿色旅游的案例,介绍给全国。

提问:建设美丽中国是实现中国梦的重要内容,这对老百姓而言有哪些实实在在的绿色福利?

胡鞍钢:首先,是创造绿色就业。比如我在这里看到,原来很多农民从事农业劳动,经过跨越式发展后搞服务业,就从农民变成了旅游从业者。这种绿色旅游、绿色产业,就能给百姓带来实实在在的收益。其次,是绿色食品。这就需要制定绿色食品标准,确保我们能吃得放心、吃得健康,从而保证中国从原来吃不饱饭,变成吃饱、吃好,最后吃得放心、吃得安全、吃得健康。最后,绿色发展带来绿色福利。绿水青山会大大增加人的幸福感。

中国价值观

民族振兴途中的价值观崛起

韩 震

韩震，北京师范大学学术委员会主任、教材研究院院长、哲学思维与战略发展研究中心主任，马克思主义理论研究和建设工程咨询委员会委员，国家教材委员会委员，第十届国家督学，教育部社会科学委员会哲学学部委员。曾任北京外国语大学党委书记、校长，北京师范大学副校长。首批"新世纪百千万人才工程"国家级人选，全国宣传文化系统"四个一批"人才，国家"万人计划"首批哲学社会科学领军人才。主要著作有：《西方历史哲学导论》《生成的存在》《重建理性主义信念》《全球化时代的文化认同与国家认同》《社会主义核心价值观新论》等，发表论文、译文 600 余篇。

任何一个具有世界历史意义的民族的崛起，绝对不是简简单单的经济实力的崛起，都伴随着新价值观的崛起。为什么法国在 18 世纪崛起了？因为它提出了不同于过去中世纪的那种价值观，提出了自由、平等、博爱的价值。

今天，我从一个故事开始讲起。1927年毛泽东同志接受中央的委托组织秋收起义，由于敌我力量悬殊太大，起义遭到严重挫折，只剩下不到一千人。但是，在当时非常困难的情况下，毛泽东同志仍然坚定地相信革命一定能胜利。他作了一个形象的比喻：共产党只是个小石子，而蒋介石的国民党政权是个大水缸。毛泽东坚信，总有一天我们这块小石子能砸烂蒋介石那口大水缸。这份自信来自何处？就是来自一种价值观的自信：中国共产党人是要建立一个独立自主的人民当家作主的新社会。

今天，我就由这个故事引出，讲这么几个方面的内容。

弘扬社会主义核心价值观是社会进步发展的必然要求

我经常到各地作有关价值观的报告，很多同志问我，为什么我们老讲核心价值观。我说，不是我们老讲，而是我们讲晚了。我在上大学的时候，"价值"这个词都很少提，提出来的时候还被批评，因为价值被认为是唯心主义的。我们真正开始讲是在2006年，党的十六届六中全会通过的《中共中央关于构建社会主义和谐社会若干重大问题的决定》，首次明确提出社会主义核心价值体系的命题和任务。

价值观不仅是一个人生境界的问题，还决定什么是对的、什么是错的，什么是善的、什么是恶的，什么是美的、什么是丑的，这是一个有关是非曲直的话语权问题。

西方人特别注重价值观的作用，诺贝尔奖获得者菲尔普斯说，从历史上讲，"现代价值观是世界上第一批现代经济国家诞生和持续发展背后的动力"。也就是说，没有现代的价值观就不可能有现代国家。有了自由、平等、博爱，原来封建等级制的价值观就被扫进了历史垃圾堆，西方国家就从中世纪走出来,走向现代国家。中华民族的崛起,也要有新价值观的崛起。这也是我为什么讲民族振兴途中价值观崛起的原因。

民族振兴途中的价值观崛起,要放在全球化以及整个人类历史发展的长河当中,才能理解其深刻内涵。总体来看,社会主义核心价值观的凝练和提出,是我国社会主义革命、建设、改革的历史与现实发展的必然要求,也是应对我国正处于全面深化改革关键时期所面临的复杂形势与时代发展要求的需要。具体来说,表现在以下几点。

第一,改革开放使中国社会结构发生了巨大变化。过去的中国是一个传统社会,大家都在一村一落中,都互相认识,彼此熟悉,靠"他人的目光"就可以保障社会秩序。但现在是一个社会流动的时代,社会分化、利益多元化、思想多样化。大家都不一样了,那我们有没有共同点?共同点在什么地方?在这种情况下就需要凝聚共识,这就得靠核心价值观。

改革开放以来,我国经济有了长足的发展,成为世界第二大经济体。但另一方面,我们的话语权没有跟上经济迅速发展的步伐。我们在价值观方面理论研究和准备不够,缺乏价值观的制高点和自信心。我们在社会发展的过程中出现了一些新问题,这也影响到我们的自信。实际上,我们面临的问题是发展过程当中的问题,正因为有这样那样的问题,我们才要提倡核心价值观,用核心价值观来规范、解决这些问题,引领社会的进步。这是任何一个民族在发展过程中都会经历的。

第二,冷战结束与全球化进程凸显了价值观竞争的作用。随着苏联解体和东欧剧变,经济全球化也日益发展,国界越来越不再是限制人们跨国流动的屏障,各种文化相互交融、相互激荡。不同的文化、不同的价值观碰撞在一块,价值观问题就被提上议事日程了。

有一种错误认识,认为中国讲政治课,而西方没有。这是不符合事实的。实际上,欧美国家同样有政治课,它们都是宣扬它们自己的价值观,而且欧美国家公民教育课堂中的许多方法确实有值得我们学习的地方。关于价值观,我们讲晚了,规律还没有摸透,导致现在一些人也不太会讲。西方发达国家在价值观宣传上有着丰富的经验,他们一直在讲价值观,知道价值观怎么讲才更有效，怎样才能引起别人的注意，怎样才容易让人接受。他们掌握着话语的主导权和议题的设置权。

你的价值观是什么样，就决定了你要怎么样行为，你有什么价值观你就是什么人。当我们的脑子装的都是别人家的价值观的时候，我们还是真正的中国人吗？对于一个民族而言，如果文化都完全失去独立性了，它还算一个民族，还算一个民族国家吗？这就看出了价值观竞争的作用。价值观已经成为一个国家、一个民族能否保持精神独立的关键，亦是一个国家软实力的精髓。

第三，信息技术和知识经济强化了独立思考和观念创新的重要性。信息技术使世界变得扁平了，过去地球那边发生的事情，最初我们是不知道的，到后来通过报纸等媒体报道慢慢地知道。现在通过网络技术，全球信息可以说压缩式地并置在我们眼前。在这种情况下，我们随时都要作出判断、作出选择，什么是对的、什么是错的？价值观越来越重要了。

现在人们越来越容易获得信息，也越来越具有独立思考的能力和意愿。在这种差异性信息环境下，人们更加乐于接受新生事物，这有利于创新文化的形成，但也容易出现文化的断裂、碎片化。思想多样了、价值多样了，我们更需要有核心价值观。在作为中国人意味着什么上，我们得有共识。否则，我们就是一盘散沙。没有国家认同、没有文化认同，这是可怕的。

第四，公共领域的扩大和公民意识的提高需要凝聚公民共识。在传统社会里，从祖辈、父辈身上就能看到自己未来的影子。讲个笑话，问放羊娃，你为什么放羊，挣钱；挣钱干什么，娶媳妇；娶媳妇干什么，生娃；生娃干什么，放羊。而现在，人们有了越来越多的公民权利和自由，人们越来越具有自主意识，甚至出现某些"去权威化""自我权威化"的倾向。人们越来越追求个人的权利、个性体验和兴趣，但同时，我们面临着如何面对公共利益的问题，构建公共领域显得日益紧迫。我们需要凝聚共识，需要核心价值观。我们包容各种文化差异，但是在根本的共识上必须有基本的认同，那就是反映共同利益的公共话语。我们必须有"我们感"，这就是核心价值观，就是建立"我们感"。

人是需要有梦想的，让人早起的不是闹钟而是梦想。我们每个人都有梦想，而我们作为中国人也有自己的梦想和理想——1945年前为了民族独立，1949年前为了人民解放，1978年前为了吃饱，1978年后为了吃好，吃好了之后我们为了什么呢？这是我们必须思考的。

中国的发展需要正确的价值观支撑

中国的崛起不是一般国家的崛起。在《李光耀观天下》一书中李光耀说，新加坡是一个小国家，再怎么发展也不能像中国这样对世界产生如此之大的影响。中国的崛起是一个历史性事件，是世界上五分之一人口大国的崛起，这种崛起改变了世界历史的进程，也改变了世界格局。中国的影响力不仅关乎中华民族本身的福祉，同时也与整个人类社会相关。看待这一点，我们既不能妄自菲薄，也不要自高自大。一个国家的崛起、发展，需要正确的价值观支撑；高远的核心价值观，才能推动一个民族站在历史的制高点上。为什么这么说呢？

第一，国家和平发展需要价值观的方向引导。中国作为一个大国，盲目发展行吗？必须得有方向地发展。我前几年访问了保加利亚，保加利亚有些政要自己就说，他们三天两头换政府，谁上台都另搞一套，因而没有长期的战略。而中国一直都有一个明晰的发展战略。哪怕是一个普通人也不能糊里糊涂过日子，一个走中国特色社会主义道路的大国更不能走到哪里算哪里，要有明确的目标。

中国的和平发展有自己的价值观作为引导。比方说，我们提出推动构建人类命运共同体，就是建立在对价值观的深刻思考上。有一个华裔叫李淯（Ann Lee），她曾写了一本书——《美国能向中国学什么》。书中她说："中国历史的发展有赖于中国人的独特性及其他各种因素，但是中国能够取得如此巨大的成就，最主要的原因还在于长期形成的价值观和方法论。这些价值观和方法论已经制度化，并指导了几代中国人的行为方式。"李淯出生在美国，她根据观察发现，中国之所以发展快，很重要的就在于中国人有自己独特的价值观。

我们过去不是没有价值观，我们从古代开始就有自己的价值观，比如成己成人、仁义礼智信，先天下之忧而忧的家国情怀，比如"苟日新，日日新，又日新"、自强不息的进取精神等等，这些正是中华民族精神的宝贵之处。但是，我们对价值观的自觉研究不够，影响了我们的价值观的竞争力。我们在和平发展的同时，也要有自信心，不能脑子里装的都是人家的价值观、都是人家的灵魂，那样就是被洗脑了。

我们要用自己的价值观重建我们的自信心，重建中国人民的精神世界。核心价值观是动员中国人民走中国特色社会主义道路、建设中国特色社会主义的力量源泉，我们要坚定中国特色社会主义道路自信、理论自信、制度自信，说到底是要坚持文化自信，而文化自信离不开价值观自信。

第二，维护国家统一需要共同价值理念。本尼迪克特·安德森写过一本书，叫《想象的共同体》，认为国家是想象的共同体，有它的道理。比如，美国人从生理上、族群上来看都有很大差异，从族群上来说是来自世界各地的人，但是美国仍然作为一个美利坚民族国家而存在，这是它塑造了自己的某种共同性。

最近几年，英国的领导人如卡梅伦首相就公开说，多元文化已经失败了，要用英国自己的核心价值观来进行青少年教育。法国的教育部长包括总统都说，要对教师进行轮训，必须用法国的价值观统一青少年和国民思想，包括移民的思想。加拿大也是限制美国大片过分占用黄金时间，因为它也怕自己变得不像加拿大了。

我们也应该要维护自己国家的共同性。我们常说"炎黄子孙"，这有它的道理，但我们不应局限于"炎黄子孙"这样一个概念上。因为中国是个多民族国家，我们应该把对国家的认同从族群的共性转向国民共性。国民共性以什么为基础呢？就是共同的价值观。这样，它就超出于族群这种想象，而且还解决了一个国家内部团结的问题。大家都是公民，有共同的权利、共同的义务。现代治理必须建立在国民共性的基础上，而国民共性的根基就是共同的价值观。

第三，构建和谐社会需要核心价值观。我们每个人都是一个独立的个体，都要追求自己的价值实现，都要获得承认。每个人都争取自己利益的时候，发展到一定程度肯定会产生冲突。你也想获得这个东西，我也想获得这个东西，这个时候怎么办？这就需要道德的、法律的规范，而道德、法律规范背后的基础就是价值观。正如习近平总书记所说："如果一个民族、一个国家没有共同的核心价值观，莫衷一是，行无依归，那这个民族、这个国家就无法前行。"价值观就是告诉你，你的边界在哪、秩序是什么，防止社会变成一盘散沙。所以，构建和谐社会，需要价值观的规范。

第四，提高国民素质需要道德价值观的升华。人类是从动物进化而来的，但是人类之所以区别于动物，重要的一点就是因为有更高的理想追求，不是按照自己自然的本性生活。是做一个善良的人，还是做一个任性的人？是做一个负责任的人，还是做一个破罐子破摔的人？价值观确实在背后起作用。有些人犯错是偶然的，但是有一些人犯错是必然的，为什么呢？因为我们认为错的东西，他认为是对的，这就容易犯错。

价值观不仅决定了一个人的境界，而且不同的历史阶段也有不同的价值观。看看我们的祖先。譬如，郑州出土了数百具头盖骨，发现都是壮年人的，都被磨平了，当碗用。那个时候人们认为杀俘虏是正常的，这就是当时的价值观决定的，他杀人没有任何的罪恶感。但现在呢？不能说没有杀人的了，但杀人是有罪恶感的，在法律上是要偿命的，因而杀人者是要掩饰的，这就是价值观在起作用了。

第五，增强文化软实力需要先进价值观的支撑。文化软实力靠什么？从历史角度讲，任何一个具有世界历史意义的民族的崛起，绝对不是简简单单的经济实力的崛起，都伴随着新价值观的崛起。为什么法国在18世纪崛起了？因为它提出了不同于过去中世纪的那种价值观，提出了自由、平等、博爱的价值。那么中国的崛起靠什么？我们必须有我们自己的核心价值观。

有些人说，人家提民主，你也提民主。我说不完全那样。虽然"民主"这个词写起来一样，但是理解上是不一样的。美国民主的现实是什么？总统

村民投票选举村里"当家人"　　　（光明图片　肖远泮/摄）

庆祝全国人民代表大会成立60周年大会在京召开

在那里是要竞选的，实际上竞选过程是被资本绑架和操控着。而且，把民主仅仅归结为政治问题，政治仅仅归结为投票问题，这种理解就窄化了民主。民主的原则应该贯彻在经济、政治、文化和社会等领域。而中国的民主就要广泛多了。我并不是说，咱们中国的民主已经是好得不得了，它仍然有发展的空间，但对"人民民主"这样一个概念必须要深刻理解，要有制度上的自信。

另外，我们是社会主义国家，社会主义就得讲究公正。我觉得"公正"这个词，也必须上升到一个更重要的位置上去认识。为什么呢？你别看美国总是高喊"民主、自由、人权"，但是包括他们的学者，一提到自由，公平就必须要给它让路。在欧美，个人自由往往凌驾在社会公正之上。也就是说，大家都谈公正，但是西方的价值观更多的是从个人的角度去思考这个问题；中国更多是从人类社会、社会关系的角度去思考，而这和马克思理解的社会主义社会"每一个人自由发展是一切人自由发展的条件"，是正好相契合的。

从现实讲，价值观是一个民族文化独立和文化软实力的根据。价值观当然有民族特色，我们的核心价值观有几千年中华优秀传统的涵养。不过，当前我们提价值观不能只谈论中国特色，还要努力抢占价值体系的制高点。我们要有自信心，不要认为我们的价值观不如别人。现在中国处在发展过程中，越处在发展过程中大家越关注，这个时候就是价值观影响的窗口期。而且全球化也给我们提供了一个机遇。你要想学会踢球，就必须进入赛场，而踢球就可能输；但是你怕输，就永远不会踢。同样，价值观的竞争也没必要怕，我们不能把话语权永远交给别人掌握。

核心价值观传播要像盐一样渗透在各种"佳肴"里

关于培育和践行社会主义核心价值观的原则，2013 年《关于培育和践行社会主义核心价值观的意见》作出了明确阐述。接下来，我再谈谈培育和践行社会主义核心价值观的着力点。

《关于培育和践行社会主义核心价值观的意见》

第一，必须坚持马克思主义指导地位。但坚持马克思主义指导地位，不是说我们就一成不变了。因为理论是以实践为基础的，实践变了，理论也要变化。同时，理论一定要引导实践，不能落后于实践。我们要不断推进理论创新，不断赋予社会主义核心价值体系、核心价值观以鲜明的实践特色、民族特色和时代特色。

第二，必须立足于中国优秀传统文化。但是立足优秀传统文化，不是说回到中国传统文化。我们一直都在创新，中国古代之所以发展得比较好，就是在不断地创新。比如说，现在京剧是国粹，那倒退几百年，还没有京剧呢！没有创新，怎么有京剧？唐诗也是。立足中华优秀传统文化，就是要"创新性发展""创造性转化"，也就是说，要始终面向民族文化的活力。活力是什么呢？活力就是创造力。如果一个民族的文化没有活力、创造力，那再好的价值观也没有用，好的价值观恰恰应该能够激发人们的创造力。

第三，必须立足于先进性。不是我们自封先进，就先进了。我们要始终面向人类历史未来发展的前进方向，引领时代发展，不能关起门来以后认为我们自己就是最好的了。价值观是否具有吸引力，需要在国际竞争中检验，必须在比较下获得合理性、合法性和先进性的确定。要让国民为自己的国家感到骄傲，让世界其他国家的人民也感受到它的吸引力。中华民族过去曾引领世界的发展，现在，我们要准备重新站在世界舞台的中央，为解决世界问题，发挥中国智慧、提供中国方案，担负起属于我们的责任，扮演好自己的角色。过去我们长时间跟别人学习、借鉴，我们快速发展到现在，光靠学习、光靠借鉴已经不够了，我们得重新思考我们的责任和角色。

第四，必须立足于价值观竞争的话语权。我们这个世界确实存在竞争。别看美国高喊"民主"，但在国际关系上它从来不强调民主，它要强调它的Leadership，即领导力。我们必须要竞争话语权，不是说声音高了就有话语权了，而要面向国际交流，要着力抢占价值观竞争的道德制高点。我有一次在国际会议上，面对很多美国人说："每个国家它生活在不同的历史传统和时空体系下，它肯定有不同的利益，利益之间肯定会发生矛盾冲突，当矛盾发生冲突的时候，是以和而不同的方式商量着办好呢，还是用你们的方式，用战争来解决问题，用轰炸来解决问题好呢？"这不是明摆着吗？实际上，我们中华民族"和为贵"的价值观、"协和万邦"的价值观，是具有非常高的道德制高点的。

第五，社会主义核心价值观的培育和践行要融入国民教育全过程。现在我们在编写义务教育教材、制定高中课程标准等，都是在根据社会主义核心价值观进行对标。社会主义核心价值观的培育，在国民教育全过程是必须融入的。关于社会主义核心价值观的宣传教育，我有几点体会。其一，软性渗透比生硬地直接灌输效果好。要运用讲故事的方式，润物无声。其二，平等对话比居高临下效果好。我在学校跟辅导员就说，学知识有专家，进行道德教育没有专家。为什么没有专家？因为你不能说这一部分人道德水平比别人高，

北京海淀区民族小学将社会主义核心价值观融入社团活动

（新华社记者 刘莲芬/摄）

也不能说成年人就比年轻人道德水平高。实际上，价值观教育、道德教育是一种自我教育和相互教育，要平等对话。其三，体验内化比单纯地言说效果好。价值观重在践行，做到了就有效果，影响就在那里起作用了。你说一

套做一套，不光没产生正面影响，反而可能产生负面影响。其四，自我认同比强制接受好。我们要让核心价值观的影响像空气一样无所不在、无所不有。就像用盐炒菜一样，我们现在要让大家知道炒菜有盐，这个阶段也是需要的。但是，你不能每一次端上来的都是盐粒。最佳的教育是什么呢？我教育了，但是这个词甚至都没有出现，其价值取向已经渗透在里面了。社会主义核心价值观的传播应该像盐一样，放进去渗透在我们要做的各种"佳肴"里，起到润物无声的作用。

第六，要把培育和践行社会主义核心价值观，落实到经济发展实践和社会治理当中。我觉得这个特别重要，因为经济社会政策和价值观不能拧着。比如说，新加坡强调国家至上、家庭优先等价值观，但在强调它们的时候，在政策上也是如此。你如果跟父母住在一块或者住得近就可以减免税，等等。我们有时候，一些政策就有点问题。比如说要是出台一个政策以后，大家排着队离婚，那这个政策肯定不是有利于婚姻的。也就是说，在考虑政策的时候，背后一定要有一种价值观的意识在起作用，它是支持大家的行为向善的还是其他？我觉得这个要考虑。

要做弘扬和践行社会主义核心价值观的时代先锋

最后，我谈一下我们党员干部。一个人有什么样的价值观，就会拥有什么样的人生，一个民族也是如此。民族振兴要靠所有人、要靠每个人，尤其是"关键少数"。弘扬和践行社会主义核心价值观要发挥每个人的作用，其中，党员干部作为"关键少数"，要起到时代先锋的作用。

第一，要做有价值理想的人。党员干部是"关键少数"，别人都看着，一定要做一个有价值理想的人。很多人生活在当下的物欲烦恼之中，就是自己的价值格局太小了。理想格调越高，你发展的可能性就越大。实际上，你把人生想清楚了以后，你就会明白人生不需要多少物质财富。你能吃多少，你能穿多少？关键是要做一个有价值理想的人。一个人的价值，

习近平：从小积极培育和践行社会主义核心价值观

不是体现在他占有多少价值，而是他创造了多少价值。你看评判一个人的时候，特别是历史人物，绝对不是说他吃了多少，他喝了多少，而是他创造了什么，他做了什么贡献。什么叫价值理想？价值理想不是空想，而是随着前进的步伐不断往前延伸的地平线，总是让人前瞻地看到更远的路，看更有意义的未来。

第二，要做有价值责任感的人。实际上在美国，公民教育也特别强调责任。你别看美国在外头讲什么民主、自由、人权，它在国内讲得更多是什么呢？自立、责任、诚实。我们中华民族，也是特别强调责任的。清华大学教授陈来他就说中国文化特点是什么？责任先于自由，义务先于权利，群体高于个人，和谐高于冲突。我觉得这是把握得非常准的。当然，我们现在强调责任的时候，并不是排斥自由。我们还是要给每个人尽可能创造自由发挥的条件，发挥他的个人首创精神。

第三，要做有价值情感的人。人不能冷漠，冷漠以后，什么都无所谓，既没有激情，也没有干工作的热情，境界就不可能高。一个人要想到社会，要想到他人。光想自己那些鸡毛蒜皮的事，他永远成不了气候。大格局就是要超出自我，要超越自我才能构建一个更大的自我。

第四，要做有价值行动力的人。践行核心价值观不能光说，我们还得做。我就对学生说，你们成天说为了环保应该如何如何，结果走的时候都不知道把房间的灯关了，那怎么行呢。核心价值观的影响像空气一样无所不在、无时不有，绝对不是说24个字到处都是，记住这24个字就万事大吉了。它们应该渗透在我们所有的言行之中，决定我们思考的方向、行为的方向。价值观需要在体验中内化，在实践中升华。

实际上一个人也好、一个民族也好、一个国家也好，都是有梦才有理想，有理想才有希望，有希望就有动力，有了动力才能实现理想。再回到毛泽东同志，在几百人的情况下，他敢于说小石头要砸烂大水缸，这个自信来自什么呢？就是因为他有高远的价值观。我们中华民族的崛起，也要重塑我们的民族精神和价值观！

（演讲地点：海南省海口市）

现场问答
XIANCHANG WENDA

提问：目前，国内一些群体"哈韩""哈日""哈美"等等，您怎么看待这种现象？

韩震：我们要认识到，打开国门以后肯定会看到很多新鲜的东西。"哈韩""哈日""哈美"有积极的一面，因为这本身就是一种学习的过程，可以营造一个新的环境，有助于激发活力、创新发展。但是我们也要注意，在学习外国的过程中不能忘记初心。我们的目的是为了强健自己、发展自己，不能"哈"到最后，灵魂变成别人的了。只要能处理好这个关系，这种学习只会让我们发展得更快、生活得更好。

提问：我们一直都在推动核心价值观的学习、宣传和实践，但形成社会风气还是一个比较难的问题。您认为，核心价值观怎样才能成为社会的风尚？

韩震：风气的形成需要一个过程。因此，第一个阶段还是要宣传核心价值观的内涵、实质、意义等等。但更重要的是践行。在践行过程中，领导干部这个"关键少数"要起到示范作用，要做践行核心价值观的先锋。第二方面，社会名人也得承担起弘扬、践行核心价值观的社会责任。社会名人具有广泛的社会影响，特别是对孩子们具有较大的影响力。当然，我们教育界包括家长也要配合，要从孩子抓起。核心价值观提倡的这些价值取向慢慢变成每个人的一种习惯，这样就会形成社会风气。

我们这代人的使命

——打赢新时代的"心战争"

戴 旭

戴旭，著名军事战略专家，中国人民解放军国防大学教授、空军大校军衔，北京大学中国战略研究中心研究员、浙江大学"非传统安全与和平发展研究中心"兼职研究员。专注于战略思维培养、实战性战略对策及应用研究。著有《C形包围》《盛世狼烟》《大空战》《海图腾》《Q形绞索》等，引起较大社会反响。

每一代人都有自己的时代使命。甲午一代、抗战一代、建国一代、改革开放的一代，像接力棒一样，把民族复兴的伟大使命传递到我们的手上。我们责无旁贷，只有竭尽心力，打赢新时代的"心战争"，为先辈们的中国梦守灵，为今天的中国梦护航，为后人的中国梦守望！

2015 年是甲午战争失败 120 周年和抗日战争胜利 70 周年，我们国家在不同的场合以不同的形式，对两场战争都举行了纪念活动。同时纪念一场败战和一场胜利，这是一个世界奇观。

这是在同一个战争舞台上，与同一个对手，在不同时空进行的两次生死决战。第一个回合，日本胜了，晚清中国被打倒在地；第二个回合，中国绝地反击，日本放下武器，彻底投降。

第一个回合，中国军队装备精良，数量占优，依托后方本土作战却一败涂地，这是为什么？第二个回合，中国处于全面军事劣势，却赢得全面胜利，这又是为什么？

我认为，间隔半个世纪的这两个问号里包含着的历史秘密，不仅是解开今日中国诸多现实疑问的钥匙，同时也是我们能否真正树立习近平总书记倡导的道路自信、理论自信、制度自信、文化自信，进而坚定实现中国梦信心的关键。

甲午战争中的晚清政府与抗日战争中的国民党政府

先说甲午战争。甲午战争中国为什么战败了？

反思甲午战争失败的文章汗牛充栋。但我认为，晚清中国最根本的败因是在"心"上。晚清中国不是被战败的，而是被吓败的。一个大国被小国吓败，这才是真正令中国万世蒙羞的地方！

甲午战争几乎每一个阶段，从国力和军力等硬指标上看，清朝都有战胜日本的条件。琉球外交事件初起，清朝有先发制人，除患于未然的战略机遇；战争初起，清朝可集中海军主力主动出击直捣长崎，回头兜击日本舰队。陆军守平壤，大军入朝决战全歼日军。第二阶段，日军进攻辽东，清军可坚守大连、旅顺，北洋海军主力尚存，可抄后路，陆海夹击。即使五战尽墨之后，清朝还有坚守北京城，以待勤王之师，聚歼日军于东北、华北之间，同时外交策俄断日后路，或迁都再战的全胜选择。但是，它一次机遇也没有抓住，惶惶奔逃，匆匆认输。

由于日本所提的《马关条约》条款过于苛刻，当时朝野多主张拒和、迁都、再战。为什么清政府不敢继续和日本打下去？一是辽东祖宗陵地已在敌手，怕遭羞辱，内心已恐；二是北京经营多年，有着无数的珍宝，怕再遭蹂躏；三是经历太平天国"誓杀清妖"，清廷对深入汉地心有余悸，迁都怕生不测。都是"心"病！权衡再三，赔款割地，负担是全国人的；迁都再战，损失的却是朝廷自己的珍宝，甚至有可能是朝廷本身。于是同意接受强盗的勒索！

此时的李鸿章，在大办洋务中发了大财。据留美的洋务要员容闳说，李"绝命时有私产四千万两以遗子孙"，其中相当数量的银子还存于日本茶山煤矿公司，他害怕继续与日本开战，自己的劣迹被揭露，于是不顾当时朝议和千秋骂名，上下其手，力排众议签下合约。李鸿章就是晚清统治阶层的缩影，他身上折射着的就是王朝颓废的死光。

在反思甲午战败的文章中，有关于北洋舰队装备落后、没有速射炮等说法。这个理由即使成立，也只能为甲午战争中黄海一战的不分胜负作解释。可是，另外四场陆地战役惨败是怎么回事？

由60余座炮台要塞群构成的旅顺口和大连湾防御体系，因地势险要，火力强大，被称为"东方直布罗陀"。即使清军在所有的地方都战败，它也应该在这里赢得一场绝对的胜利。

但是，当日军500名敢死队员吃完最后一餐饭，带着必死的决心往上攻，一口气攻上去，一枪没响。清军总共只打出2发炮弹，战争结束了。主将早就弃阵而逃，士兵也都弃枪而散，整个大连湾炮台上一个人没有！100多门崭新的克虏伯大炮、200多万发炮弹、3000多万发子弹，全部留给了日本。日本就用清军的大炮、清军的步枪、清军的子弹打下了旅顺、打下了辽东，用清朝的武器和黄金打赢了清朝。

甲午战争后，列强掀起瓜分中国狂潮，而清朝内部也迅速分化，各行其是：王朝建新陆军以苟延残喘；改革者欲抛弃老政府重组新内阁；革命者想彻底掀翻体制；农民搞义和团扶清灭洋；一批知识分子搞报纸、刊物等新媒体，抨击时政，宣传革命。大清国意识形态一片混乱，喧嚣中新军拿起枪来，轻而易举地结果了清朝性命。

封建统治阶层的颓废，最直接的表现就是在精神上不思进取，生活上骄奢淫逸，贪贿无度，外交上奴颜媚骨，军事上懦弱退让，不敢主动出击，全力迎击。由此带来民风败坏，社会整体堕落。

1901年光绪在诏书中说："我中国之弱，在于习气太深，文法太密。庸俗之吏多，豪杰人士少……公事以文牍来往，而毫无实际。人才以资格相限制，而日见消磨。误国家者在一私字，困天下者在一利字。"一个"私"，一个"利"，说的就是腐败。政府和军事指挥者各怀私心，不可能总是掩耳盗铃地让一线官兵同仇敌忾。官兵私心一生，于是军心瓦解，一败涂地。

这是一种"中国病"——其根本原因是"统治阶层的颓废"，在中国古老政治肌体上引起的综合并发症：政治的、经济的、军事的、文化的混沌、失衡、无措、衰朽——我称之为"政治植物人综合征"。病症如"眼"科：视野短浅，目光狭窄；"心""脑"科：思维陈旧，苟且偷安；"精神"科：没有核心价值观，萎靡不振，畏敌如虎；肢体部分如官僚病：自私自利，腐败无度；文人病：文弱无耻，空谈漫议；军人病：贪污浪费，惜死顾身。其他还有如富贵病：贪图安逸享乐的生活等。

力由心生。心已败，何来力？

边界冲突军事失利，晚清只求战事早日结束，甲午战役就此变成甲午战争。签下《马关条约》，晚清以为日本心满意足，日本却由此生发灭华之心。

抗日战争就是甲午战争的继续。

令人扼腕的是，抗日战争开始的时候，国民党政府的整体精神状态居然和甲午年一般无二。

1931年，日本关东军密谋九一八事变。对此早有觉察的张学良却电令其部下："此时如与日本开战，我方必败，败则日方将对我要求割地赔款，东北将万劫不复，亟宜力避冲突，以公理为周旋。"蒋介石政府对当时中国人精神状态的评价是："浑浑噩噩，毫无生气。在行动中表现为好歹不识、是非不辨、公私不分。由此，我们的官员虚假伪善，贪婪腐败；我们的人民斗志涣散，对国家福利漠不关心；我们的青年颓废堕落，不负责任……使我们在天灾和外敌入侵面前束手无策，无能为力。"冯玉祥在《我所认识的蒋介石》一书中回忆，蒋介石在九一八事变后说："枪不如人，炮不如人，教育训练不如人，机器不如人，工厂不如人，拿什么和日本打仗呢？若抵抗日本，顶多三天就亡国了。"

领袖如此，国家如此，哪有军心士气？抗战中国民党军队有一百多万人带枪投敌，堪称世界笑话。其主力全部龟缩在西南深山密林中。第二次世界大战结束前一年，美国和苏联军队高歌猛进，法西斯在全球战场都呈现颓势。而日军居然还在中国发起了大规模进攻作战，数百万国民党军没有打赢一场像样的战役。美国由此失望，只好请苏联出兵。这直接导致战后中国利益受损。中国军队居然不能在东北地区和朝鲜半岛受降，而这又为后来朝鲜战争的爆发埋下隐患！

甲午战前，晚清对琉球不敢保；第二次世界大战获胜后，蒋介石对琉球不敢要。这又为今天东海争端埋下隐患。

前人栽树后人乘凉，前人窝囊后人遭殃！这个悲惨的结果，后来成为新中国和人民军队威武雄壮的背景，成为中华民族精神之光闪耀的黑色幕墙。

抗日战争最后取得了伟大胜利，这是整个民族的光荣。但这份光荣却遮不住国民党政府的腐败无能。所以，后来国民党在拥有那么大军事优势的情况下，被中国共产党军队的小米加步枪如风卷残云一样横扫，其实就是人民抛弃了它！中国人民已经受够了腐败、懦弱、无耻、无能的政府，人民需要新中国！

是谁把中华民族唤醒

抗日战争之所以能胜，是因为此时中国这头睡狮已开始醒来了。国民党军队在正面战场退却的同时，中国共产党领导的武装却在向敌占区大踏步挺进！

国统区虽然乌烟瘴气，但解放区的天是明朗的天！是谁把中华民族唤醒的？

让我们听一首老歌：黄河之滨，集合着一群中华民族优秀的子孙。人类解放，救国的责任，全靠我们自己来担承……唱这支歌的，是刚刚爬雪山、过草地，九死一生后到达西北高原，脱下红军服，换上八路军军装的那批人，那是中国共产党的队伍。

美国作家协会前主席索尔兹伯里，几十年后重访长征路，仍然被当年的壮举所震撼。他动情地说："长征将成为人类坚定无畏的丰碑，永远流传于世。阅读长征的故事将使人们再次认识到，人类的精神一旦唤起，其威力是无穷无尽的……它所表现的英雄主义精神激励着一个有十一亿人口的民族，使中国朝着一个无人能够预言的未来前进。"

"人类解放，救国的责任"，有这样的胸怀，正是中国共产党人与众不同的品质。中国共产党人首先是爱国主义者，但还是正义的国际主义者和人类主义者！这就是我们的信仰！

长征正是中国共产党、中国人民军队和新中国灵魂的真实写照。我们的一切胜利，都可以在信仰和精神这里找到源头，未来中国和中华民族发展、强盛的密钥，也深藏在这里！

齐齐哈尔有个烈士叫史履升，临刑前对难友说："中国人民是杀不完的。请你们相信我的话，祖国不久就要胜利的，革命就要成功了，你们要好好地活着，将来为祖国工作呀！"他的绝命诗中有这样一句："今生余去也，中华万万年！"这是那个年代千千万万中国共产党人的写照。在他们的心底，都有一个民族复兴的中国梦。

在那样的时代，中国共产党及其领导的军队，是中华民族优秀分子的集成，是中华民族精神不灭的象征。有这样精神情怀的人，还有什么样的敌人不能战胜？

抗战胜利5年后，中国共产党领导下的军队在清朝军队曾经屈辱失败的朝鲜战场上演出了一场波澜壮阔、惊天动地的活剧。

那是新中国第一批远征军书写的。他们不仅续写了中国历史的光辉篇章，还创造了世界战争史上的奇迹。毫不夸张地说，在以弱敌强的战争中，

在河北西柏坡七届二中全会旧址重温入党誓词

（光明图片　高瑞红／摄）

从来没有一个国家的军队，创造过如中国军队在朝鲜战场那样的辉煌。为什么？我举两个例子。

上甘岭战役。美集团军司令范佛里特原计划只用两个营的兵力、5 天时间、伤亡 200 人便拿下上甘岭。然而，此战却打了 43 天，向两个小山头倾泻了 190 万发炮弹和 5000 枚巨型航弹，火力密度闻所未闻。整体山头被削低半米。美军对坑道进行封锁、轰炸、爆破、焚烧、堵塞，投掷毒气弹、硫磺弹。坑道里缺粮、缺弹、缺药、缺氧、缺水，志愿军战士全靠顽强的意志在坚持。"联合国军"动用了 6 万余人，伤亡了 2 万余人，仍未拿下。

第十五军《抗美援朝战争史》这样描述："上甘岭战役中，危急时刻拉响手雷、手榴弹、爆破筒、炸药包与敌人同归于尽，舍身炸敌地堡，堵敌枪眼等，成为普遍现象。"

一句"普遍现象"，足以泣鬼神！可以说，这样一支中国军队的形象，与鸦片战争、甲午战争中的中国军队，已不可同日而语。为什么同一个民族仅仅经过半个世纪就完全脱胎换骨？是中国共产党为中华民族注入的理想和信念，将备受列强凌辱的"东亚病夫"塑造成一个个、一群群英武战士，让新中国军人有了完全不同的精神构成，才使得他们经受住了炼狱般的铁火锻造。他们凭借"硬气功"以肉体击碎了钢铁，用手榴弹击破了敌军。

拿破仑说，剑总是对精神俯首称臣的。1954 年也是甲午年。新中国军队以"谜一样的东方精神"，在国门外重新赢回了失落百年的尊严。抗美援朝战争，是中华民族收复百年来精神失地的一战。

上甘岭战役是整个抗美援朝战争的缩影。志愿军在朝鲜战场构筑的大小坑道总长 1250 多公里，挖堑壕和交通壕 6250 公里，堪比中国的万里长城。

开挖土石方 6000 万立方米，如以一立方米的体积纵向排列，可环绕地球一周半，而这些数字，不是用现代化的工具写就的，而是在炮火连天的战场上，仅仅凭借人工，在坚硬的山石中开掘出来的。这是上甘岭战役背后的奇迹。

在被美国称为"最寒冷的冬天"的长津湖战役中，有一个中国连队奉命穿插截击美海军陆战队一师。官兵远程奔袭，进入 1081 高地战位。身下是刺骨的冰雪，身上是湿透的单衣，零下三四十度的严寒和狂风之下，却没有一个人动。大家都目视着前方。中国军队追击着美军，而美军却安然走过中国志愿军预设的阻击阵地，一枪未响。后面的中国军队不知道什么原因，而走过这片高地的美军，此刻也被眼前的一幕惊得目瞪口呆：一百多中国军人都举着枪，枪口指向下面的道路，那是陆战队正在经过的地方。他们没有开枪。越来越多的美国军人走到他们身边，他们还是没有开枪。冰雪已经在他们的脸上凝成霜刺，单衣上已经结满厚厚的冰凌。他们每个人都圆睁着双眼，注视着准星。他们全部呈作战姿势，冻死在阵地上！人、枪、阵地，组成一座静谧的冰雕。

什么样的美术能够描绘出这样的作品？什么样的音乐可以表现出这样寂静的轰鸣？

美国军人向他们敬完军礼后走了。他们没有被拦截。但他们知道，以后等待着他们的是什么。

这是朝鲜战争刚开始时的一幕。而上甘岭是朝鲜战争结束时的一幕。

时下的人们不是流行穿越吗？现在，让我们穿越一下：如果是新中国的军队来打甲午战争，结果会是什么样？如果中国共产党有国民党那样的条件，抗日战争的结果又会是什么样？

曾任国务委员、国防部部长的秦基伟说：上甘岭战役"既是敌我双方军力的较量，又是两种世界观、两种价值观、两种思想体系的较量"。抗美援朝胜利了。战争的胜利让世界对中国重新充满敬畏：素来倔强的日本，正是在朝鲜战争之后，才真正相信中国真的站起来了，而海外中华赤子、各界精英，正是因为新中国的强悍雄壮，一扫百年屡弱病夫形象而心生自豪，所以放弃优越的国外生活，百川归海般融入祖国；各族人民意气风发，共同开创了一个梦幻般的理想主义时代。

由于这种自信的激励，中国人几乎在一切领域挑战"不可能"：他们大胆尝试这个世界上从来没有存在过的制度，他们打破封锁，尽最大可能实现开放，在自力更生的基础上借助外援努力实现工业化……他们爬冰卧雪，在大庆、在克拉玛依，几乎是用手指抠出石油；他们在高耸入云的崇山峻岭，仅凭着人力和手工，居然凌空打造出红旗渠；他们在一穷二白的废墟上造出"两弹一星"、核潜艇……他们有过悲壮的挫折，但也创造了这个民族经济、政治和文化、军事、科技领域惊世骇俗的空前成就。

如果说今天的中国是一座高入云霄的大厦，那么，支撑这座大厦的第一根柱桩是创造人间奇迹的长征英雄们，是以上甘岭的中国军人们为代表的那一代中国人，用他们的血肉之躯和百折不挠的意志打下的！

从长征到抗美援朝到"两弹一星"，到大庆油田到红旗渠，贯穿于新中国历史中的民族精神，都是一样的爱国主义和英雄主义旋律的和鸣！

19世纪和20世纪上半叶，关于中国的历史几乎都是黑色的，就是从毛泽东和他率领的中国共产党登上历史舞台后，中国历史才有了起色和后来的波澜壮阔。晚清时期有太平天国运动、义和团运动，民国时期有辛亥革命和无数的战争，各领风骚的人物多如牛毛。但是，能够提出一种完整的政治、军事、经济、文化体系，并用之于实践摧毁、取代旧制度，给中国带来彻底解放的只有毛泽东、中国共产党和人民军队。推翻三座大山，彻底结束了自鸦片战争以来列强一百多年欺凌中国的乱局；开创了一个没有吸毒、性病、赌博、黑帮、腐败等丑恶现象，各族人民亲如兄弟、昂扬向上、路不拾遗的时代。在建立、建设新中国的过程中，毛泽东和他那一代共产党人，以一种崭新的文化塑造出焕然一新的中华民族。中国共产党领导人民创立新中国的历史，不仅仅是一部中国现代政治革命史，更是中华民族从沉沦中奋起、在血火中新生的一部惊天动地的心灵史。

打赢新时代的"心战争"

习近平总书记在纪念中国人民抗日战争暨世界反法西斯战争胜利70周

年大会上说：历史无法重来，未来可以开创。呼吁全党全军全国各族人民，海内外所有中华儿女，更加紧密地团结起来，肩负起历史重任，以中华民族伟大复兴不断前行的新成就，告慰为中国人民抗日战争和世界反法西斯战争献出生命的先烈。在其他的一些场合，习近平总书记多次指出：今天比历史上任何时候都更接近中华民族伟大复兴的目标，同时也是各种阻力最大的时候。

在这样一个重要的时代关头，我们如何"肩负起历史重任"？

此前，已经有乌克兰在内部动乱中山河破碎。再往前看，埃及、突尼斯、利比亚、格鲁吉亚、吉尔吉斯……东欧列国和苏联，等等，世界政治的停尸房里，是一大片社会主义国家的冰冷的尸体。

这是战争！新形态的战争！而中国依然面临着巨大的威胁！

第二次世界大战后，美国国家战略已经根据时代的最新特点，从军事帝国主义转向经济帝国主义和文化帝国主义；在对苏冷战胜利之后，又在中东进行了文化帝国主义和军事帝国主义配合使用的实验。现在，美国将这三种帝国主义战略同时用于对中国的立体夹击。也就是说，今日中国不仅面临着五维一体的物理空间的威胁，还面临着超物理空间的社会和心理空间的全方位合击。对此，只从纯军事的层面强调国防意识已经远远不能适应新的安全现实。

美国著名政治学者亨廷顿说："对一个传统社会的稳定来说，构成主要威胁的，并非来自外国军队的侵略，而是来自外国观念的侵入，印刷品和言论比军队和坦克推进得更快、更深入。"这既是对美国现代战略经验的总结，又是对美国未来一个时期全球战略特别是对华战略特点的描述。

联想到20多年前拥有几万枚核弹头和近400万大军的苏军，被无影无形却无处不在的信息思想战彻底侵蚀、肢解的场景，联想到后来被"推特"轻易推倒的东欧、中东、中亚各国，国家倾覆始于思想瓦解，网络时代"政权一夜垮台"的事实，让人不寒而栗。

美国对中国是怎么想的？原驻华大使洪博培2012年在总统竞选演讲中自信地说："我们应该联合我们的盟友和中国国内的支持者，他们是被称为互联网一代的年轻人。中国有5亿互联网用户，8000万博主。他们将带来变化，类似的变化将扳倒中国。"

黯淡了刀光剑影的新战争一样致命，只是手段更隐蔽而已。他们派出各种"青年导师"和"战略误导师"，给他们披上学者或经济学家、企业家的隐身衣，一边按照其文化战略，大规模俘虏中国的人心，一边进入中国高层智囊机构，诱导中国向低技术和被经济殖民化的方向发展，试图让中国整体性地进入他们主导的国际体系之中。利用其资本把持的门户网站，发动以颠覆新中国历史和毁灭共产党理论基础为目的的意识形态战，夜以继日地抹黑新中国领导人，解构、丑化中国革命，同时还以各种手段推进包含重大战略意图的宗教"爆炸性发展"。美国战略东移，日本集体自卫权解禁，看起来似乎是在和中国比经济、比军备，明修栈道的同时，还暗度陈仓，与中国争人心、争青年、争未来、比时间！

应对新战争，需要新技术，更需要新思维。国防的界线早已被突破，战争已经超越军队和军事层面，省略肉体血战阶段，直取对方人心意志。

在新的网络舆论战场上，目前的形势并不乐观：外资控制的门户网站在中国意识形态领域兴风作浪，某种意义上也为我们敲响了网络时代的舆论警钟。今天我们的出版社、报刊，从技术上说是百年前机械化时代的产物，电视台是 50 年前电子时代的产物；而网络媒体属于当前最新信息网络技术的产物，我们不能失去网络时代经济和金融制高点。用纸面媒体、电视、电台对决网络媒体，犹如用大刀弓箭和机枪，对抗飞机坦克。双方的"武器"和作战体系存在着巨大的"代差"。如微博、QQ、微信等大众普遍使用的信息沟通方式都是外资控股的商业社交网站所发明，我们整体上处于被动防御、防不胜防的状态。

但技术上的差距还不是最可怕的。中华人民共和国的地理版图正在受到挑战，但更大的挑战，是我们国家的文化版图和中国共产党的政治版图受到的挑战。

美国《时代周刊》驻北京记者站前站长、驻耶路撒冷办事处前主管大卫·艾克曼，2003 年出版了一本书叫《耶稣在北京——基督教正在如何改造中国以及改变全球的势力均衡》，主张西方应用基督教驯服中国，并预测

"今后 30 年内中国可能有三分之一的人口成为基督徒，由此成为全世界最大的基督国家之一"。

还有多少人信仰其他宗教和西方政治理论？当年，跟在中国共产党身后的是全国人民，现在我们应该回过头看一看。至少，我们应该知道入了基督教和其他宗教以及思想上已

福建上杭"古田会议"旧址　　　　　　（光明图片　李俊生／摄）

经进入西方阵营的那些人，有多少曾经是在我们的队伍中。他们为什么走？2014 年习近平总书记在古田全军政治工作会议上，语重心长也是意味深长地要求大家，深入思考我们当初是从哪里出发的、为什么出发的，接受思想洗礼，以利于更好前进。

意大利政治哲学家马基雅维利说："造就最强大国家的首要条件不在于造枪炮，而在于能够造就其国民的坚定信仰。"国家没有理想，民族没有精神，国民没有信仰，再大的体量也不过是一具僵尸。

由于网络把世界事实上组织在一起，世界不同政治制度、不同文化和政治理念、不同价值观念对某一个国家传统意识形态的冲击，已远远大于对于一个国家领土、领空、领海的直接武力威胁。换言之，政治安全远比一般性国防安全面临的威胁和挑战更严峻、更致命。因此，加强"心防"，就成为第一要务。习近平总书记指出，要强化互联网思维，要建立立体多样、融合发展的现代传播体系。党、军队和国家文化宣传部门，从来没有像现在这样，需要思维融合、体制融合、任务融合。因为，共同的职责已经在新时代融合得难解难分。

网络安全和信息化工作座谈会在京召开

网络已成为捍卫国家和民族利益的新的上甘岭。面对这一前所未有的挑战，我们都要思考并行动起来。从国家层面上，要占领思

想文化和舆论阵地，认真、严肃地清理那些"吃共产党饭，砸共产党锅"的人，特别是在高校、学术研究机构和各类媒体领域。各职能部门，要站在党、国家和民族生死存亡的高度，共同研讨应对这种民族性新战争。同时，将中国共产党的最新理论成果通俗化、大众化，使曾经鼓舞了几代人的那种信仰重新复活，并根植于人民之中。

每一代人都有自己的时代使命。甲午一代、抗战一代、建国一代、改革开放的一代，像接力棒一样，把民族复兴的伟大使命传递到我们的手上。我们责无旁贷，只有竭尽心力，打赢新时代的"心战争"，为先辈们的中国梦守灵，为今天的中国梦护航，为后人的中国梦守望！

习近平：青年要自觉践行社会主义核心价值观

（演讲地点：黑龙江省齐齐哈尔大学）

现场问答
XIANCHANG WENDA

提问： 科技在未来战争中起到了越来越大的作用，武器装备对战争的影响很重要，那应该如何理解精神在未来战争中的作用？

戴旭： 武器装备固然重要，但更重要的还是精神。作战有两个要素，一个是人，一个是武器，装备很重要，但决定战争胜负的是人不是物。一支没有精神装备的军队，就算给它再好的武器，也不可能打赢任何战争。

提问： 您如何看待改革开放对我们民族品格的塑造？

戴旭： 改革开放是我们新中国伟大进程当中的一部分，在这个进程中，我们民族的精神品格有了新元素的补充，但同时，进程中也产生了一些负面的问题需要我们去克服。在面向未来的过程中，只有经受精神的洗礼才能更好地前进。

社会主义核心价值观是从哪里来的

李君如

李君如，原中共中央党校副校长、研究员。马克思主义理论研究和建设工程咨询委员会委员，科学社会主义学科首席专家。第十届全国政协委员，第十一届全国政协常委。出版 18 卷《李君如著作集》。"毛泽东研究"三部曲《毛泽东与近代中国》《毛泽东与当代中国》《毛泽东与毛泽东后的当代中国》曾获第十一届中国图书奖。

培育和践行社会主义核心价值观，首先要了解这 24 字是怎么形成的，在对历史的深入理解和自然领悟中把它们内化于心中，成为做人干事、处世待人的"一定之规"。

走上这个讲坛，我想起了一个人，想起了一批年轻的生命。

2013 年 9 月，我到新疆石河子大学参加一个研讨会。会后，坐着越野车翻过天山，沿着伊犁河谷去霍尔果斯口岸考察，研究西部对外开放的条件等问题。车开到一个叫乔尔玛的地方，因为晕车停下来休息。在路边，我发现有三间连着的小平房，其中一间房子的门开着，里面的墙上挂满了锦旗。出于好奇，我推门进去，房间的女主人和男主人向我介绍这些锦旗的由来。

这家的男主人叫陈俊贵，1979 年从辽宁入伍来到新疆，参加了北起独山子、南至库车的天山独库公路大会战。在这场没有硝烟的战斗中，先后有 168 名解放军指战员献出了年轻的生命。陈俊贵告诉我，在这条造福新疆人民的公路上，平均每 3 公里就要牺牲 1 名年轻的战士，他们年龄最大的只有三十一二岁，最小的 16 岁。这些年轻的生命，就长眠在天山的土地上。这是独库公路会战的故事，当时我的心灵受到震撼。

更让人震撼的，是陈俊贵本人。1980 年冬，修筑公路的 1500 多名官兵被暴风雪围困在零下 30 多摄氏度的天山深处，唯一与外界联系的电话线也被大风刮断，大家面临寒冷冻死、断粮饿死的危险。为尽快与 40 公里外的施工指挥部取得联系，陈俊贵奉命随同班长、副班长和另一名老战士去向指挥部报告，寻求救援。在海拔 3000 多米高寒缺氧的雪山上，他们顶风冒雪，艰难前行。可是，部队指挥部还没有找到，他们身上带的 20 多个馒头却只剩下最后一个。在大家饥肠辘辘的时刻，班长作出了一个让陈俊贵终生难忘的决定："我和副班长是共产党员，还一个是老兵，只有陈俊贵是新兵，年龄又小，馒头让给他吃。"不久，班长和副班长先后无声无息地倒下了，陈俊贵和那个老战士掉下山崖被哈萨克牧民救起后，终于把施工官兵被暴风雪围困的消息报告给了指挥部。

后来，陈俊贵因严重冻伤在医院接受了长达 4 年的治疗，并于 1984 年复员回到辽宁老家。当地政府为他安排了一份电影放映员的工作。他讨了老婆、生了孩子，内心依然不能平静。班长的话始终在他耳边回响，那个馒头始终

崇山峻岭中蜿蜒的新疆独库公路

（新华社记者　江文耀／摄）

成为他心中难以割舍、难以忘怀的心结。

1985 年冬天，他决定辞去稳定的工作，带着妻子和刚刚出生的儿子回到了终生难忘的天山脚下，在离班长坟墓最近的一个山坡上搭了一间简易房子，为班长守墓。后来，他把两位班长的遗骨迁到乔尔玛烈士陵园，并担任了陵园管理和解说人员。作为烈士陵园的守陵人，这一守，就是 30 多年。

我听陈俊贵讲着这感人的故事，忘记了疲乏和晕车的难受。接着，又在他的引导下参观了陵园和纪念馆。烈士陵园的碑文上写着"人是躺下的路，路是竖起来的碑"。每 3 公里就有年轻人躺在这里，人就是躺下的路，而路就是解放军指战员竖起的碑。看着碑文我不禁流下了眼泪。这次翻越天山，留在心中的，是永远不能忘怀的陈俊贵的故事，是永远不能忘怀的 168 名烈士的年轻生命。

为什么会想到这个故事？因为社会主义核心价值观是内生于心、外显于形的大善之德。培育和践行社会主义核心价值观，首先要了解这 24 字是怎么形成的，在对历史的深入理解和自然领悟中把它们内化于心中，成为做人干事、处世待人的"一定之规"。什么叫核心价值观，就是集大善之德、一定之规。

雄安新区的社会主义核心价值观景观

（光明图片　周国强/摄）

因此，我们今天在这里讲核心价值观，我更多主张去通过理解领悟这个核心价值观的内核，而不主张去死记硬背。我今天重点讲一讲社会主义核心价值观是从哪里来的，怎样培育社会主义核心价值观，以及为什么社会主义核心价值观是我们共同的追求、共同的坚守。

当代中国历史性大反思和时代性大变动的深刻总结

毛主席曾经提出一个很深刻的问题："人的正确思想是从哪里来的？"他是这样回答的："是从天上掉下来的吗？不是。是自己头脑里固有的吗？不是。人的正确思想，只能从社会实践中来。"同样，我们也可以问一下：这24字价值观是从哪里来的？它也不是从天上掉下来的，不是我们头脑里固有的，而是在社会主义现代化建设和改革开放的实践中形成的，是在总结社会主义建设历史经验的过程中提炼出来的，是当代中国历史性大反思和时代性大变动的深刻总结。

国家层面上"富强、民主、文明、和谐"这8个字的价值目标是怎么形成的？要回想一下我国社会主义建设和改革开放的历史背景。

新中国成立的时候，我们当时就提出要"为中国的独立、民主、和平、统一和富强而奋斗"。这是写在《中国人民政治协商会议共同纲领》里面的。进入社会主义社会后，根据党的八大提出的"把我国尽快地从落后的农业国变为先进的工业国""尽可能迅速地把我们的国家建设成为一个伟大的社会主义国家"这一任务和目标，掀起了轰轰烈烈的社会主义建设热潮。

在社会主义建设初期，我们对社会主义的认识很朴素，甚至认为共产主义生活就是"楼上楼下，电灯电话"。后来经历了一系列曲折，终于，在党的十一届三中全会上决定把工作重点转移到社会主义现代化建设上来。这是当代中国历史性大反思和时代性大变动的历史起点。

我们搞现代化，什么是现代化呢？党的十一届四中全会第一次对我们要实现的现代化，从内涵上作了分析，我们所说的现代化包括"农业、工业、国防、科技"，还明确指出："我们所说的四个现代化，是实现现代化的四个主要方面，并不是说现代化事业只以这四个方面为限。"我们的现代化还包括"高度物质文明""高度的社会主义精神文明""高度的社会主义民主和完备的社会主义法制"等任务和目标。这种认识是过去从来没有的，是一个很大的进步。在这个基础上，党的十一届六中全会明确提出了我们的奋斗目标是"为把我们的国家逐步建设成为现代化的、高度民主的、高度文明的社会主义强国而努力奋斗"。党的十二大报告也是这么提的。

大家注意到没有？这个目标当中"高度民主""高度文明"，没有"富强"这两个字。由于在过去一个很长的历史时期里面，我们批判所谓的"唯生产力论"，把抓生产等同于搞资本主义，把致富等同于搞修正主义，所以在一个时期大家都不敢言"富"。谈"富"色变，形而上学猖獗。当然，这是历史唯心主义的观点，不敢讲生产力，不敢讲"富"，我认为历史唯心主义是不能指导社会主义建设的。

经过一轮比一轮更深入的拨乱反正，在全面改革开始以后，我们终于打出了"富强"的旗号。党的十三大把"富强"两字同"民主""文明"放在一起写进了党的基本路线。当时的提法是："为把我国建设成为富强、民主、文明的社会主义现代化国家而奋斗。"我们这个核心价值观里面，"富强、民主、文明、和谐"前面六个字就是到这个时候成为我们的奋斗目标。

在这样的基本路线指引下，我国现代化建设和改革开放势如破竹地推进，中国特色社会主义之路越走越宽广。与此同时，新的问题也发生了。随着政策的放开、改革的深化、经济的发展，我国社会分层加剧，社会成员之间、城乡之间、地区之间以及经济与社会之间发展的不平衡性突出了，社会矛盾增多了，群体性事件也接连不断地发生。针对这种情况，我国在总体上进入小康社会以后，党的十六大提出了"全面建设小康社会"的新任务，并且把"社会更加和谐"作为其中一个重要目标提了出来。党的十六届四中全会后，党中央把中国特色社会主义事业的总体布局由经济、政治、文化"三位一体"的布局，拓展到经济、政治、文化、社会"四位一体"的布局，加上了"社会"。我们在党的十六届六中全会通过了一个"构建社会主义和谐社会"的决定。到党的十七大，我们把"和谐"这两个字写进了党的基本路线。这样，我们的奋斗目标就由"富强、民主、文明"三个元素构成的现代化，拓展为"富强、民主、文明、和谐"四个元素构成的现代化。这四个元素是什么呢？实际上，就是我们国家的经济、政治、文化、社会建设这四大建设中追求的四大价值目标。

我想我在这里通过这个历史的回顾，大家可以明白，党的十八大以后，以习近平同志为核心的党中央为什么会明确指出富强、民主、文明、和谐是国家层面的价值观了。

社会主义核心价值观来自我国现代化建设和改革开放实践，是当代中国历史性大反思和时代性大变动的深刻总结。只要联系我国改革开放以来走过的路，不需要死记硬背，大家就可以记住我们要坚守的社会主义核心价值观是什么。

我们讲"富强、民主、文明、和谐是国家层面的价值目标"，不能仅仅理解为这只是国家追求的目标，与我无关。事实上，国家的追求就是我们大家共同的追求。"国家"这个词，是个地理概念，更是个政治概念。英文中的"country""state"这些词都是"国"，但翻译成为我们汉语是"国家"。在中国人的观念中，"国"离不开"家"、"家"离不开"国"，国家好了，我们大家都会好。

中国社会在改革开放中出现的新变化和新走向的深刻反映

前面讲到"历史性大反思"，又讲到"时代性大变动"，"反思"是对历史的总结，"变动"是现实的变化。这种变动、变化是改革开放带来的，而且主流是积极的而不是消极的，是给中国带来新变化和新走向的大变动。24字社会主义核心价值观有新意，新就新在反映了中国社会在改革开放这样的时代性大变动中出现的新变化和新走向。

在社会层面上，"自由、平等、公正、法治"8个字的价值取向，就是反映中国社会新变化、新走向的新观念。

欧洲的自由、平等、民主等观念，是在文艺复兴运动中反对宗教对人和人性的束缚，然后经过启蒙运动、资产阶级革命，一步一步形成的。在我们中国，像这样的理念也是一步一步形成的。在中国，夏、商、周特别是夏商，是宗教占统治地位的社会。春秋战国时期诸子百家提出"敬鬼神而远之"，孔子说我们对宗教鬼神，尊敬你，但对不起，我们是人，我们不能够在你的主宰下生活，这是很前卫的想法。于是"仁者爱人""有教无类""民为邦本""和为贵"的思想出现了。这意味着中国人开始从宗教占统治地位的社会中走了出来，"随心所欲不逾矩"的自由观念也伴之而生。这是在中国春秋战国时期大变动中出现的新的观点。但是，那时思想最解放的人还没有从"君子"与"小人"的等级观念中解放出来，"自由"还不是被贬为"小人"的人民群众的权利。到后来董仲舒"罢黜百家，独尊儒术"，从宗教占统治地位中走出来的中国人又被一整套巩固封建专制主义的"三纲五常"套住了。随着这个体系日臻完备，出现了"存天理，灭人欲"的局面，这就导致五四新文化运动喊出"打倒孔家店"的怒吼。

这场浩浩荡荡的思想解放运动，尽管出现了对中国传统文化否定一切的片面性，但让中国人接受了"人权""民主""自由""科学"等新观念，进而接受了马克思主义。中国共产党就是这样应时代进步潮流而生，并站在这个时代进步潮流的前锋，为中国的文明与前途奋斗着。我们党领导的新民主主义革命高高地举起了"民主""自由"的大旗。当1949年毛泽东宣布"占人类总数四分之一的中国人从此站立起来了"的时候，中国人民不仅从统治中国几千年的"三纲五常"的纲常体系中解放出来，而且从帝国主义、封建主义和官僚买办资本主义的政治文化统治中解放出来，开始享受到"民主""自由"的喜悦。解放军在北京进城的时候,老百姓发自内心地欢呼雀跃,迎解放军进来。这是自由、民主的喜悦,不是任何人张罗出来的。

我们今天的改革开放发端于被称为"真理标准问题大讨论"的思想大解放。在中华文明的发展过程中,如果说春秋战国时期诸子百家争鸣是第一次思想解放运动、五四新文化运动是第二次思想解放运动,那么"真理标准问题大讨论"启动的就是第三次思想解放运动。这次思想解放运动还在深入,它带给中国的是改革开放,是社会主义市场经济体制的建立和完善,是中国前所未有的历史大进步大发展。正是在社会主义市场经济体制建立和发展的过程中,"自由""平等"等人类文明中的进步观念在中国进一步入脑入心,确立起来了。

在发展社会主义市场经济的过程中,我们不仅确立了自由观念,而且对平等观念也有了新的认识。本来,马克思主义就认为商品是天生的平等派,市场经济是在平等的商品交换中实现的,没有平等就没有市场经济。在中国,借市场经济之名大行腐败之道是市场经济不允许的,是不平等的特权的产物。所以,平等和自由一样,也是我们倡导的社会价值取向。

当然,把平等看作是平均主义也不是马克思主义。按劳分配不是平均主义的分配。马克思说,如果在共产主义社会第一阶段就想做到分配结果是平等的,那么权利就是不平等的。党中央明确指出,在今天的中国,追求的公平是权利、机会和规则公平,而不是平均主义的公平、结果公平。

需要注意的是,在我们倡导的价值观中,除了"自由""平等",还有"公正""法治"。如果说前者是社会给每个人提供的发展条件,那么后者就是政府在社会治理中要信守的原则和规范。在这个意义上,我们可以说"公正""法治"是"自由""平等"的保障。为什么强调这个问题呢?这是现实生活提出的要求。

首先,这是完善和发展社会主义市场经济提出的要求。我们的市场经济形成和发展的背景、过程和世界上许多国家不一样。他们是从自然经济条件下面、在社会化生产推动下面,一步一步发展到市场经济的,政府承担的任务主要是制定市场运行的规则并监管市场,第二次世界大战之后又承担起了适度干预市场的任务。我们是从传统的计划经济和政府一点一点放权让利的过程中，转变到社会主义市场经济的。因此，我们的市场经济还不完善，"寻租"、腐败难以完全避免，不仅影响自由、平等，而且导致政府公信力下降，使法律权威大打折扣。这就需要把政府与市场的关系作为一门专门的课题来研究，让政府、市场以及社会能够各就各位。在完善和发展社会主义市场经济的过程中，不仅要在全社会倡导自由、平等的价值取向，还要倡导能够维护自由、平等的公正、法治的价值取向。

同时，这更是推进国家治理体系和治理能力现代化的要求。改革开放以来中国发生了巨大的变化，社会内在的生机和活力被激发出来，但同时也出现了一系列问题，比如不讲诚信、假冒伪劣，党内也出现了贪图享受、行贿受贿等腐败现象。我们要治理，但又不能把社会治"死"，而要形成一个活而有序的社会。以习近平同志为核心的党中央已经给出了一个答案：完善和发展中国特色社会主义制度，推进国家治理体系和治理能力现代化。

也就是说，从"真理标准问题大讨论"开始的第三次思想解放运动，今天进入到了一个新的阶段，进入到了一个具有现代治理体系的中国特色社会主义发展的新阶段，使得我们的社会一步一步成长为一个能够让思想的解放、生产力的解放、社会活力的解放可持续发展的现代社会。这就需要我们在社会层面上不仅要形成自由、平等的这种价值取向，还要倡导维护自由、平等的公正、法治的价值取向。

从上面这么一个回顾，可以清楚地看到，自由、平等、公正、法治这样的社会主义核心价值观是对中国社会在改革开放中出现的新变化和新走向的深刻反映。因此，只要联系我们国家的历史特别是改革开放的历史来理解社会主义核心价值观，就不需要死记硬背，大家就可以记住什么是我们要坚守的社会主义核心价值观了。

中华民族优秀文化传统在当代的继承和弘扬

在我们要倡导和培育的 24 字社会主义核心价值观中，最能体现我们民

族文化传统的是什么呢？是"爱国、敬业、诚信、友善"这 8 个字，这是公民个人层面的价值准则。

古人常讲"精忠报国""天下兴亡，匹夫有责""先天下之忧而忧，后天下之乐而乐"，这是讲源远流长的爱国的问题；"业精于勤荒于嬉，行成于思毁于随""精益求精"，这是我们倡导的敬业的精神；"民无信不立""言必信，行必果"，这是诚信；"君子莫大乎与人为善""善人者，人亦善之""知恩图报，善莫大焉"等，这是友善。这些讲的都是怎么做人待人的问题。"爱国、敬业、诚信、友善"，就是这些好的思想文化传统在当代的表述和弘扬。

这里，需要回过头来讲一讲社会主义核心价值观为什么要分"国家层面""社会层面"和"公民个人层面"这三个层面？首先，这是当前全面深化改革总目标的需要。党的十八届三中全会明确指出，全面深化改革的总目标是完善和发展中国特色社会主义制度，推进国家治理体系和治理能力现代化。这就需要有先进的价值观念支撑。而要建设国家治理体系和治理能力，只有在国家、社会、公民个人三个层面都形成与此相适应的价值观，才能获得成功。其次，这是解决现代化进程面临问题的要求。我们现在面临的是多层次多层面的问题。光是某一个层面上去解决问题也不行，必须三个层面都要考虑。习近平总书记明确说，这三个层面社会主义核心价值观的概括，"实际上回答了我们要建设什么样的国家、建设什么样的社会、培育什么样的公民的重大问题"。再次，这是由国家、社会、公民个人三者的关系决定的。恩格斯说过，国家是从社会中产生、自居于社会之上并日益同社会相异化的特殊力量，讲的就是国家与社会的关系。这里告诉我们，"国家"和"社会"是两个层面的东西。社会是由个人组成的，没有个人就没有社会，但是社会跟个人不一样，这样国家、社会、公民个人三个层面就形成了。

在一个以富强、民主、文明、和谐为价值目标的国家里，在一个以自由、平等、公正、法治为价值取向的社会里，公民应该是一个什么样的公民呢？从公民自身来讲，要爱国、敬业；与此同时，还要解决公民与公民之间的关系问题，这就需要倡导诚信、友善，"爱国、敬业、诚信、友善"，这是每一个公民在社会中生存和发展必须奉行和坚守的最基本价值准则。

联系日常社会生活践行价值观

习近平总书记强调："人类社会发展的历史表明，对一个民族、一个国家来说，最持久、最深层的力量是全社会共同认可的核心价值观。核心价值观，承载着一个民族、一个国家的精神追求，体现着一个社会评判是非曲直的价值标准。"因此，培育社会主义核心价值观的意义，怎么说都不过分，十分重大。

需要强调的是，要让"富强、民主、文明、和谐，自由、平等、公正、法治，爱国、敬业、诚信、友善"24 个字的社会主义核心价值观入脑入心，不仅要了解这 24 字是怎么形成的，是针对什么提出来的，而且还要下大力气培育和弘扬。培育和弘扬就不能光说不练、只说不做，一定要在实践中培育弘扬。有些人对中央文件和核心价值观死记硬背，滚瓜烂熟，该腐败还腐败，所以他不践行，是不行的。古人历来重视道德教化，而这种教化不是单纯地"教"，还要在"践行"中化为内心的自我规范。比如古人常讲"修身、齐家、治国、平天下"，这里的"修""齐""治""平"就是"践行"。

习近平总书记曾经明确指出："一种价值观要真正发挥作用，必须融入社会生活，让人们在实践中感知它、领悟它。要注意把我们所提倡的与人们日常生活紧密联系起来，在落细、落小、落实上下功夫。"这不仅讲要"践行"，还强调要联系我们的日常社会生活来"践行"核心价值观。

《培育和践行社会主义核心价值观行动方案》印发

我们应该认真地琢磨习近平总书记的这个要求，努力把他提出的要求变为现实。我有个小建议：能否在媒体开展"十万个怎么办"的征文和讨论？因为，价值观是内生于心、外显于行的东西，是要通过"行"表现出来的。"行"，就是"办"。过去有一本对青少年乃至于成年人影响很大的书，叫作《十万个为什么》。"为什么"，讲的是现象背后的本质和规律，这是科

学的任务。"怎么办",讲的是人在认识和改造世界中的行为准则问题。比如我提一个问题:"当你走过一个地方,那里正在升国旗,你应该怎么办?你是向国旗行注目礼,还是在那里大声喧哗?"我再问你三个相互关联的问题:"如果你在赶路的时候撞倒了一个老人,你该怎么办?""你看到马路边上有一个被撞倒的老人,你该怎么办?""你是老人,在马路边被人撞倒了,你该怎么办?"诸如此类"怎么办",有法律问题,有道德问题,但从深层次讲是价值观问题。广泛征集人们在日常生活中遇到的"怎么办"问题,再就大家提出的问题从价值观上进行讨论(也可以从法律、道德上开始讨论,最后落到价值观上去),效果一定会比空洞地解释"什么是24字价值观""怎样弘扬24字价值观"要好。

总之,在全面深化改革,为实现"两个一百年"的历史任务,为中华民族伟大复兴的中国梦而奋斗的今天,一定要把培育和践行社会主义核心价值观作为关乎国家前途命运和人民幸福安康的大事来对待,因为这是我们共同的追求、共同的坚守。

(演讲地点:北京航空航天大学)

现场问答
XIANCHANG WENDA

提问:作为当代大学生,我们如何在实践中践行社会主义核心价值观,促进自己的成才与成长呢?

李君如:社会主义核心价值观24字,既有传统的,又有时代的,既有几千年传承下来的,又有在改革开放中提炼出来的,所以我相信,社会主义核心价值观是有生命力的。当代大学生应该怎么样去培育价值观?我觉得是我们自己要通过人生的历练,在实践中去做自己的选择。把国家需要、社会需要和我们个人需要有机统一起来,把国家层面价值目标、社会层面价值取向和个人层面价值准则统一起来,让个人青春、个人才华发挥出来,前途肯定是光明的。

提问:李老师,我想问一下,我们有那么多的规范,为什么对公民个人层面最后提炼了这么四个？

李君如：公民层面除了爱国、敬业、诚信、友善，还要为富强、民主、文明、和谐，为自由、平等、公正、法治而努力。这24字核心价值观是有层次的，但又是相互联系的。个人是社会的一部分，是国家的成员，公民除了个人层面价值准则之外，还有国家层面的价值目标和社会层面的价值取向，目标是富强、民主、文明、和谐，取向是自由、平等、公正、法治，所以公民个人不仅仅是爱国、敬业、诚信、友善，应该是24字整体的。

社会主义核心价值观三问

——为什么、是什么、怎么办

韩庆祥

韩庆祥，中共中央党校（国家行政学院）专家工作室领衔专家、一级教授、原中共中央党校校委委员、副教育长兼哲学教研部主任。十八届中央政治局第十一次集体学习主讲专家，国家"万人计划"首批哲学社会科学领军人才，"新世纪百千万人才工程"国家级人选，全国宣传文化系统"四个一批"人才。中国人学学会副会长、中国马克思主义哲学史学会副会长、中国马克思恩格斯研究会副会长。著有《面向"中国问题"的马克思主义哲学》《能力本位》《思想的力量——新一届中央领导集体治国理政的基本思路》《强国时代》等。

如果一个政党、一个国家、一个民族、一些人的精神懈怠了，这个党、国家、民族和人民是难以真正强大起来的，实现中国梦终究要败下阵来。中央大力强调积极培育和践行社会主义核心价值观，就是要重建中国人的精神世界，解决人的精神懈怠问题。

今天我们来到广西百色,这是邓小平同志当年战斗工作过的地方。百色红色为首,今天我们讲的核心价值观,那也是红色价值观。党的十八大报告,第一次把社会主义核心价值观,概括为 12 个词、24 个字。这种概括充分吸收了全党的智慧、全国人民的智慧。党的十八大以后,全社会从上到下、从下到上对核心价值观都比较关注。今天我利用这个机会,主要讲三个问题。

为什么要培育和践行社会主义核心价值观

首先,我们需要理解为什么中央提出培育和践行社会主义核心价值观。我觉得可以用两句话来表达:一是针对我们国内来说,是要重建中国人的精神世界,解决精神懈怠的问题;二是从国际视角来说,是要提升我们中国的软实力。

先说重建中国人的精神世界,解决精神懈怠问题。

从哲学上来讲,世界主要包括两个:物质世界和精神世界。这些年来,我们国家对物质世界的问题很关注,解决得相对比较好,成果巨大。物质财富积累起来了,人民的生活水平提高了,我们成为世界第二大经济体。碗里有肉了、腰包有钱了、肚子吃饱了。精神世界呢?我们的精神文明建设也取得了历史性的进步,应充分肯定,然而一些问题也集中呈现出来了。我们党内面临"四种危险":精神懈怠、能力不足、脱离群众、消极腐败。这"四种危险"当中,精神懈怠是放在首位的。

精神懈怠,指的是什么?我概括有五条:缺乏理想信念、缺乏自信心、缺乏共识、缺乏凝聚力、缺乏斗志。

理想信念缺失了人会怎么样?一个样子是"过把瘾","玩个心跳","潇洒走一回";还一个样子就是在是非和利害的选择当中,他不看重是非,不讲正义，他看重的是利害、只讲利害。多可怕呀！

缺乏自信人又会怎么样？如果一个孩子在做事之前很自卑，缺乏自信，他什么事都干不成。当年普京当选了俄罗斯总统以后他撂出的第一句话就是：给我 20 年，还你一个强大的俄罗斯！就是要重振国风，要建立自信。人没有自信挺不起腰杆。

如果人们缺乏共识，会怎么样？改革开放之前有一段时期我们存在思想僵化的问题，如今我们思想多样化了，这不是一件坏事儿。大家来百花齐放、百家争鸣，来繁荣我们的哲学社会科学，来创新我们的思想。但如果思想多样化，走向思想分化就值得我们关注了。现在对一个重大的问题要在社会各个阶层达成共识难度是比较大的。思想分化进一步发展，会撕裂和分裂这个社会。

再看如果缺乏凝聚力，人会怎么样？在战争年代，我们共产党领导的军队人数并不多，装备很落后。国民党领导的军队，人数很多，装备也很好。但为什么我们共产党领导的军队战胜了？凝聚力是很重要、很关键的一条。团队绝对不是讲人数，而是讲人心。缺乏凝聚力，人会变成一盘散沙，我们近 14 亿人口的凝聚力是尤为重要的。

如果缺乏斗志，人又会怎么样？如果我们缺乏斗志，我们攻坚克难是完成不了的；我们踏着尖刀前进、攀登高山是完成不了的；我们要战胜我们改革发展过程当中一系列难题是完成不了的。

从上面这五个方面，我们知道，精神懈怠的问题要引起我们高度关注，它是"四种危险"当中的第一个危险。那么，精神懈怠是怎么产生的？

一个原因与我们现在中国人的生存方式有关。这种生存，叫作"物化生存"。就是在有些人那里，他的需要、能力、关系、感情、价值等，都要通过"物"来体现、实现和确证，人对"物"有一种依赖，受"物"支配和主宰，"物"对人有一种统治。他们看重的不是人本身，而是人以外的物。结果人们物质富有了，但一些人的精神却贫困了；物质生活水平提高了，但思想分化了，物欲横流了。

另一个原因与西方一些国家对我们打"攻心战"有关。1978 年以来，我们集中精力搞建设，一心一意谋发展。让一切创造财富源泉涌流，让一切创新能力迸发。同时有一个问题出现了，我们的话语体系与"斗争"这个词越来越远离了。但一些西方国家反而加大了对我们中国斗争的力度，试图"对我国打一场没有硝烟的战争"。尼克松写了一本书叫《1999 不战而胜》，这本书我读了两遍，特别有感慨。这本书最后的结论"亮剑"了："必须动用我们的军事、经济和技术力量和手段，诱使社会主义国家'和平演变'，开展'意识形态斗争'，打'攻心战'。当有一天，中国的年轻人不再相信他们的历史传统和民族的时候，就是美国人不战而胜的时候！"这种"攻心战"是通过四个环环相扣的步骤来实现的：第一个步骤，既然中国需要学习西方文明成果，那就让中国人崇拜其所掌握的各个学科和行业的"西方标准"，向西方基准看齐；第二个步骤，用"西方标准"裁判中国，让中国人自己认为西方的月亮比中国圆；第三个步骤，让中国人对自己的历史、文化、传统，对自己的国家、民族、人民，对中国道路、中国理论、中国制度采取虚无主义，统统给以否定，同时进一步丑化中国、美化西方；第四个步骤就是"不战而胜"：动摇中国人的理想信念，摧毁中国人的自信，瓦解中国人的共识，离间中国人的凝聚力，消磨中国人的斗志。

精神懈怠的危险是"四种危险"之首。如果一个政党、一个国家、一个民族、一些人的精神懈怠了，这个党、国家、民族和人民是难以真正强大起来的，实现中国梦终究要败下阵来。中央大力强调积极培育和践行社会主义核心价值观，就是要重建中国人的精神世界，解决人的精神懈怠问题。习近平总书记特别强调"中国精神"，意义也在于此。

再讲提升国家文化软实力，这是我们为什么要提出培育和践行社会主义核心价值观的第二个方面。

一个国家的实力主要包括硬实力和软实力。1978 年以来，我国的硬实力如经济、科技和军事等逐渐得到增强，相比之下，我国的文化软实力也在不断提升，但依然呈现相对弱势。一些人对中华优秀传统文化缺乏自信，中华优秀传统文化的影响力还不够大。一些人出现价值观迷失，吹捧西方所谓的"普世价值"。中国道路促进了中国成功，但还缺乏阐释和传播中国道路、中国理论、中国制度的有效中国话语体系和话语权，许多话语权为西方世界所掌握。

一个人具有自然长相和精神长相。父母决定其自然长相，文化决定其精神长相。当今，"物质中国"的形象树立起来了，但其"精神长相"还不尽如人意，文化软实力还需要提升。习近平总书记指出，核心价值观是文化软实力的灵魂、文化软实力建设的重点。一个国家的文化软实力，从根本上说，取决于其核心价值观的生命力、凝聚力、感召力。我们中国共产党人大力倡导积极培育和践行社会主义核心价值观，就是要树立国家形象，提升中国的软实力，建设文化强国，赢得国际认同，为实现中国梦提供精神支撑。当代中国人的精神世界丰富了，文化软实力提高了，不仅能抵御西方消极文化

澳大利亚国家博物馆举办"中国文化日"活动

（新华社发　储晨／摄）

的渗透和侵蚀，而且还可以增强文化整体实力和竞争力，让我们真正从精神气概上屹立于世界民族之林！

从总体上把握社会主义核心价值观

上面我讲了一个"为什么"的问题，下面我要讲一个"是什么"的问题。从总体上来把握社会主义核心价值观，我们可以从其提炼与形成的方法论原则、层次与逻辑关系、相关概念区分三个大的方面来把握。

我先讲第一个方面，从社会主义核心价值观的提炼和形成的方法论原则来把握。这12个词、24个字核心价值观的表述，不是随便把它摆在这儿的，是经过了很长时间的理论思考和实践总结，而且是遵循科学的方法论的原则的。

第一个原则，把弘扬中华优秀传统文化、坚守社会主义文化、吸收世界文明有益的成果，这三个方面有机地统一起来，来提炼和形成社会主义核心价值观。习近平总书记特别强调指出，培育和弘扬社会主义核心价值观必须立足中华优秀传统文化，使其成为涵养社会主义核心价值观的重要源泉。只有这样，它才能接地气，才能扎根开花结果，被人们认同，而不至于飘在空中；我们确立的是"社会主义"核心价值观，它必须体现社会主义的本质，也必须吸收世界人类文明的有益成果，这样才能体现出其开放性、包容性和先进性。

第二个原则，它体现了马克思主义的本质、社会主义的本质和党执政本质的统一。价值观实际上是一种理念，价值观和理念一定要体现事物的本质，"理念"要从"本质"中提升。社会主义核心价值观是"社会主义"的核心价值观，它必须体现社会主义的本质；社会主义核心价值观的理论基础是马克思主义，它也要体现马克思主义的本质；社会主义核心价值观是中国共产党人极力倡导、培育且要践行的，它还必须体现党的立党为公、执政为民的执政本质。这三者的统一，在国家、社会和公民个人三个层面，不同程度上都有所体现。

第三个原则，是体现了历史、时代精神和逻辑的有机统一。目前 12 个词的社会主义核心价值观，既是在 1978 年以后中国社会历史发展的实践进程中一步一步形成的，实践的成熟程度决定着认识

纪念马克思诞辰200 周年大会在京召开

的成熟程度；又体现了以爱国主义为核心的民族精神和以改革创新为核心的时代精神；还体现了从宏观（国家）经中观（社会）再到微观（公民）的逻辑关系，体现了我国现代化进程中逻辑地呈现出来的国家、社会和公民三者最本质的关系。

再讲第二个方面，层次与逻辑关系。

社会主义核心价值观的内在逻辑框架分三个基本层次，即国家、社会、公民个人，它分别回答了"建设什么样的国家""建设什么样的社会""培育什么样的公民"三个重大问题。

国家、社会和公民个人三者具有内在的逻辑关系。在中国现代化进程

中，需要面对并正确处理的最根本或本质的关系，是党与国家、党与社会、党与公民个人的关系。党治国理政，首先要治理国家；而国家是建立在社会基础上的，国家与社会的关系是党治国理政要面对的根本关系；社会是由个人组成的，公民个人是社会的主体承担者，人既是社会的人，是剧中人，社会又是人的社会，人是剧作者，所以，党治国理政，还要面对并正确处理社会与人的关系。

在每个层面里，它又有逻辑。国家层面逻辑主要体现在富强、民主、文明、和谐分别对应四大领域：经济、政治、文化、社会。社会层面的逻辑呢？自由讲的是个体，有了自由，人就有了独立人格和自主意愿；平等讲的是个体之间，也就是人相互之间的关系；公正仍然是讲关系，但它是更放大的一个概念，不仅是个人和个人之间的关系要公正，社会阶层之间、各个领域之间也要公正；而自由、平等和公正都要通过法治来体现出来。个体层面呢？我们是国家的人，要爱国；我们是社会人，是每一个单位在工作岗位上的人，要敬业，把职业真正地当作事业；我们又是要与他人产生关系的人，这就要讲诚信，要讲友善。从国家到社会组织再到个人自身，这是从宏观、中观讲到微观。

第三个方面，区分相关概念，这样才能全面准确深入理解社会主义核心价值观。

先要理解价值与价值观。社会主义核心价值观 12 个词作为价值，不分国家、民族、社会和个人，大都会认同，这是具有共同性的。这就好比人们都觉得人要穿鞋一样。但作为价值观，资本主义与社会主义，对这 12 个词就有不同的定义、解释、判断和看法。比如对自由、民主、公正等，就有各自不同的解释和理解。当然，在解释和理解中也会具有某些共同点，但差异甚至根本差异是存在的。正如都认同穿鞋，但一定有"合脚不合脚"的感觉一样。习近平总书记所讲的"鞋子论"，就很有启发性。西方人推崇"选举民主、一人一票"，而中国倡导"协商民主、有事与人民商量"；西方文化推崇个人自由，而中国文化倡导在社会关系中的自由。价值观是不具有普世性的。

　　然后，要理解价值、价值观和社会主义价值观。那 12 个词讲的都是价值。要把价值转化为价值观，就要对 12 个词在方向上明确表达出一种判断、导向、取向。资本主义和社会主义对这 12 个词，就有不同的判断、导向和取向，于是就有了资本主义价值观和社会主义价值观。我们之所以在"价值观"前面加上"社会主义"，就是要为这 12 个词作出符合"社会主义"本质和要求的解释、判断、导向，注入"社会主义"的元素、内涵和本质。

　　接下来，要理解社会主义核心价值观与中国特色社会主义核心价值观。如果就社会主义核心价值观而言，当年马克思、恩格斯在一般意义上曾讲过，如每个人自由而全面的发展。从学术的严格意义上讲，那 12 个词实际上讲的是"中国特色社会主义基本价值观"，它既具有中国特色，又具有社会主义性质，还是基本意义上的价值。

　　最后，要正确看待西方所谓的"普世价值"与价值观。我分四点讲讲对所谓的"普世价值"的质疑。第一，人类有共同追求的价值，西方的策略是打着"普世"的旗号，首先让你接受一些价值，一般来说，大多数人是会接受而不会拒绝的，社会主义核心价值观也合理吸收了其中一些"价值"。然后它再给出它们的定义、解释和看法，向你灌输它们的价值观，再加上它们掌握着话语权，一些人就会掉入它们设置的圈套。第二，西方所谓的"普世价值"是具有有限的选择性的，既然是"普世"价值，那应该把整个人类文明所有的优秀成果都纳入其谱系。为什么西方所谓的"普世价值"的谱系里面只有自由、平等、博爱，而没有仁义礼智信、和而不同、协和万邦、实事求是？那是因为他们是按照他们的立场、他们的利益、他们的文化传统和国情来选择所谓的"普世价值"的。第三，西方国家在国家之间的国际实践层面，实际行动上奉行的价值观是国家利益至上，它们往往打着"普世"的旗号，却以牺牲别国利益为代价来换取自己国家的发展。第四，西方于中国，对待科学与民主的态度截然不同。1978 年以后，我们用我们的市场换西方的技术，我国的某些市场被西方占据不少，而西方的技术尤其是核心技术倒没给我们多少。而民主就不大一样了。我们说我们要根据中国的历史、文化、传统、国情与经济政治文化社会发展水平来逐步推进中国的民主化进程，不搞西方式的民主，但西方一些国家却千方百计、想方设法、绞尽脑汁给我们输出它们所谓的"民主"，甚至培养代理人给我们输出。

由此，我们在向西方学习的时候，要明确两种"学习观"：一种是"吃了牛肉把人变成牛"的丧失国家、民族主体性的依附性学习观；另一种是"吃了牛肉比牛更牛"的强筋固体且增强国家、民族主体性的学习观。我国是学习型大国，我们要以开放胸襟和战略思维学习世界一切文明的有益成果。但我们在学习的时候，应倡导第二种学习观，而不是第一种学习观。

怎样积极培育和践行社会主义核心价值观

如何培育和践行社会主义核心价值观，这属于实践行动层面的问题，也是难度较大的一个问题。社会主义核心价值观一是要培育，二是要践行；培育叫作内化于心，践行叫作外化于行。

先看怎样让社会主义核心价值观内化于心？怎样让它入脑、入心、入地？关键从三个方面入手，我把它概括为三个词：认知、认同、认真。

一是认知，即让我们近14亿人对社会主义核心价值观有一个认知。认知首先需要记忆，记忆是通过五官感知来实现的。这里，标语、图像、宣传就显得重要了。习近平总书记指出，要把社会主义核心价值观的基本内容熟记熟背，让它们融化在心灵里、铭刻在脑子中。认知其次需要理解，理解是通过解释来实现的。要通过不断学习、灌输、解释来理解核心价值观。这里，专家学者自身硬，真学真懂，并能简明扼要、深入浅出、融会贯通、便于理解地精心解读、讲解、灌输，就显得十分重要。当然，再配上具象的感性体验，用感性的生活事例来阐释抽象理论，认同度就会更高。认知，还需要领悟核心价值观的实质，这需要通过我们的深入思考和研究来实现。通过感知、解释、思考研究来记忆、理解、领悟，是人们认知社会主义核心价值观的基本途径。习近平总书记指出，要润物细无声，运用各类文化形式，生动具体地表现社会主

铸魂育人 培养担当民族复兴大任的时代新人

义核心价值观。一种价值观要真正发挥作用，必须融入社会生活，让人们在实践中感知它、领悟它。

二是认同，即增强人们对社会主义核心价值观的认同感。怎样来增加认同感呢？要做到四个一致。一是"言行一致"。"言必信，行必果"，我们嘴上说的与行动上做的要尽力一致起来，就好比不能作报告时讲廉洁、反腐败，行动中贪污腐败，搞那么多钱。二是"理论宣传与实践效果一致"。如果在理论宣传上大张旗鼓，调子很高，而在实践行动上另搞"官本位"那一套，甚至实践效果与理论宣传背道而驰，人们就很难产生认同感。三是"理念、制度、政策、措施一致"。核心价值观属于理念范畴，但停留在理念上是不行的，只有将其贯穿到制度、政策、措施的各个方面，人们才会自觉去认同核心价值观。新加坡有个好的例子，它的共同价值观里就有一个"家庭为根"，怎样从政策上、制度安排上体现它？孩子买的房子离父母亲比较近，国家给优惠，这就把这个孝道同制度安排联系起来了，值得借鉴。四是"价值观与大众需求一致"。应把培育社会主义核心价值观真正落实到反映人民

凯旋的中国女排成为国庆花车游行中的亮丽风景线　　（新华社记者　邢广利／摄）

大众的物质生活诉求和精神生活需求上，站在人民大众立场上为人民大众立言。同时采取灵活多样的方法和群众喜闻乐见的形式，使用大众的语言，体现大众的思维，便于大众理解，使核心价值观真正贴近生活、贴近实际、贴近群众、融入现实。只有这样，社会主义核心价值观才能真正赢得人民大众的认同。

三是认真，即在心灵上对培育社会主义核心价值观具有敬畏之心，态度认真。世界上怕就怕"认真"二字，共产党人最讲认真。什么事只要认真起来，就没有干不好的，对培育社会主义核心价值观，也是一样的。我们应像认真抓经济项目那样认真抓价值观培育。只要培育社会主义核心价值观的任何主体都认真地抓培育，他就会对培育具有担当精神和责任感，就会积极主动、创造性地展开工作。

再看看怎样让社会主义核心价值观外化于行，也就是如何践行社会主义核心价值观？

习近平总书记指出，要注意把我们所提倡的与人们日常生活联系起来，在落细、落小、落实上下功夫。践行社会主义核心价值观可通过结构调整、制度安排、政策制定、具体措施与坚持环境建设和领导垂范的统一来实现。我想从这五个方面讲一下。

首先是结构调整。以行政力量为核心，经济力量、社会力量依附于行政力量的传统力量结构，必然会产生"权力至上、自上而下、逐级管制、缺乏制约"的权力运作方式。这种传统的力量结构及其权力运作方式会产生"官本位"的价值观及其不良作风，成为践行社会主义核心价值观的结构障碍。由此，应随着现代化的发展进程，转变政府职能，使中国共产党领导下的行政力量、经济力量、社会力量相互制约、相辅相成。在这样的新型力量结构及其合理的权力运作方式中，会逐渐消除"官本位"价值观的消极影响，为践行社会主义核心价值观提供良好基础。

其次是制度安排。制度是刚性的，管长远、管根本的。习近平总书记指出，要按照社会主义核心价值观的基本要求，健全各行各业规章制度，完善市民公约、乡规民约、学生守则等行为准则，使社会主义核心价值观成为人们日常工作生活的基本遵循。制度有很多，就践行社会主义核心价值观来说，需要关注的主要是两种制度：干部人事制度和利益分配制度。前者是分配权力，后者是分配财富和利益。如果我们能在这两种核心制度安排上真正体现社会主义核心价值观，就会在践行社会主义核心价值观上迈出实质性的一步。当今，在价值观问题上出现的种种乱象，其深层根源之一，与这两种制度的某种扭曲有关。

再次是政策制定。制度是刚性的，政策是看得见、摸得着、见效快的。政策也是我们党的生命线，是我们的优势。如果我们在各项政策的制定上能较好体现社会主义核心价值观，并认真落实执行，就会使社会主义核心价值观在实践上向前推进一步。

又次是具体措施。在制定措施的时候，我们要把社会主义核心价值观体现进去。这种具体措施，在党和国家层面，就是要采取切实有效的措施，真正破解人民群众关心的难题，真正解决人民群众关切的切身利益问题，从而真正使社会主义的本质和优势得到充分发挥和体现；在社会层面，就是要建构一种能让人们各尽其能、各得其所、和谐相处的社会秩序和社会环境；在个人层面，就是使每个人充分认识到，个人在核心价值观上的实践努力和担当绝不是微不足道的，而是对践行社会主义核心价值观具有推动作用的，也别总把违背社会主义核心价值观的行为和现象都怪罪到制度和体制上，为个人推卸责任。

最后是坚持环境建设与领导垂范的统一。人改造环境，环境也改造人，社会环境的改变和人的活动是一致的。领导干部和人民群众是改造社会环境的主体，尤其是领导干部，在践行社会主义核心价值观中能起到率先垂范的作用，不仅有利于改造不好的社会环境，而且也有利于引领人民群众去践行社会主义核心价值观；如果我们工作生存生活于其中的社会环境能得到良好的改变和改善，也会有利于人们更加自觉地去践行社会主义核心价值观。习近平总书记指出，榜样的力量是无穷的，广大党员、干部必须带头学习和弘扬社会主义核心价值观，用自己的模范行为和高尚人格感召群众、带动群众。

（演讲地点：广西壮族自治区百色市）

现场问答
XIANCHANG WENDA ⌄

提问：百色是革命圣地。在培育和践行社会主义核心价值观的今天，我们应该如何继承和弘扬红色精神，从而把二者有机统一起来？

韩庆祥：社会主义核心价值观是对全党、全社会、全体中国人民共同的价值导向。这种导向要开花结果，一定要与当地的具体实际相结合，一定要接地气。因此，在百色培育和践行核心价值观，一定要跟百色的红色精神结合起来，找到结合点。比如，提炼百色红色精神的时候，心中要有这24个字，要找到结合点。这个结合点需要通过具体的学习和研究、体验与认知来实现。

提问：社会主义核心价值观在社会上整体的推行效果如何？哪些方面可以做得更好？

韩庆祥：社会主义核心价值观在党中央层面是大力倡导、积极推进，通过今天这个活动也可以看出来。中央有关机构和中央媒体在培育方面是非常用力的。

一个时期有一个时期的问题。在改革开放之初，主要问题是解决"口袋"问题，今天这个时期是解决"脑袋"问题。因为今天有的人口袋饱饱的，脑袋扁扁的，一边吃着肉，一边骂着娘。我们的精神世界出问题啦！所以中央希望通过精神重建，通过提升文化软实力，来解决精神世界的问题。

培育和践行社会主义核心价值观，要做得更好，必须在认知、认同和践行上下大力气。核心价值观与每个人都息息相关，一方面，大家都要努力，从自己做起，从现在做起；另一方面，各级党组织、社会组织，要从组织安排、政策制定、具体措施、社会环境氛围等各个方面，内在地、主动地、自觉地来培育和践行社会主义核心价值观。

奋进新时代

| 忠诚奉献　大爱报国 |
| 茫茫天宇写忠诚 |
| 续写英雄荣光　守住"精神高地" |
| 一个人，何以感动一个国 |
| 筑起守护生命的万里长城 |

忠诚奉献　大爱报国

——南水北调移民精神

徐光春

　　徐光春，马克思主义理论研究和建设工程咨询委员会主任，曾任河南省委书记、中共中央宣传部副部长、国家广电总局局长、光明日报社总编辑。2009年被任命为全国人大财政经济委员会副主任委员，2010年起任中央巡视组组长。党的十五大新闻发言人，第十五届中纪委委员，第十六届、十七届中央委员。先后出版《哲学与新闻》《新闻纵横谈》《中原文化与中原崛起》《一部河南史 半部中国史》《跨越的脚步——推进中原崛起的实践与思考》《徐光春文集》（五卷）、《文化的力量》等十多部著作。

　　思既往，移民二十多万，百姓舍小家重大局，修千古善事，留万世美誉；想未来，输水两省两市，润泽良田染绿街衢，令亿万百姓，辄饮水思源。

习近平：向南水北调40多万移民致敬

今天我们走进南水北调中线工程渠首所在地淅川，跟大家一起来回望那些移民岁月，来讴歌移民工作中那些可歌可泣的人和事，来怀念为工程的建设和移民工程的顺利推进付出了自己宝贵生命的干部群众，来总结和弘扬我们党和人民、我们干部和群众共同创造的伟大的移民精神，我感到非常荣幸。

移民壮举　碑廊永记

2009年秋，河南省淅川县要建一座移民碑廊，请时为省委书记的我为碑廊题写廊志。我一般不做题名题词，但是这件事情我做了。廊志全文如下：

丹江口水库河南移民碑廊志

秦岭余脉，伏牛尽头。丹江南下，汉水西来。百川汇集丹江口，万众瞩目甘洌水。

古圣云"上善若水"。南水北调，造福华夏，至善德政。丹江口水库蓄水区，覆盖三省，玉界琼田连霄汉，波涛汹涌欲北去；南水北调中线渠首，辟地淅川，万户迁徙历几代，四方打拼数十年。思既往，移民二十多万，百姓舍小家重大局，修千古善事，留万世美誉；想未来，输水两省两市，润泽良田染绿街衢，令亿万百姓，辄饮水思源。

河南省各级党政，全力协调，各界群众，通力配合。牺牲局部利益，造福京畿津冀，彰显移民情怀，铸就移民精神。精诚所至，润物无声，增添河南合作机遇；移民行止，化人有情，促进当地移风易俗。一渠碧水送春风，京津冀三地翘望；几多青石镌姓名，真善美千秋永昌。谨此题记，以昭永远！

岁在乙丑秋日

这一移民碑廊志，共 266 字，如今镌刻在淅川县移民碑廊上，以对移民精神表示永远的纪念。移民精神不仅是移民群众身上反映出来的精神风貌，而且是涵盖了南水北调工程中移民工作的方方面面所反映出来的一种理想信念、精神状态、价值观念、思想作风。这种精神属于淅川，属于南阳，属于河南，也属于全中国。既具有地方特色，也具有普遍意义。

下面，我就结合实际来说说移民精神的具体表现，以及这种精神的由来。

移民精神之党中央、国务院层面

第一个层面，党中央、国务院：深谋远虑、科学决策，加强领导、周密部署，强国富民、真抓实干。

新中国成立后，百废待兴，国民经济亟待振兴发展，但北方水资源缺少，严重制约着北方工业的发展。1952 年 10 月，毛泽东主席视察黄河，遥望着滚滚东去的黄河水，他抽着烟，沉思着，一会儿他抬起头来对身边的领导同志说："南方水多，北方水少，若有可能，借点水来也是可以的。"这一伟大构想提出后，广大水利工作者和科研人员认真论证、勘测、规划、设计，提出一系列向南方"借水"的方案报送党中央、国务院。但是由于各方面的原因，这项"借水"的工程方案没有启动。

到了本世纪初，北方水资源紧缺的呼喊响彻四方，国民经济的发展受水资源的制约越来越严重，小康社会建设的步伐在缺水的土地上艰难前行。在干旱的土地上前行是什么滋味？那是走一步就起灰，起灰就挡住前面的路，就看不清，就放慢了脚步。我当时在北京工作，水的问题很大，地下水严重枯竭。

党中央、国务院下决心要实现 50 年前毛泽东主席提出的宏伟构想——向南方借水！这有利于国家早日建成小康，实现国强民富、改善民生。紧接着国务院成立了由国务院领导同志亲自挂帅的南水北调工程建设委员会及其办公室，全面负责工程的规划、实施。为了实现科学用水、有效用水、和谐用水、持续用水，党中央、国务院反复研究、全面部署，制定了南水北调总体方案，工程分东、中、西三条线路调水。

在工程建设一开始，中央就明确指示要把南水北调工程建设成为"一流工程、生态工程、廉洁工程、利民工程、和谐工程"。在工程规划、实施的各个阶段，党中央、国务院十分强调工程的移民工作，指出工程"重在建设、成在水质、难在移民"，要求制定政策，调集资金，确保移民利益不受损害，确保移民工程顺利推进，切实做到广大移民"搬得出、稳得住、能发展、快致富"。党和国家领导人多次视察和指导河南移民工作，提出一系列明确要求和重要指示。2009 年习近平同志在河南焦作南水北调工程移民和谐拆迁的内部材料上作出重要批示：可作为学习实践科学发展观活动的示范予以推广。

南水北调：我国第一个超大型跨流域调水工程

党中央、国务院的坚强领导和科学决策是河南移民工作取得成功的重要保证。党中央、国务院为民、务实、廉洁、进取的思想作风是河南移民精神形成的强大动力，也是河南移民精神的重要组成部分。

移民精神之各级党委、政府层面

第二个层面，各级党委、政府：服从中央、顾全大局，精心谋划、果断决策，爱国为民、奋发图强。

党中央、国务院决定开工建设南水北调工程的消息传到河南，一时间河南各级党委、政府忧喜交加。河南既是取水区，又是受水区。忧的是取水，要移民；喜的是受水，可解渴。据测算，河南要移民 20 万之多，这可是一个令人胆战心惊的数字。前些年在河南建小浪底水库移民 14.8 万人，历时 11 年，其后遗症还没完全解决，现在又来 20 万移民，这可怎么办？很多党委、政府感到压力巨大。

但毕竟共产党人最大的财富是党性，最有力的武器也是党性。在党性面前，河南从省委、省政府到各市县党委、政府清醒地认识到，共产党人忠诚爱国，就要体现在"服从中央、顾全大局"上。很快大家的思想统一了，态度积极了。省里立即成立南水北调工程领导机构和工作班子，着手工程的组织实施。针对移民工程存在的突出问题，省委、省政府一开始就要求移民工作与工程建设要同步研究、同步实施，要求党委、政府的"第一把手"亲自抓"第一难工作"。

2005 年初，我到河南工作不久，就来到淅川渠首。村民们提了很多要求，不管是种地的、养羊的还是养鱼的，都有不同的要求。当时定下来要搞渠首工程以后，很多项目不准搞了，老百姓不能发展，而什么时候要搬走、如何安置，也没个具体说法，村民们形容为"死不得，活不得"。这次渠首调研让我感到省委、省政府的一系列决策影响巨大，我一晚上没睡好觉，就想这个事情。

经过周密部署，2008 年 11 月 7 日，我们召开全省南水北调丹江口库区移民安置动员大会。2009 年 7 月，省委、省政府下发了《河南省南水北调丹江口库区移民安置工作实施方案》，该方案果断提出移民搬迁安置"四年任务两年完成"。提出三个"一切"的口号：一切服务移民，一切为了移民，一切围绕移民。我们强调移民安置点的选择三个"边"的要求：靠近主要道路边，靠近城镇边，靠近产业园区边。我们还明确移民新村建设要做到六个"统一"：统一征地、统一规划、统一标准、统一建设、统一搬迁、统一发展。我们是这样提的，也是这样做的。必须做到统一，不能出问题。

各级党委、政府坚决拥护中央的决策，坚决贯彻省委、省政府的部署。"一盆水顶在头上，要水清山秀；一堆人蹲在门口，要住好吃好；一条渠横在脚下，要能进可排"，这是对南阳当时面临的艰难任务的生动描述。南阳是中线工程总干渠最长、工程量最大、牺牲最大、淹没指标最多的市，是中线工程河南唯一的取水市，是搬迁移民、安置移民最多，生态建设、保护水质任务最重的市。可以说中线工程关键在河南，决战在南阳。

作为中线工程的渠首所在地和核心水源区的淅川县，是丹江口水库的主要淹没区和移民搬迁、安置的集中区，特别是移民工作有三个"史无前例"：一是搬迁规模史无前例，总动迁 16.5 万人，超过黄河小浪底库区移民最多的新安县，也超过长江三峡移民最多的万县市；二是搬迁强度史无前例，三峡用 18 年，小浪底用 11 年，这里只用 2 年；三是要求高、压力大史无前例，移民要"不伤、不亡、不漏、不掉"一人。县委、县政府在这样的形势和困难面前，坚定地挑起这个国家和人民托付的重担。

在工作中，他们坚持刚性政策、亲情操作，做到群众不理解不搬迁、问题不解决不搬迁、条件不具备不搬迁、方案不周密不搬迁、政策不到位不搬迁，使广大移民时刻感受到党委、政府对移民的关爱、对移民的尊重。搬迁时派交警、医护人员护送，派人卸车，对年老体弱、临产孕妇、高危病人提供特别照顾，保证不出意外。就这样，县委、县政府一班人用自己的心血和汗水、忠诚和智慧，创造了我国移民迁安史上的"淅川模式""淅川经验"。

河南省各级党委、政府的努力工作，是河南移民工作取得成功的基本条件，河南省各级党委、政府顾全大局、爱国为民、精心实施、奋发有为的精神风貌，是河南移民精神形成的重要力量，也是河南移民精神的重要组成部分。

移民精神之社会各界层面

第三个层面，社会各界：一方有难、八方支援，重情讲义、团结友爱，齐心协力、众志成城。

自 2007 年移民试点工作开始以后，"急移民之所急、帮移民之所需、解移民之所难"，"我为移民出点力，我为移民排点忧，我为移民解点难"，"移民走到哪儿，温暖送到哪儿"，这样的声音响彻中原大地，这样的行动活跃中原大地。全省 36 个部门向移民征迁安置市县作出倾斜支持，直接帮扶移民资金 20.9 亿元。各地也积极出台优惠政策，整合资金，倾力支持移民。在搬迁过程中，卫生部门组织医疗队、救护车为移民防病治病；公安、交警日夜守护，保障移民生命财产安全和交通畅通；电力部门组建移民搬迁服务队，投入应急发电设备确保移民用电安全；交通运输部门为移民开辟"绿色通道"，免除通行费，并在搬迁车队休息的服务区，为移民们送茶水、送食品。整个社会形成纵向一致、横向同心、合力搬迁、和谐移民的良好氛围。

移民搬出地，方方面面热情相送，泪洒一地，汗洒一路。那么迁入地怎么样呢？读一个媒体的有关报道："一批批移民迁入新家时，新村路口铺着大红地毯，四面彩旗飘扬，鞭炮齐响。进入崭新漂亮的新房，当地已为每户备好了成袋成箱的米面油菜，还有电风扇、煤油炉等免费生活用品。有的炉灶已经烧上开水，移民进屋就可以沏茶。不少地方妇女们还自发组织起来，为移民们做好热气腾腾、香味扑鼻的饭菜。"在这里，迁入地真诚欢迎移民的亲切氛围扑面而来。

关于社会各界对移民的关爱，我讲一个故事。漯河市临颍县周湾新村移

南水北调移民新村百姓安居乐业 （新华社记者 李安 / 摄）

民周秋香，因父亲身患癌症需花钱治疗，已被大学录取的她被迫弃学，弟弟也因此辍学在家。此时的周秋香唯一的感觉就是"绝望"。但没想到的是，河南日报包县工作组知道后，很快帮助她重返校园，还捐款为她家买来彩电和全套家具，设法解决她家的生产、生活困难，使这个濒临破碎的家有了转机。周秋香说："我们这个家从此又有了笑声。"

这一幕幕、一场场社会各界关爱移民的场景，在中原大地上不断上演，洋溢着社会各界扶贫济困、和谐友善的良好社会风气，既助推河南移民精神的形成，也深深地融入河南移民精神之中。

移民精神之广大干部层面

第四个层面，广大干部：对党忠诚、关爱群众，勇于担当、公道正派，任劳任怨、无私奉献。

移民迁安是被称为"天下第一难"的工作，可是在河南恰恰有一大批知难而上、迎难而战的干部，在"天下第一难"战场上顽强拼搏、无私奉献。他们是南水北调的先锋，是共和国的脊梁，是移民群众的公仆，是河南干部的榜样。我给大家讲几个干部的故事。

一个是女乡长被围的故事。2009 年 1 月 31 日，正月初六，淅川县大石桥乡乡长向晓丽一行 3 人来到移民试点村——张湾村老党员张丰歧家慰问。

张湾村地处丹江流域平原地段，靠山面水，土地肥沃，素有"九顷八十亩，不靠老天收"之说，旱涝保丰收。听说要搬迁，村民们谁也不愿意。"乡里来抓人了！"不知谁喊了起来，一刹那村里百姓呼啦啦地围了过来，屋里、院里、大门外密密麻麻站满了人，少说有 200 来人，把她里三层外三层地围在里面。一个 40 多岁的女乡长，在平常进村老百姓欢迎还来不及，如今遇到这样的情况，万万没有想到。当时一片混乱，有人大声责问："你还有脸喝茶？看给我们安置的啥地方？"一位老人上前摔了她喝茶的茶杯，有人把电灯拉灭，还有人往她脚下砸酒瓶……向晓丽保持着微笑，以超常的镇定和女性特有的柔情，认真听着群众的诉求，耐心解答群众的问题，她和群众的心慢慢拉近了。一直到深更半夜，唇干舌燥、疲惫不堪的她才离开村子。

事后，记者采访她，问她移民工作的有关问题，她留给记者这样几句耐人寻味的话："老百姓远天远地搬家，要求新地方只能比老地方好，一点也不过分，理解他们，工作就不难了。""我是一乡之长，群众不找你找谁！""比起当年的刘胡兰、江姐，我为党承担这一点算啥！"

我再给大家讲一个书记倒在移民路上没有回来的故事。淅川县机关党委副书记马有志，在 2009 年第一批移民刚启动时，他就主动请缨成为驻马蹬镇向阳村移民工作队队长。进村时他让司机把他放在村口，自个儿走进移民村。从此，他吃住在村里，白天黑夜走家串户，听民意、摸民情、讲政策、谈设想、排忧愁、解困难。再难听的话，他都听；再大的意见，他也记；再厉害的群众，他也接待；再大的难题，他也不绕不推。每天天不亮，他就开始工作，夜深了还是在工作。在他看来，移民家里的事，看似是小事，但事事都关乎移民的切身利益，领导干部切不可掉以轻心，更不能不理不睬，否则要你干部干什么？"干部就是干事的，干事就是为群众排忧解难。""只有落后的干部，没有落后的群众；只有落后的工作，没有落后的事情。""凡是移民的事，都是干部的事。"正是这样，马有志进村后，没有休息过一天，没有睡过一个踏实觉，没有吃过一顿安稳饭。最忙的一天，他召开 8 次党员小组会，苦口婆心进行思想动员，会后累得连话都说不出来了。

2010 年 4 月 15 日，向阳村在社旗县的移民新房快竣工了，他与正在社旗县督工的村支书约定，第二天一起回向阳村就搬迁方案再征求一下乡亲们的意见。谁料，就在第二天赶往向阳村的路上，马有志感到身体不适，头昏眼花，突然倒下，再也没有醒来。就这样，52岁的移民干部马有志怀着对移民乡亲的深深眷恋、对党和国家的无比忠诚，倒在赶往移民村的路上，他的足迹永远停止在蜿蜒曲折、坎坷不平的移民路上。

像这样的故事，多得不得了，讲也讲不完。移民干部身上这种忠诚爱民、实干担当、无私奉献的精神是河南移民精神的主导，极大地丰富了河南移民精神，成为移民精神的有力支撑。

移民精神之广大移民群众层面

第五个层面，广大移民群众：深明大义、舍家为国，吃苦耐劳、坚忍不拔，忠厚老实、与人为善。

移民是移民工作的对象，也是移民工作的力量。在他们身上有很多矛盾的思想和矛盾的行为。热爱家乡、建设家乡是他们的美好品德，也是他们的精神风尚；但是因为国家建设的需要，他们要舍小家、离老家，这同样是他们的美好品德，也是他们的精神风尚。成家立业、勤劳致富是他们的思想境界，也是他们的价值追求；但是因为国家发展的需要，他们要毁家毁业、为国牺牲，这同样是他们的思想境界，也是他们的价值追求。但这毕竟是矛盾的，而矛盾的转换是要进行斗争的，是要有一个过程的。

因此，在移民的全过程中，移民们表现出来的对家乡的难舍、对老家的难离、对毁业的难受、对拆屋的难过，那样一种非常强烈的情感一时笼罩在每个移民村的上空，叹声、怨声、哭声，甚至骂声会不时地从村里传出来。这是很正常的，是必然的，是移民群众爱家乡、爱家业、爱家庭的精神情怀的具体表现，不能说是一种落后的思想、一种反逆的情绪。但是再难舍、难离、难受、难过，经过内心艰苦的思想斗争和外部循循善诱的教育影响，移民们的思想也都开始发生转变，矛盾开始转换。他们拥护政府的决定，支持国家的建设，愿意舍小家为大家，不怕毁家业拆老屋，希望早搬迁早受益，感谢政府帮助他们建设新家园、创造新家业。这种思想转变，不是由坏向好的转变，而是由一种朴素的思想情怀向另一种高尚思想情怀的转换和升华。这转换、升华前后的思想意识、精神状态、价值追求，都是美好的精神境界，都是纯正的思想品德，都是移民精神的生动体现。

下面我给大家讲几个移民的故事。

66岁的淅川县金河镇姚湾村移民王廷颜，两个女儿住在水库淹没线之上不搬迁，而自己住在淹没线下要搬走。特别是二女儿家离自己家只有200来米远。"平常，我有个头疼脑热，一叫唤，女儿就来了；女儿家做了好吃的，都忘不了给我端一碗。我搬走后，这事只有在梦里做了。俺也不想走，都六七十岁的老人了，孤苦伶仃的。可是总不能因为咱不想走就让国家调不成水吧，总不能因为咱恋家就让那么多人喝不上水吧！"王廷颜老人的话情真意切、质朴无华。所以王廷颜老人就走了，搬迁那一天两个女儿紧跟着他乘坐的大巴车拼命挥手，使劲叫喊着："俺爹、俺娘，你们要多保重啊！"

淅川县香花镇是远近闻名的"小香港"，刘楼村是香花镇最富的村庄。村子在丹江边上，村民们多从事网箱养鱼、旅游、餐饮业。村里有网箱

河南省淅川县数万群众欢送移民迁往他乡　　　　　　　（光明图片　何进文／摄）

6200 个，渔船、游艇 900 艘，饭店数十家，资产百万元以上的家庭已不鲜见，千万元以上的也有几家。丹江口水库水位一提升，这美好的一切都将消失。村民赵福禄 10 年前就在丹江边开饭店，专做丹江鱼生意。搬迁前已投入 600 多万元，饭店营业面积 2000 多平方米，每年收入 80 多万元。现在这 600 多万元的投入都将沉没在丹江水中，他不免痛心疾首，夜不能寐，日不思餐。想想这些年来的富裕，全靠党的政策好，"没有党的好政策，我赵福禄还不是穷汉子一个，如今党号召我们支援南水北调，我可不能做挡水石"。想明白后，他毅然决然带头签订搬迁协议。

我讲的这几位移民的故事，在 16.5 万移民的汪洋大海中，只是几滴水珠而已。但这几滴水珠映照出来的光芒，强烈地照耀在中原大地上，形成一道灿烂的思想光辉。这思想光辉，就是河南广大移民用自己纯朴的思想、善良的情操、深沉的爱心、浓烈的血汗凝结而成的移民精神。

综合以上五个方面的阐述，可以形成这样的结论：移民精神是由党中央国务院、地方各级党委政府、社会各界、各级干部、广大移民为着国家富强、人民富裕这一崇高目标，在南水北调建设工程中上下一心、团结奋斗而生成的一种伟大的精神境界。它主题突出，内容丰富，特色鲜明，时代感强，将永远彪炳史册，永远照耀中原大地，永远激励中原儿女为中原崛起、河南振兴、中华圆梦而努力奋斗。概括这河南移民精神的内容就是：立党为公，执政为民，忠诚奉献，大爱报国！

移民精神　大爱永存

最后，我再简单讲一下关于新时代培育和践行社会主义核心价值观的几点启示，也就是从移民精神中得到的启示。

第一点，培育和践行社会主义核心价值观，要坚持以理想信念为核心。要抓住世界观、人生观、价值观这个"总开关"，在全社会牢固树立中国特色社会主义共同理想，在每个人的心灵里筑牢精神支柱。河南移民精神的形成和发展，主要是靠各级党委政府、社会各界、各级干部和广大移民把中国特色社会主义作为共同的理想、共同的信念、共同的追求，把早日建成、建好南水北调工程作为强国富民的重大建设工程、重大民生工程、重大政治工程来看待，以此来凝聚人心、统一思想、协调步伐、汇合力量，最终不仅建成、建好了这一新世纪为实现"两个一百年"奋斗目标、实现中华民族伟大复兴中国梦而实施的宏大水利工程，而且形成、弘扬了以"立党为公，执政为民，忠诚奉献，大爱报国"为主要内容的河南移民精神。

第二点，培育和践行社会主义核心价值观要三位一体共同发力。哪三位一体？就是国家、社会、公民。三位一体共同发力，才能够把社会主义核心价值观践行好。移民精神的形成和发展，正是靠的共同发力。具体地说，党中央、国务院坚强领导、科学决策，各级地方党委、政府服从中央、顾全大局，社会各界八方支援、爱心涌动，各级干部勇于担当、无私奉献，广大移民深明大义、舍家为国。正是这样共同发力，形成了一股强大的社会主义思想精神的洪流。

第三点，社会主义核心价值观的实践主体是人民，实践本身是为人民服务，实践目的是推进社会进步和发展，让人民过上更加幸福美好的日子。因此，培育和践行社会主义核心价值观一定要坚持以人为本，服务人民。河南移民精神的一个最大特点就是三个"一切"："一切服务移民，一切为了移民，一切围绕移民"。这三个"一切"凸显了以人为本、服务人民的宗旨，极大地凝聚了人心，极大地统一了思想，极大地推动了工程的建设和移民工作，使移民精神的形成和发展有了浓厚的思想基础和广泛的群众基础。

第四点，培育和践行社会主义核心价值观不能靠面对面地讲道理，更不能靠空对空地贴标语，要实打实，有抓手，接地气。一定要紧密联系实际，找准找好载体。南水北调工程是我们河南移民精神的一个最好的载体，一个最大的载体，一个最有效的载体。没有南水北调工程，就没有河南移民精神；没有河南移民精神，也没有南水北调工程。联系了这个实际，找准找好了这个载体，不仅有了抓手，也接了地气，很快河南移民精神就在建设工地中、在移民村镇里、在中原大地上形成和发展起来。

我想河南移民精神形成和发展的这四点启示，对于全国全社会培育和践行社会主义核心价值观具有重要的意义。

（演讲地点：河南省南阳市淅川县）

现场问答
XIANCHANG WENDA

提问：我们都知道淅川县是移民数量最大、牺牲最多的县，还创造了我国移民迁安史上的"淅川模式"和"淅川经验"，想请问下这种精神就全国而言是否具有普遍意义？

徐光春：河南移民精神集中体现在淅川这个地方，这个精神是属于淅川的，是属于河南的，也是属于全中国的。河南淅川的移民工作中所形成的工作方法、作风、精神，不仅对河南，更对全国有重要意义。特别是当前我们国家社会矛盾多、经济下行压力大，在这样的情况下，我们更需要发扬淅川精神，来帮助推进工作。移民精神很重要的一点就是团结一心，众志成城。只要我们发扬这样一种精神，什么矛盾和困难不能解决！

提问：徐书记，我们都知道您曾经是一名新闻工作者，您认为在具体工作中新闻人应该怎么学习和践行核心价值观，写出好的新闻作品？

徐光春：对这个问题，我认为有两条关键要求：一要有社会责任，二要守好职业道德。对于责任，我曾经讲过四句话："新闻记者笔下有是非曲直，笔下有毁誉忠奸，笔下有财产万千，笔下有人命关天。"这四句话概括了记者、编辑写稿编稿所产生的社会影响。所以，作为一名新闻工作者首先必须要讲求社会责任。第二，一定要严守职业道德，一定要讲真事、说真话，要真实地反映问题，不能把新闻工作作为自己谋取个人利益和名望的手段与工具。以上和大家共勉。

茫茫天宇写忠诚

景海鹏

景海鹏，中国人民解放军航天员大队特级航天员，少将军衔。2008 年圆满完成神舟七号任务，首次开展了我国空间出舱活动。2012 年圆满完成神舟九号任务，首次完成了我国手控交会对接任务。2016 年 50 岁的景海鹏第三次出征天宇，圆满完成神舟十一号任务，在天宫二号上进行了为期 30 天的太空驻留，完成了一系列空间科学实验和技术试验。2018 年被党中央、国务院授予"改革先锋"称号，获评"三巡苍穹的英雄航天员"。2018 年中国人民解放军航天员群体被授予"时代楷模"荣誉称号，2019 年被授予"最美奋斗者"集体称号。

浩瀚宇宙中，我们会感觉到个人的渺小。面对宇宙的博大和美丽，我们更真切地体会到了生命的可贵，感受到家园的可爱，更感受到祖国的伟大。

非常高兴和大家欢聚在清华，谈一谈我们的核心价值观。我们的核心价值观凝结着广大人民对社会主义国家、对社会主义社会、对个人修养道德的美好祝愿和期望。比如说爱国，大家都非常热爱我们伟大的祖国，而作为一名航天员，我们对祖国的热爱体现在圆满完成载人航天飞行任务上。今天汇报的主题是"茫茫天宇写忠诚"，这里面最关键、最核心的是"忠诚"二字。为祖国越飞越高，在茫茫天宇书写对祖国的无限忠诚，就是我和我的战友们报效祖国的价值所在，就是我们的梦想。

今天结合我自己的成长经历、30 年的军旅生涯，以及两次飞天的感受和大家一起聊一聊我所理解的价值观、我所坚守的价值观。

习近平同神舟十一号航天员亲切通话

我考上了空军

我是山西运城人。运城也是关云长的家乡，大家都知道，关公文化的精髓六个字——忠、义、礼、智、信、勇，这六个字在我心灵深处，给我的价值观打下深刻烙印。我从小特别喜欢打篮球，五年级入选校篮球队。因为我个子不高，1.72 米，老师经常不让我打主力。说实话，听完报告之后，大家会知道景海鹏什么性格，景海鹏是一个不服输的人。我利用业余时间，在我家里面的土墙上画篮筐那么大一个圈练习。终于在一场关键比赛中，我上场了。我们小学的篮球队以乡里面第二名的成绩出线了，代表乡到县里参加比赛。我投了一个 2 分的压哨球，从此坐冷板凳的我成了主力。

转眼间到了中学，家里面没有什么经济来源，中学 6 年时间我没有吃过食堂。一玻璃瓶辣椒面、咸菜，还有一口袋馒头，学校离家里 70 里地，我

神舟十一号飞船发射升空

（新华社记者　李刚／摄）

靠两条腿跑回家，带这三样东西，夏天一周两次，冬天一周一次。虽然当时生活非常艰苦，但是这 6 年培养和磨砺了我的意志和品质，让我锻炼出一个好身体，使我懂得什么是苦和甜，让我坚定了对美好生活和梦想的追求。那段经历是我的人生中最美好的记忆。

当年教室的白炽灯、学校操场、路面、金灿灿的麦田，自己和同班的队友获得年级冠军的情景，还有偶尔吃上一顿羊肉泡馍的香味，常常浮现在我的脑海中，让我难忘和动情。

读高中的时候，看到学校报刊栏里面一张报纸，上面有一幅画面深深吸引了我。报纸上有一张照片，照片上有一架战斗机，战斗机边上有一个飞行员，穿着飞行皮夹克，戴着飞行头盔，腰里斜挎手枪，新闻内容是飞行员成功处理了飞行迫降。我觉得这个飞行员非常帅气、潇洒，特别神气，特别威风。从那一刻开始，我萌生了当一名飞行员的梦想。

1985 年的一天，学校通知空军要选拔飞行员了，希望每个班级积极报名。当时我报名了，但班主任说："海鹏，不要看你又白又胖，根据我的经验，你们打篮球搞体育的，体检下来不是肝大就是脾大。"当时觉得老师说的话可能有道理，因为运动强度很大，但是营养赶不上，吃多了咸菜。班主任说："海鹏，我看算了吧，你不要体检了，明天咱们班里还要补课，马上面临高考了。"我当时一听，心里特别不舒服。我撒个谎说："老师，我不报名可以，但是我没有干粮了。"老师说："那你快去快回。"

第二天我借了一辆自行车，提前赶到体检地点。第一天体检下来 80 名同学剩了 20 个；第二天体检之后，只剩下 5 名同学；到第三天下午最后一关时，散瞳，合格 3 人，我是其中一人。我骑着自行车到家里，家门上锁，一打听爸爸妈妈在锄草，过去以后，我跟他们说："爸，我考上空军了。"老人家把锄头往肩上一扛："走，我们回家！"妈妈把馒头、咸菜、辣椒面这三样东西准备好，外加半袋炒面和 10 元钱。

回到了学校，同学们在上晚自习，我收拾一下书包进了宿舍，然后去跟老师销假。老师听说我身体合格了，让我继续加油。最后经过政审、统考，我以优异成绩在 1985 年 6 月 1 日正式成为一名光荣的飞行学员。

飞天梦前的考验

刚才说到了飞行学员，飞行学员不是真正的飞行员，要想实现蓝天梦，必须一步一个脚印扎实前行。

我们在飞行员训练课中有一项游泳课，如果不及格就会被一票否决，今天就没有机会和各位老师、同学面对面交流了。当时 100 多个飞行学员，有将近 30 个不会游的，我是其中之一。我们练习标准蛙泳姿势，游 50 米及格，100 米良好，200 米优秀。到了考试前一天我还只能游 30 米，换气和其他动作老配合不好。一班长告诉我一个小窍门：你把头抬起来，保持滑水姿势不变，保证能游 50 米。我想我现在能游 30 多米，立定跳远能跳到 2.98 米，我助个跑，跳个水，加几米，再憋几米，再加上一班长告诉我的窍门，凑巴凑巴，50 米没问题，我打算用这套办法对付第二天的考核。第二天 8 点半集合，才知道不准跳水，深水区下水，考核完的其他战友在池子两边列队。面对当时的阵势，我心里面有些紧张，自编自导的姿势全忘了。我一抬头看到池子两边 25 米标志线，那是深水区和浅水区的交界线，突然意识到自己正在平日极少涉足的深水区，够不到池底，心一慌，后面的标准姿势就变形了，滑水越来越快，再一滑水，没有前进的速度了，就掉了下去。双脚踩到池子底的时候，我一蹬，又出来了，出水那一刻，我的大脑特别清晰，想起昨天晚上那一套动作，放缓了蹬水滑水的频率，仰着头往前蹬。我告诉自己：这是决定命运的时刻，如果掉下去，梦想就没了。当我感觉到有前进速度的时候，心里就坦然了。快要胜利在望，正准备摸对岸池壁的时候，听到教练刺耳的声音："景海鹏掉头！"我掉个头从 50 米又往 100 米进发……最后 50 米，我感觉我会游了，姿势也标准了，游完了 200 米。一夜之前所有的教员、战友都认为我可能过不了这一关，但是没想到，我不仅及格了，还得了 200 米优秀。

游完以后，我们中队教导员当场宣布："给景海鹏同志嘉奖一次。"这是我当兵生涯中的第一个嘉奖，也是当飞行学员之后全中队第一个嘉奖。我感觉这个嘉奖对我来说非常重要，含金量非常高，这是我在军营成长的起点，也是战胜我自己获得的褒奖。从 1985 年到 1990 年，5 年多的时间，我以优异的成绩毕业，成为一名光荣的飞行员。

1990 年底毕业，那个时候还不能升空打仗，要经过 1 年半时间的"战斗机改装"，之后我才能成为一名能够升空打仗的真正的飞行员。在座很多同学可能都翘过课吧？在飞行部队 10 年间，我没有耽误过一个飞行日，相当于没有翘过一堂课，安全飞行 1200 小时，连续保证 10 年的飞行安全。我解读仔细一点，没有因为个人的原因耽误一个飞行日，什么概念？今天做计划，明天后天飞行。航医问景海鹏休息好了没有？我说没有休息好，那就取消了。如果早晨起来航医一量血压，比正常高了很多，算了吧，咱们休息，今天计划就取消，等等，这就是因为个人原因耽误了一个飞行日。

到了 1996 年，部队领导通知我说要到一个疗养院参加体检。体检一共 8 天，第二天体检是五官科，医生检查我耳朵，当时闭着眼睛，突然听到一个对话，声音特别小，好像在说选拔航天员，我眼睛立马睁开，嗯？选拔航天员？所以我比前两天更加配合医生完成了后面的体检，最后才知道同期有十家左右的疗养院同时进行选拔。当时我们这个疗养院来了 80 多名，最后合格 8 名，我是其中之一。两个月以后，又通知我进京参加体检，经过两个月，完成了所有体检。体检完了以后，我买了 50 元钱的磁卡，给我在南方的爱人打了电话。她问："进展怎么样？"我说："我估计我会被选中。"她说："你吹吧。"说实话，我怕我爱人担心，用非常平和的语调跟她说，其实我心里有底，我坚信我能行。

最后，我成为一名幸运儿。到北京体检完一年以后，1997 年的 10 月 30 日那一天，正好是我儿子满月。当时家里父母、岳父岳母炒了两个菜，这个时候领导来了，说我成为了中国首批预备航天员。为了庆祝这个特殊的日子，我给孩子起名叫宇飞。这寄托了我人生另一个梦想和追求。1998 年 1 月 5 日，我正式成为中国首批预备航天员的一员。

飞行员不是航天员，预备航天员也不是真正的航天员，真正实现航天梦、飞天梦，还要面对很多挑战和考验，还有一个又一个台阶需要我奋力攀登。

第一个考验，挑战极限，磨砺自我。

1998 年 1 月 5 日，首批航天员进入北京航天城，开始训练。当时包括基础训练、体质训练、心理训练、救生与生存训练、专业技术训练、飞行程序与任务训练、大型的联合演练，等等。从 1998 年到 2003 年 5 月，我们完成了 8 大类、58 个专业的训练。我给大家描述下训练过程中的三个场所。

第一个，离心机训练。飞船在上升发射返回时，航天员会面临过载的情况，在地面的时候，我们利用离心机进行超重的训练。这项训练，最大极值体验过 10 个 G，我们平时练过 6 到 8 个 G。什么概念？如果飞行训练时操作不当过载了，超过 7 个 G，飞机大梁就需要探伤，看是否有裂纹。而我们就是靠身体。训练的时候，指挥会告诉我们，在离心机转的过程当中，如果感觉胸痛或者难受，可以按左手警铃。8 个 G 的旋转，相当于自身重量 5 倍、8 倍，压在你身上，一定会喘不过气、胸痛，甚至到难以忍受的地步。8 个 G 一转，鼻涕眼泪全甩出来了。呼吸不畅，咽口水都很难，脸都拉得变形了，而且脸上肉越多变形率越高。如果转的过程当中呼吸不畅，可以按警铃，高速旋转的

2012 年 6 月 16 日神舟九号航天员出征仪式在酒泉卫星发射中心举行（从右至左为景海鹏、刘旺、刘洋）

（新华社记者　李刚／摄）

离心机立马停止，保证航天员的安全。但是十几年下来，所有航天员没有人轻易按下左手边非常简易的红色按钮，因为所有航天员都有一个梦想，就是飞天梦。

第二个，模拟失重水槽训练。我们穿着240公斤的水槽服，在水下进行失重训练，进行出舱活动所有的操作。一下去就是3个小时左右，而且衣服里面有40千帕的余氧，相当于每个动作要先克服40千帕的阻力。每次上岸，到食堂拿筷子都拿不起来，拿起来，夹菜也夹不起来，上肢酸痛无力。

第三个，低压舱训练。我们进去以后，舱内就抽成真空，我们穿着舱外服在里面训练，考验的是服装性能和航天员的心理素质。如果舱体、舱外服泄漏的话，会出现什么？血管破裂。舱外救护车在等，应急通道打开。一旦出意外，就会造成灾难性后果，抢救都来不及，这项训练保障人员就有几十个。我们就是这样日复一日地训练。

第二个考验，永不放弃，挑战自我。

2005年我入选神舟六号的任务梯队，虽然最终没有上天，但是我没有放弃，因为我知道进入飞行梯队，已经证明我很优秀。没有上天我感觉并不是失败，而是对自己的又一次磨砺，无论我能不能执行航天飞行任务，我都会奋发努力。我虚心向教员、战友学习，不断地总结自己，弥补自己的不足，更加认真刻苦训练。在2008年，我入选"神七"飞行任务，和战友圆满完成"神七"飞行任务。

第三个考验，永不止步，越飞越高。

在"神九"选拔现场，有一位领导问我："你已经上过一次，为什么还要上？"我说："一个从农村长大的孩子成为一名飞行员，成为一名航天员，能够登上一个又一个台阶，是国家、军队让我有了今天的成长和进步，我有责任和义务回报国家。"这是第一层意思。第二层意思："我是一名航天员，航天员是我的职业和事业，我会为此奋斗终生，和其他所有航天员一样，我们都是兑现我们作为航天员对祖国的誓言和承诺。"

最美奋斗者：中国人民解放军航天员群体

圆梦那一刻

大家想不想知道，在太空看到的地球，看到的宇宙，到底是什么景象？我想把我看到的美景用文学术语告诉大家。天上非常漂亮，宇宙也非常漂亮，漂亮到难以用语言描述。到了太空才知道，什么是深邃宁静，什么是广袤无垠，什么叫一望无际，什么叫深不见底，这是第一次上天感觉到的。从飞船的舷窗凝望，地球家园呈现出它的亮丽夺目，云海一色，陆地的棕黄、高山的奇峻、润泽似缎带的江河……所有的美丽都呈现在我们面前，这就是我们美丽的家园，这是我们共同的家。

回来以后，有媒体朋友问我，在天上什么感觉？其实在太空除了体验到身体失重下的轻盈飘逸的美妙，更能体验到人的心灵不会失重，以往的价值观会变得更加清晰、具体、深刻、庄严。浩瀚宇宙中，我们会感觉到个人的渺小。面对宇宙的博大和美丽，我们更真切地体会到了生命的可贵，感受到家园的可爱，更感受到祖国的伟大。

但是在天上，我们的体验并不像大家想象的那样全是美妙的东西。其实我们展现给大家的全是让大家放心的那一面，所以，大家看到我们飘来飘去，非常潇洒、非常飘逸。实际上我们在天上遇到了大家意想不到的困难。比如太空飞行头三天，是人体对太空失重环境的适应期，会出现航天运动病。我简单解释一下，好多朋友有坐车晕车、坐船晕船的，再好吃的东西和饭菜放在你面前，都不愿意吃，那种感觉是地面的运动病，放到天上，可能就是航天运动病。

所以，我们必须克服失重带来的不适，尽可能地调整。天上什么感觉？天上和地上的感觉是天壤之别。一天一地，不到10分钟。一入轨，什么感觉？体内血液一下子从下肢涌到头部，就是"拿大顶"的感觉，头发胀，眼睛发胀，鼻子充血，所以你们有可能看到我们脸上会微微泛红。难受吗？难受，但是怕大家担心，所以给大家展示的是最让人放心的画面。

在"神九"入轨以后，将近48小时，我没有睡觉，飞船返回前48小时，我也没有睡觉。我没睡觉在干啥？因为第二次和第一次相比，我承担的任务压力和责任不一样，所以全部的精力用在任务的各项操作、程序的各项准备上。这么长时间不休息，大家可以试一试，几个晚上不睡觉，早上起来量你的脉搏和血压肯定跟正常不一样，可即便这样，我的心理、血压和其他指标始终保持正常状态，没有太大的波动。靠的是啥？靠的是平时认真刻苦、严谨的训练，靠的是祖国利益高于一切的信念。

在太空确实不是一帆风顺，在"神七"飞行期间，我们曾经遇到过两个小小的"意外"。第一个意外，可能大家在现场直播中看到了，在开启出舱舱门的时候，当时理论上完全符合打开舱门的条件，但是我的战友翟志刚用力拉了三次，舱门没有一丝反应。后来才知道这就是天地的差别，不管一千帕，还是两千帕，在座每位老师都可以轻而易举地打开，在太空就不行，就这一点点余压给我们开舱门造成麻烦。因为当时的测控区是不连续的，不是说全程都可以看到，所以上一个测控区，我们把门打开，下一个测控区我们就要出舱，如果过了这个测控区，即使出舱，大家也看不到太空美丽的画卷了。无论如何，我们也不能让全国人民失望。当时翟志刚用辅助工具撬了两次，刚打开一点缝隙，残留空气又把舱门吸上去了，刘伯明说："稳住，压下来，用身体抵住！"最后翟志刚拼尽全身力气，用力一拉，打开了太空舱，我耳机里听到的全是指挥大厅的掌声。这时候第二个"意外"出现了，轨道舱火灾。我那个时候在返回舱职守，盯着飞船的一举一动，我以为我听错了、看错了，大家看到我当时斜躺在座椅上，条件反射地两手一拽安全带，用力向前一倾，仔细一看，没有看错，没有听错，真是

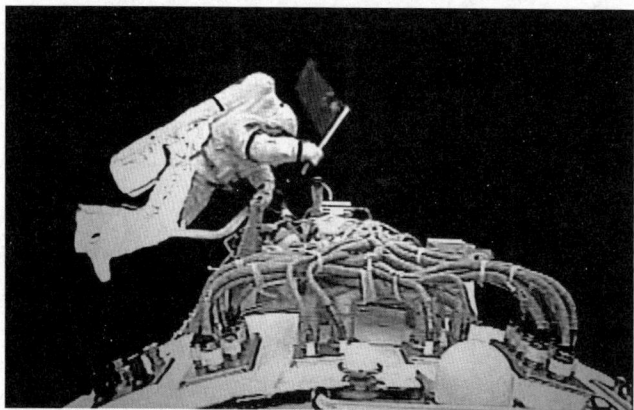

神舟七号航天员完成我国首次太空出舱行走

（新华社记者　查春明／摄）

轨道舱火灾报警。后来证明是一场虚惊，是仪表误报警，但在当时让大家为我们捏了一把汗。此时我们的出舱活动即将展开，华夏儿女翘首以盼。翟志刚毫不犹豫地出舱，刘伯明果断调整步骤，先将国旗递给了翟志刚。

在 2008 年"感动中国"颁奖晚会上，主持人敬一丹问："当时你们有没有想到回不来？"我们当时三个人互相对视，我感觉到两位战友想让我回答，我接过话筒说："敬一丹大姐，你刚才说的回不来什么意思？"主持人笑而不答，我说："我理解你说的回不来，就是像卫星一样永远绕着地球转，我们三个人就没有机会到央视来跟全国观众见面了。即使我们回不来，也要让五星红旗在太空高高飘扬！"

有一次出访，一个满头华发的老华人说："你们的飞船在太空飞多高，我们海外华侨的头就抬多高。"那一刻我真实地触摸到远在异国他方的赤子之心，深深感受到代表祖国出征太空的自豪，前所未有地体会到作为一个中国人的幸福。

支撑与后盾

价值从来都是和感情联系在一起的。我相信谁都离不开社会、家庭、亲人，朋友们的信任、鼓励和支持。大家知道我是一名军人，我对"战友"二字有着特殊的理解。到底什么是战友？我理解战友就是生死与共的战士，战场上替你挡子弹，平时亲密无间，这是我理解的战友。在两次 16 天、370 小时、246 圈的飞行中，我们无时无刻不感受到集体的力量，感受到全体战友给我们提供技术和全方位的支持，为我们加油鼓劲，为我们保驾护航。

刚才提到战友情，让我想到亲情。其实在太空，工作了十几天，当听到亲人的问候和祝福，感觉到无比幸福、温馨。"神七"的时候，我跟我爱人和孩子有过一次通话。当时等了好久，突然听到一个声音说："爸爸，我是飞飞。"我说："儿子你好。"中间又间隔好长时间，他突然说："你还记得我生日吗？"我说："记得"，其实我底气特别不足。他说："爸，等你回来以后，我等着你给我过生日。"我说："好的，等爸爸和两位叔叔安全返回之后，爸爸一定给你过生日，爸爸提前在太空祝你生日快乐！"这是当时跟孩子的对话。为什么当时我底气不足？作为父亲我不是称职的父亲，作为丈夫我也不是称职的丈夫。1998 年到 2008 年，10 年时间，我没有陪过父母过一个春节。2009 年我们在央视春晚直播现场。春晚之后，正月初一我向首长请假回家，正月初二到的老家，陪父母过了一个春节。作为父亲，从幼儿园到现在，我没有到学校参加过一次家长会。我大部分的时间都在准备实现梦想的这一刻，特别是我们出任务之前，几个月都要隔离，和家人只能通过电话联系，只能在好远的地方隔着栏杆看。我当时眼泪差点掉出来，因为失重没有掉出来。

大家知道"神七"是 2008 年 9 月 28 日返回的，返回以后接着去隔离，还有其他的实验。孩子是 9 月 30 日的生日。马上到孩子生日，我真想给他在城里订一个蛋糕，买一个新的玩具，那天我真的没有时间，就让我爱人订了一个蛋糕，买了一个玩具作为生日礼物送给孩子。我那天虽然没有去给他过生日，但是我坚信我在天上给孩子的祝福一定是送给孩子最好的礼物。

谈到孩子、爱人，今天我一定要说一说对父母的情感。神舟九号在 2012 年 6 月 29 日返回以后，我们到了航天大队，老远看到迎接我们凯旋的队伍，有领导、战友、专家。当我们下车以后，面对各位领导、专家、战友，三个动作：敬礼、握手、拥抱。突然我摸到一双干涩的大手，一抬头是老父亲，余光看到老妈妈就在后面，看到老人家，弯着腰，驼着背，花白的头发，那一刻一句话都没有说，和爸爸妈妈紧紧抱在一起，用双手拍拍爸爸的后背。看着老妈妈戴着一副眼镜，后来我才知道，我出发三个月前老妈妈因为白内障眼底出血，从运城到北京做了手术。老妈妈做手术，直到我回来，我都不知道。当时默默无语，但是我在心里说，爸爸、妈妈，儿子当兵几十年虽然没有尽到孝心，但是今天完成了国家交给的重要任务，这是对二老的最大孝心。我肺活量很大，嗓子也很高，我一直在练三首歌——《父亲》《母亲》《妻子》，因为我力争当一个好儿子、好丈夫、好父亲。

在座的各位老师、同学，我们在心底深处永远不要忘记父母的含辛茹苦。

追梦人，永远在路上

我作为一名农家子弟一步一步走到今天，从青年学生成为飞行员，成为航天员，实现了一个又一个梦想，说实话我非常知足。我感到人知足以后，就会知道感谢，懂得感恩，并努力报恩。

2008 年底和 2013 年初，在两次"影响世界华人盛典"颁奖晚会上，同样一家媒体同一个记者问我同样的问题："你飞天以后，感觉自己有没有变化？如果有变化，你感觉你最大的变化到底是什么？"我当时这么说的："变化是必须的，毕竟经历了十年的磨砺和磨炼，经历三次出征、两次飞天的考验，更加成熟、更加自信、更加坚毅果敢，心态更加平和、更加阳光。更加懂得感谢、感激、感恩的我，再次展现在全球华人面前，接受全球华人的考验。我感觉这就是我最大的变化。"我说这一段话，什么意思？不管我飞得再高，飞得再远，我感觉自己对自己的要求，只能比以前更高，做人做事，只能比以前更好。我时刻提醒自己，永远不能忘记国家的培养，永远不能忘记部队的培养，永远不要忘记父母的养育之恩，永远不能忘记所有航天人的托举，永远不能忘记全国人民的大力支持！

今天对于我来说是一个非常好的学习机会，特别是和这么多优秀的青年朋友们对话交流，畅谈核心价值观，使我感受到自己也活力迸发，青春无限。同学们、战友们，我们都肩负着报效国家、创新发展的使命，你们内心一定涌动着各种各样的梦想，一定有自己的价值追求，你们每个人都有自己的优点和特长，坚信在不远的将来你们一定会成功开创属于自己的一片天地，实现人生的价值。梦在心中，路在脚下，祖国在召唤你们，时代在召唤大家，希望你们始终保持积极进取、乐观向上的精神风貌，追梦的勇气和圆梦的执着与勤奋。希望大家把握住现在，把握好人生每一天，走好每一步，做好每一件事。从现在的追梦到日后的圆梦，从个人之梦到家庭、民族之梦，大家追求梦想的努力，必然会聚成排山倒海的梦想，共同铸成中国梦。

最后，用两句话与各位共勉：心系祖国，志存高远；放飞梦想，创造未来！

（演讲地点：清华大学公共管理学院报告厅）

现场问答
XIANCHANG WENDA

提问：景海鹏航天员您好，您能结合您在日常训练当中的经验，告诉我们在遇到挫折和困难的时候，该如何发扬不服输的精神吗？

景海鹏：在我当飞行学员以后，为了实现自己的梦想必须游泳50米达标，否则我就没有机会在这里给大家汇报了。这其实也是我在圆自己蓝天梦的过程中遇到的一个困难，某种意义上也是对我的磨砺和考验。要实现你的梦想，我认为就是要永不放弃。所以我的座右铭就是，坚持坚持再坚持，努力努力再努力，学习学习再学习。这三句话支撑了我，也送给各位战友和同学们。只要你的梦想不停止，就一定要坚持下去，不能放弃。

提问：景海鹏老师您好，我非常喜欢您的演讲，从中听出了您对家人的不舍和歉意，对祖国的执着和付出。您踏入太空最大的感受是什么？

景海鹏：刚才我叙述了在太空中看到的宇宙、地球的景象，而这位同学问到了我的心理活动和感受。第一次上天，我才知道飞船在宇宙当中是那么渺小，何况在飞船里面的我。大家可能在电视画面当中看到的无论是发射也好，返回也好，都是鲜花掌声，都是赞美。没上天之前，我有时候也感觉自己好像挺伟大。但到天上以后，那一刻真正感受到自己太渺小、太渺小，但是也感受到咱们国家非常强大，感受到作为一个中国人的自豪，这就是我在太空真实的感受。

续写英雄荣光　守住"精神高地"

丁晓兵

丁晓兵，中国人民武装警察部队广西总队政委，少将警衔。1984年10月在执行军事任务中失去右臂，荣立一等功，荣获共青团中央为他特设的第101枚"全国边陲优秀儿女"金质奖章。入伍30多年来，以伤残之躯续写人生辉煌篇章，多次受到党和国家领导人的接见。先后获得"全国自强模范""中国武警十大忠诚卫士""全国优秀共产党员""保持英雄本色的忠诚卫士"等荣誉称号。2006年被评为"感动中国"人物。

虽然我们无法把握生命的长度，但是可以通过不懈努力，去寻找一个承载拓展生命宽度和厚度的有效载体，不断创造出生命的"高附加值"。这个载体，就是报效国家、服务人民、奉献社会。

　　首先，请允许我用左手向大家敬礼！能够成为"百场讲坛"的演讲嘉宾是一份崇高的荣誉，我当竭尽全力完成好任务。深度解读核心价值观的内涵是专家学者的任务，而作为社会大众的一员，更多的是在深入理解的基础上付诸实践，解决好人为什么活着、怎样活着才有价值，什么是人生价值、如何实现人生价值等基本问题。我是一个经历过战争，有过生与死切身体验的人。或许正因为如此，我对生命意义的感悟和人生价值的实现有了一些刻骨铭心的思考。下面，我就结合自身的经历，向同志们汇报在践行社会主义核心价值观中的一些粗浅感悟。

"两世为人"，不当打了折扣的军人

　　追求也好，取向也罢，说到底就是一个选择的问题，而最终影响和决定我们判断与选择的根本指导，就是核心价值观。只有确立了一个正确的核心价值观，才能使我们在精神上有"压舱石"，思想上有"主心骨"，行动上有"指南针"，进而产生高度的生命自觉。有了这样的生命自觉，才能做到为民、务实、清廉，有定力、有担当、有作为，这才是我们安身立命的根本。

　　有了崇高的精神追求和生命自觉，才会知道人生的大方向在哪里，并能在时代的大格局中找准自己的位置，认识到作为生命存在的全局意义和社会价值。1984年7月，我作为南疆某侦察大队的一名侦察兵，参加了西南边陲的一次防御作战。当我们翻山越岭赶到被敌方炮击的一个少数民族村寨进行营救时，映入眼帘的是一派惨不忍睹的景象。一位失去亲人的瑶族老妈妈趴在被炸塌的房屋废墟上撕心裂肺地哭喊着。她用一双哭得又红又肿充满悲伤的眼睛直直地盯着我，用不流利的汉语对我说："解放军同志，你们怎么才来啊？"那一刻，我强烈地意识到，这身军装其实承载着一个中国军人对国家、

庆祝中国人民解放军建军 90 周年阅兵在位于内蒙古的朱日和训练基地举行

（新华社记者　姚大伟 / 摄）

对老百姓的神圣责任；那一刻，心底里那份对祖国、对人民的朴素情感逐步上升为一种报国情怀、使命责任和道德义务。也是从那时起，这种道德义务和使命责任成为支撑我人生强大而持久的动力源泉。

在前线，还有一条不成文的规矩，执行最危险的任务党员优先。为了争取到任务，我用匕首扎破手指，用鲜血写下了"我坚决要求参加战斗，打头阵、当尖兵，请党在战斗中考验我"的入党申请。也就是从那时起，"请党考验我"这句话就成了引领我"战时忘死，平时忘我"的人生航标，也成了我甘愿用一生去向党和人民兑现的庄严承诺。

在我入伍整一年那天，我与 3 名班长一起，潜伏至敌方阵地执行强行抓捕俘虏的任务。当我们成功捕获一名俘虏撤退时，遭到了敌人疯狂的火力报复。战斗中，我的右臂肘关节被一枚手雷炸烂，断臂仅剩下一点皮连着，血直往外喷。在做了简单的止血包扎后，我和战友们交替掩护着向回撤。我们拖着俘虏，还背着一名牺牲的战友，行动十分困难，而我的断臂又老是被灌木丛挂住，一咬牙，我就用匕首将连着一点皮的断臂割开，别在自己的腰带上。就这样，在战友们的掩护下，我一路滴着血，艰难地走了三个多小时。当看到抬着担架前来接应的战友时，我再也支撑不住，一头栽倒在地。两天后，当我从病床上醒来时，怎么也不敢相信自己还活着，因为在我倒下去的那一瞬间，濒临死亡的那种感觉是刻骨铭心的，对生存的本能渴望也是刻骨铭心的。心想："完了，我的生命结束了，我还好年轻啊，媳妇都还没娶呢……"大概正是因为倒下时的记忆过于强烈，所以醒过来的时候好半天都反应不过来。记得当时，我还使劲地用手抠了一下大腿，有感觉，这才确信自己真的活着。

如果现在理性地概括当时的感受的话，那就是八个字——"生命宝贵，活着真好"。大概正是因为有了这段"两世为人"的经历，使我对生命的意义，对人为什么活着、怎么活着才有价值有了更深入的思考，它们决定了我在这之后的许多重要的人生抉择。后来我再想，活着真好，但作为一个人，不是活着就好。我们不仅要好好活着，而且应该努力地活出生命的质量来。30 多年的军旅实践，让我强烈地感悟到：虽然我们无法把握生命的长度，但是可以通过不懈努力，去寻找一个承载拓展生命宽度和厚度的有效载体，不断创造出生命的"高附加值"。这个载体，就是报效国家、服务人民、奉献社会。

有了崇高的精神追求和生命自觉，才能在纷繁复杂的抉择中，知道自己该做什么，不该做什么，确保人生的航船始终行驶在主航道上。硝烟散去，走下阵地之后，我获得了很多荣誉，入了党，记了一等战功，破格提干，还获得了共青团中央为我特设的第 101 枚"全国边陲优秀儿女"金质奖章，受到党中央、中央军委领导的亲切接见。一下子面对那么多的鲜花、掌声和荣誉，还不到 20 岁的我确实没有思想准备，一段时间里竟然有些心浮气躁，飘然膨胀。这时，有两件事对我触动很大。

一件是，父亲领我去干休所拜访那些九死一生、充满传奇的老红军、老英雄。当一位老人家打开他那满满一盒尘封已久的军功章时，我的脸上火辣辣的——从那里面随意挑出一枚勋章，都要比我胸前的那枚奖章的分量重得多。那一刻我突然意识到了自己的年轻与肤浅。在返回的路上，父亲语重心长地对我讲："儿子啊，你可千万别昏头啊，要不了多久，你还是你，而且还少了一只手，今后要走的路还长得很呢，还要靠你一步一个脚印地去量啊。"另一件是，我在南京航空学院作完报告后，有个叫王明的大学生给我来信说："丁晓兵，你成为英雄，只算过了第一关。假如十年、二十年以后，仍然还有事迹从你的身上出现，这个英雄的称号你才当之无愧。"这两件事，让我清醒了许多。我暗暗告诫自己，决不能把党和人民的厚爱当作索取回报的筹码，决不能因为戴上英雄的桂冠，而脱下战士的钢盔。荣誉已成为过去，居功那就是自毁，只有不断淡忘过去的辉煌，我们才能有勇气和办法去面对未来的各种艰辛和挑战。

有了崇高的精神追求和生命自觉，才能很好地把握个人与社会、个体与集体、自由与必然的辩证关系，真正实现内心的和谐。邓小平同志讲，为了国家和集体的利益，为了人民大众的利益，一切有革命觉悟的先进分子必要时都应当牺牲自己的利益。我觉得，这种精神追求和价值取向，也是我们每一位党员领导干部指导人生选择的一个基本价值标准。

伤愈后，我面临的第一个选择就是工作安排问题。当时，我的家乡省政府准备安排我担任省残疾人福利基金会常务副理事长。还有的单位许诺给我解决房子、车子等优厚的待遇，邀我去工作。不瞒大家说，这些对我的吸引力确实很大，在面对地方优厚的待遇和部队艰苦生活的选择上，我也犹豫过，但最终我还是选择留在部队。有人问我为什么留在部队？理由很简单：因为我热爱部队，热爱这身军装，我已经把自己的生命融入了部队这个英雄的集体。所以，当上级首长征求我对今后安排的意见时，我明确提出：一要学习，二要工作，三不离开部队。组织上批准了我的请求，安排我到侦察连当排长，之后又保送我到南京政治学院学习深造。

毕业时，我又作出了一个让许多人都不太理解的决定：不留学校、不留机关、不留大城市，到基层一线去带兵。在我的执意要求下，我被分配到基层连队当了一名指导员。谁知，上任的第二天夜里，连队紧急集合，黑灯瞎火中只有一只手的我，怎么也捆不好背包，扎不紧腰带，当我拎着不成形的背包跑出去时，全连官兵已列队等候好半天了。那一刻，我突然意识到连队需要的不是一个头上戴着光环的英雄，而是需要一个合格的带兵人，连自己

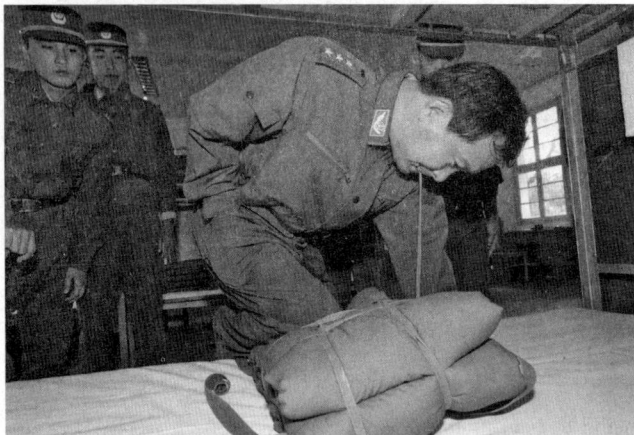

独臂英雄丁晓兵在为战士示范打背包的技巧

(新华社记者　李刚/摄)

的这点事都做不好，还有什么资格去带他们呢？

打那以后，我就用一只手打背包、爬障碍、练射击。为了打好背包，我嘴脚并用，嘴角常常被背包带磨破，弄得背包带和被子血迹斑斑。连队通信员站在门边，一边看一边抹眼泪，几次上前要来帮我，都被我拒绝了。我对他说："你能帮我一次两次，你还能帮我一辈子吗？"在这之后不久，我一只手打背包的速度竟然超过了连队许多战士，年终的军事考核，8个项目，我获得了7个优秀、1个良好。因为我当时心里很清楚，凭自己一只手，要想在部队这个特殊的集体里有所作为，是十分艰难的，没有超常的付出，肯定是走不远的。少了一只手我无法逆转、没有选择，但我却可以选择如何去工作，以什么样的精神状态去工作，因为我发自内心地不愿当一个打了折扣的军人。在担任连队指导员期间，通过和战友们的共同努力，连队年年立功，还被军区树为基层建设的标兵，记了集体一等功。

为官避事平生耻，做一个敢于担当的好干部

习近平总书记指出，敢于担当，是领导干部基本的政治品格和素质要求。如果只想当官、不想担当，不仅是对党和人民事业不负责任的态度，而且这个官也是很难当好的。我体会，一个人的精神追求有多高，内在的担当力就有多强，他的人生实践给这个世界带来的"辙印"就有多深。大概正是因为我身体伤残的原因，这些年，我始终有一种强烈的忧患意识，总觉得自己不努力，不去多担当一些，不拼命地干工作，随时都可能被社会所淘汰。

我感到，作为一名党员领导干部，精神升华最集中的体现就在于使命担当、社会担当和人性担当。

所谓使命担当，我理解，就是对自己的事业和从事的工作始终保持一种高度负责的态度，就是敬业、勤业、精业。我是一名军人，我的使命担当就是履行好维护国家安全和社会稳定、保障人民安居乐业的神圣职责。这些年来，我养成了一个习惯，就是经常去烈士陵园。站在烈士墓碑前，我总在思考着这样的问题：成千上万的先烈们前仆后继、慷慨赴死，是什么样的力量在支撑着他们？在我们为烈士扫墓的时候，我觉得更应当在我们心灵深处设个祭坛，经常对照一下先烈们，拔一拔我们心灵深处的杂草，扫一扫心灵深处的灰尘。

庆祝中国人民解放军建军90周年大会在京举行

2003年7月，时任团政委的我在带领部队赴淮河流域抗洪抢险时，由于长时间在洪水中浸泡，我感到自己的断臂钻心地疼。脱掉假肢后发现，被假肢磨破后的断臂局部皮肤溃烂，一小块乌黑的残留弹片从皮下露了出来。我怕大家看了不舒服，就从军医那里要了一把剪刀和一些碘酒，一个人躲在民房里，把弹片从皮下拔了出来。事后有人劝我："你大小也是个团政委了，身体又不方便，站在堤上指挥指挥就行了，没有必要这样苦自己。"其实，我也知道，凭我一只手也干不了多少活，但我想，作为一名带兵人，在那样一种危急关头，率先垂范比什么思想动员都管用。

为官避事平生耻。作为领导干部，工作中难免会遇到一些让人头疼、处理起来十分棘手的难题。敢不敢担当、能不能破障，便是一道道摆在我们面前绕不过去的考题。就在我处理这些难题的过程中，当事人有的拦我的车，有的写信到北京告我的状，有的打电话恐吓我，有的威胁要上网搞臭我，还有的通过各种关系给我施压，甚至指着我的鼻子扬言要搞掉我的"乌纱帽"。我感到，一名领导干部在面对和处理这样的问题时，需要的不仅仅是方法，更需要有一股子豁出去的责任担当与勇气。说心里话，处理这些事难免会得罪人，有时内心也有压力，也有纠结，但这些年，无论遇到的问题有多么棘手，多么闹心，我都从不退缩。我始终认为，共产党人就是要不怕"鬼"、不信邪，正气站起来，邪气才能压下去。而且事实证明，只要我们一心为公

家、为大家，最终都能得到群众的理解、支持和拥护。30多年来，我无数次地谢绝了别人对我的特殊照顾，数十次参加处突维稳、抢险救灾和军事比武，带领部队获得了300多项奖励。说实话，不是我不需要别人的照顾和关心，而是不愿意在特殊的照顾中消磨掉自己的精气神。这些年，经常有人问我："凭你一只手，靠什么诀窍把那么多注定不可能都踩在了脚下。"我说，其实全部的秘诀就一句话："战胜自我，超越自我！"

所谓社会担当，我理解，就是要承担起自己的社会责任，始终为社会传递正能量。我常想，作为党员干部，肩膀一定要硬朗。如果我们每一个人都能多一份社会担当，我们身边的正能量就会多一点，不和谐的现象就会少一点；清风正气就会多一点，歪门邪道就会少一点。30多年来，我已经记不清楚在军内外讲了多少次党课，作了多少场报告，只要有人邀请，没有特殊情况，我从不推辞。我还担任过30多所大、中、小学的校外辅导员。在担任第十一届全国人大代表和第十七届、十八届党的全国代表大会代表期间，我还先后向国家有关部门提交了36份议案和建议，其中关于"建立国家军人烈士公墓"的议案，被列为国家重点议案，多项建议获得了军队"金点子"奖。我的自传《左手礼》还获得了国家传记文学一等奖，被多次再版，为部队和社会传递了正能量。

所谓人性担当，我理解，就是要最大限度地去彰显和弘扬人性中最真、最善、最美的一面。有位哲人说，在人们的心中始终有两匹相互撕咬着的狼，一匹善的"狼"，一匹恶的"狼"。那么，最终哪匹狼能占上风呢？一定是我们经常喂给它食物的那匹狼。人的社会性特征决定了所有人的社会行为都是基于物质和精神的平衡，关键是受哪种力量的牵引和朝什么方向推进。作为社会成员，其实每个人都应该有弘扬真善美的人性担当，尤其是党员领导干部，在这方面更应该带好头、当样板、作表率，努力成为弘扬人性光辉的宣传者、实践者和有力推动者。

习近平总书记指出，一种价值观要真正发挥作用，必须融入社会生活，让人们在实践中感知它、领悟它。要注意把我们所提倡的与人们日常生活紧密联系起来，在落细、落小、落实上下功夫。我觉得，无论我们的职位有多高，也无论我们处在一个什么样的社会角色，作为一个人来讲，都应该保持我们心底里的那份最质朴、最本色的善念，时时处处与人友善，勿以善小而不为，勿以恶小而为之。记得前些年，因为媒体宣传的原因，驻地很多的群众都认识了我。有一次我和爱人在菜市场里修鞋子，修完鞋正在找零钱的时候，旁边走过来一位穿着近乎破旧的中年男子，抢先为我付了3元修鞋的钱。我赶紧对他说："我们素不相识，怎么能让你付钱呢？"当我要还钱给他时，他却跑开了，边跑边说："你不认识我，我认识你，你是丁晓兵，能给你做点事，我很荣幸。"

这些年，在我的身边发生了很多类似的事情，每当想起这些点点滴滴，我的心里都会油然地涌起一股股暖流，都能感受到一种人性的温暖和滋养，这些温暖和滋养也在潜移默化地影响着我、启迪着我为官做人。伤后20多年间，我有一个重重的心结，就是等我有能力了，一定要去感恩曾经在边境线上为我抬过担架、救我性命的当地少数民族的乡亲。几年前，在我的老师、著名书法家尉天池教授的帮助下，多方筹措了150多万元，在云南麻栗坡县扬万乡修建了一所希望小学，了却了我的一桩心愿。这些年，我还将自己大部分的伤残抚恤金都用在了捐助贫困家庭和伤残孩子身上。我觉得，人性的担当，不仅能让我们积攒起丰厚的精神财富，更能建立起长久的、发乎心底的快乐和幸福。

不断升级灵魂的"杀毒软件"，守住精神高地

市场经济的大潮汹涌而来，一方面，使我们的经济社会实现了巨大的发展和进步。但另一方面，市场经济固有的负面影响也日趋凸显。在还不太成熟的市场经济条件下，人们的欲望被充分地调动起来，在各种浮躁和失衡的心态支配下，一些错误的思想被包装在看似正确的框架内，一些不合理的行为被掩盖在看似合理的旗帜下，有时，还真的让人真假难辨、美丑难分。特别是当前，意识形态领域斗争尖锐复杂，敌对势力更是千方百计对我们进行西化、分化、丑化，从根本上讲，就是想化掉我们的精神支柱。在这样一种复杂的情形下，如果我们失去了理性的价值标准，缺乏核心价值观的引领，

就难免会滋生出许多的心理不平衡、待遇不平衡、官位不平衡、名誉不平衡。进而，在唯心还是唯物、为民还是为己、遵循明规则还是潜规则、追求崇高还是迎合低俗、依靠组织还是依附个人等一些基本问题上产生困惑，甚至发生错位。有人说，战场上的生死考验是对一个军人的终极考验。可我倒觉得，战场上的生死考验虽然很残酷，但相比之下，和平环境下，我们面对的各种诱惑的考验，有时比战场上的生死考验还要严峻、还要复杂、还要现实，稍有不慎，就可能会被五颜六色的迷雾遮住双眼。只有坚持用社会主义核心价值观不断升级

丁晓兵：我为什么入党

灵魂的"杀毒软件"，才能有效地增强我们的内在定力，才能真正地守住我们的精神高地，建设好我们的精神家园。

要坚守住精神高地，就必须在权力诱惑面前不忘乎所以。权力是把"双刃剑"，用好了能为民服务，用不好就会害人害己。当干部，特别是手中有一定权力的领导干部，在用权上，头脑一定要十分清醒，一定要慎之又慎，因为破一次规矩就会留下一个污点，搞一次特殊就会丧失一分威信，谋一次私利就会失去一片民心。30多年的军旅生涯让我深刻地感受到，带部队，从一定意义上讲，就是带作风、带风气。刚任师政委不久，恰逢春节，为了防止不良风气的发生，我和师长联名向官兵发出了一封公开信：《严禁部属给领导拜年送礼》。此信一出，大家议论纷纷，这是不是"新官上任烧的三把火"。我心里清楚，大家的心里还是有些疑问。就在那年，一名团级干部赴天津参加培训，顺道去看望了我在天津读书的儿子，买了礼物，还留下2000元的红包。得知此事后，当晚我就给这个干部家里送去3000元钱，并在电话里严肃地批评了这名干部，提醒他这样做至少带来了三个坏处：一是会教坏我的儿子，影响他健康成长；二是违反组织纪律，坏了部队的规矩；三是会带坏全师的风气，影响党委的形象。在党委一班人的带领下，几年坚持下来，部队上下逐步形成了风清气正的良好政治生态，战斗力也因此有了大幅度的提升。

2013年底，我到武警广西总队任政委后，做的第一件事，仍然是和司令员联名向部队下发了关于党风廉政建设的一封公开信，明确规矩，公开承

诺。我们的指导思想很明确，就是要让所有官兵都来监督我们这个新调整的班子，是不是坚决地、不折不扣地执行中央的"八项规定"。我不仅这样想、这样说，也毫不犹豫地这样去做，在部队营造了"平时不用请领导、过节不用看领导、提职不用找领导"的良好风气。习近平总书记强调把权力关进制度的笼子里，反复提醒各级领导干部，在用权上要心存敬畏、手握戒尺，慎独慎微、勤于自省，遵守党纪国法，做到为政清廉。

要坚守住精神高地，就必须在金钱诱惑面前不利令智昏。有人讲，领导干部每做一件事，都要扪心自问："十年后敢不敢见人，百年后敢不敢见鬼。"我非常欣赏这种精神和气度。长途跋涉怕的不是崇山峻岭，而是掉进鞋子里的一粒沙子。我体会，当好干部很重要的有两条，一条要牢记肩负的重大责任，在危难困苦面前能勇挑重担、敢于负责、身先士卒。另一条就是，要牢记权力姓公不姓私，在物质利益上，要公而忘私、先公后私、先人后己，不与他人争利，不占公家便宜。我时常提醒自己，在金钱的诱惑面前，必须使自己在选择上有"理性缓冲"，使抉择不是出于欲望的本能，而是尽可能基于使命责任的理性判断。

任师政委时，我的老战友领着一位房地产老板找到我，提出想承包部队的营房基建工程，我明确告诉他，要公开招标。那位老板将我拉到一边，悄悄地对我讲："您放心，只要我能拿下这个项目，我挣1000万，给您500万。"起初我还很客气，听了这话，我就火了，我说："你是不是把我当成商贩了！别说500万，就是1000万都给我也不行。"随后，我把这件事提到了常委会上，建议取消这位老板的竞标资格。事后我想，这就像当年守阵地一样，一旦被撕开口子，哪怕是一个很小的口子，都可能会导致全线崩溃，后果不堪设想。战场上我是抓俘虏的，诱惑面前决不能当了金钱的俘虏！

要坚守住精神高地，就必须在人情诱惑面前不丧失原则。大家都知道，中国是一个人情社会，无论是领导干部，还是普通群众，都离不开人情、亲情、友情。如果把握得好，它会成为我们人生不可或缺的滋养和资源；但如果把握得不好，它又很可能会成为我们前进道路上的包袱，甚至会影响我们的事业。党员领导干部也是社会上的一员，不能不食人间烟火，不能不讲人情世故，但绝不能把自己等同于一般群众。而且，作为履行公共职责的领导干部，理应要求更高，更要讲党性、讲原则、讲纪律、讲奉献，不为人情所蔽，不为私利所惑，不为小节所迷。

我的一些亲戚对我说："你现在当大官了，不能忘本，家里的这些侄子侄女全都指望你了。"说心里话，这些年在干部转业安置、家属就业、子女入学等问题上，我帮了不少的战友。细细一想，还真的没有给家里的亲友办过什么事，倒是他们帮着在家里尽心竭力地照顾着我的父母。我开了一个家庭会做亲友工作："你们平时不是都很痛恨那些以权谋私、搞不正之风的官员吗？难道你们希望我也成为那样的人吗？"母亲也替我说话，叫他们不要逼我做违法乱纪的事情，让人在背后戳脊梁骨。亲戚们很受触动，大家都表示理解我、支持我。我想，作为领导干部，如果管不好自己的家事，很难想象他能领导一个单位干好公家的大事。当领导，就必须在人情干扰面前，始终保持一份理性和清醒，能够拒绝那些看似入情入理、实则违背原则的事情，即使被说成是"死脑筋""榆木疙瘩"，也不为所动。

我们每一位党员干部的精神追求、精神升华、精神坚守，从一定意义上讲，也是树立自己的形象，维护自己的尊严。我们每一个同志都应该有自己的形象和尊严，而无数的形象和尊严汇聚起来，就会成为一个集体、一个民族、一个国家的形象和尊严。只要我们从自身做起、从小事做起、从现在做起，知行合一，社会主义核心价值观就必将会成为我们心灵的罗盘，成为我们前行的航标，中国梦、强军梦、我的梦，就一定会梦想成真！

（演讲地点：广西壮族自治区南宁市）

现场问答
XIANCHANG WENDA

提问：您对社会主义核心价值观中哪个词感触最深？

丁晓兵：社会主义核心价值观 12 个词对我来说都非常重要，我们要认真理解、积极践行。但作为军人，我对"爱国"这个词感触更深一些。维护国家主权安全和领土完整，保障国家的和平发展，是军人的神圣责任。所以，这些年我也始终把报效国家作为自己的神圣责任，始终把"战时忘死，平时忘我"作为自己的座右铭，就是要报效国家、服务人民。

提问：您在 18 岁时就失去了右臂，这么多年，是什么样的信念和价值观支撑着您走过来？

丁晓兵：从本源上讲，是精神的追求与生命的自觉，是对生命的一种认识。生命的长短我们无法把握，一次战争、一次意外都可能终结我们的生命。但是有一条我们可以做到，就是通过我们的主观努力，找到一个承载我们生命能量的有效载体。我们每一个人都能去不断拓展生命的宽度与厚度，在拓展中我们会感受到人生的充实，感受到人生的质量，感受到人生的幸福。这么多年的人生实践让我越来越清晰地感受到，这个可以承载我们生命能量的有效载体就是报效国家、服务人民、奉献社会，这就是我的精神力量。

一个人，何以感动一个国

郑晋鸣

郑晋鸣，光明日报社江苏记者站站长，高级记者、二级教授。第十二届范长江新闻奖获得者，享受国务院政府特殊津贴。曾获"全国百佳记者""全国优秀新闻工作者""全国好记者讲好故事十佳选手""全国新闻出版行业领军人才"等称号，连续多次获得中国新闻奖。入选全国宣传文化系统"四个一批"人才。

在中国人的骨子里，从来都是有国才有家。王继才的爱国观是什么？家就是岛，岛就是国；守岛就是卫国，国安才能家安。

从 1986 年 7 月起，江苏灌云县开山岛民兵哨所原所长王继才，与妻子王仕花一起，克服常人难以想象的困难，守卫孤岛整整 32 年，把青春年华全部献给了祖国的海防事业。以坚守笃行、勇于奉献的精神，在平凡的岗位上创造了不平凡的业绩，在岁月的深处写下了崇高与伟大，充分彰显了新时代奋斗者的品格与力量。王继才的先进事迹足以说明，正能量永远是主旋律。2018 年 7 月 27 日，王继才在执勤时突发急病，经抢救无效去世，年仅58 岁。人固有一死，或重于泰山，或轻于鸿毛。2018 年 8 月，习近平总书记对王继才守岛事迹作出重要指示。守岛英雄王继才怎么也想不到，他的死会震动国人。在这个舆论纷扰、人心浮动的时代，王继才的去世为什么感天动地？

开山岛，是怎样一个地方

开山岛，位于我国黄海前哨，只有 0.013 平方公里，相当于两个足球场那么大。虽然面积小，20 分钟就能走完，但开山岛的战略意义非常重要。1939 年日军侵略连云港时，正是以开山岛为跳板，通过舰船换乘，才得以从燕尾港登陆，然后集结部队向杨集、板浦、南城进犯。"如果岛上有人值守，日本士兵就上不来了。"王继才说。当时，日军在开山岛上屯兵，并在距岛 200 米处修建了炮楼。几挺机枪，控制住了整个黄海海面。1945 年日本投降之前，一直占领着开山岛。日本投降后，开山岛由济南军区一个加强排驻守，后来部队撤编后设立民兵哨所。

"在海上，大家都不容易"，王继才说，"能帮多少是多少"。但"朋友来了有好酒，若是那豺狼来了，迎接它的有猎枪"。开山岛位置独特，距离最近的海岸 12 海里，如果坐快艇，38 分钟就可以到达。所以，小岛成了"黄赌毒"和"蛇头"觊觎的地方。

1993 年，一个参与走私犯罪的地方官员打算把 60 辆走私小轿车停放在岛上周转，掏出一沓钱求王继才行个方便，"只要你不向部队报告，赚了钱咱俩平分"，王继才推开他："不干净的钱我坚决不要，违法的事我坚决不干！"1996 年，一个"蛇头"私下上岛找到王继才，掏出 10 万元现金，要在岛上留几个"客人"住几天。王继才说："我一辈子可能都挣不了这么多钱，但只要我在，你们休想从这里偷渡！"对方恼羞成怒，带人强行把王继才拖到码头狠狠打了一顿。王继才没有被威胁吓倒，随即向县人民武装部和边防部门报告。1999 年，孙某打着旅游公司的牌子，想在岛上办色情及赌博场所。王继才迅速报告上级。孙某眼看事情要败露，拿王继才的儿子威胁他。"少来这一套，我是为国家守岛，如果我家人出事了，你休想逃脱！"王继才回绝道。孙某气愤至极，带人把哨所烧了，看着值班室燃起的熊熊大火，多年积攒的文件资料、观察记录瞬间化为了灰烬，王继才心如刀绞。

"开山岛是国家的，不是我家的自留地。"王继才说。时间久了，"挡人财路"的王继才夫妇就成了违法分子的眼中钉、肉中刺，险情时有发生。面对危险，他们从没有退缩过，而是先后向上级报告了 9 起涉嫌走私偷渡等违法案件，其中 6 起成功破获，为国家挽回了重大经济损失。

岛上杂草丛生、海风呼啸、人迹罕至。在守岛的 30 多年里，王继才夫妇每天过着同样的生活。其中有 20 多年，都是没有水没有电，只有一盏煤油灯、一个煤炭炉、一台收音机的日子。岛上唯有的生命，就是王继才夫妇，以及三只小狗、三只不会打鸣的公鸡、五条净化雨水的泥鳅。在这个石头岛上，王继才为了种树，专门让渔民运来了一些土。岛上的营房旁，有棵无花

位于我国黄海前哨的开山岛　　　（新华社记者　李响／摄）

果树，就是他种下的。岩石缝里，还长有苦楝树和一些菊花、喇叭花等。每天巡完岛后，王继才都会扶一扶被海风刮歪的小树苗，踩一踩树根处的土。妻子王仕花则通常会蹲在地上拔草，或者端着水盆，给几小块菜地浇水。开山岛，这一块贫瘠荒凉的土地，逐渐有了绿意，有了生机和活力。

王继才为何要守开山岛

开山岛距连云港市灌云县燕尾港镇 13.8 海里。1986 年有了北斗导航，驻守部队撤走后，灌云县人民武装部先后派了 9 个民兵去守岛，待的时间最长的一个，也就只待了 13 天就溜走了，因为条件确实太艰苦了。人民武装部的王政委急得团团转。那么，后来王继才为什么要去守岛？

我做了深入的调研后发现，当年真正让王继才上岛的是他的父亲。王继才的父亲是一名老党员，与王政委私下达成了协议：王继才是民兵营的，让他试试看吧，但事先不要告诉他是要去守岛。就这样，王政委带着王继才，来到了开山岛。这一天，是 1986 年 7 月 14 日，王继才 26 岁。上岛前，王政委告诉王继才，这里必须有人值守，保证一旦进入战时，能够迅速引领官兵再次进驻。王政委走后，王继才心领神会，意识到是要让自己守岛。

就这样，王继才开始了守岛生涯。他说，一开始只是想完成任务；后来，想着再坚持坚持，盼着有人来替换他；再后来，才决定要守一辈子。妻子王仕花，三次到人民武装部询问王继才去哪里了。工作人员说，到连云港学习了，后来又说到北京继续学习了。其实，王继才一直在岛上。原计划守岛一个月，但因为一直刮台风，船只根本过不去。到了第 48 天，王仕花跟着王政委来到岛上。王继才带的一些大米、3 条香烟、30 瓶酒已经用完，只能吃海货充饥。看着眼前这个胡子拉碴、满身臭气的"野人"，王仕花吓傻了，抱着他哭了一场。王仕花说："别人不守，咱也不守。回家吧，给多少钱都不守了。"王继才说："这是国家的土地，你不守，我不守，谁来守？ 48 天过去了，肯定是没找到更合适的人。我是民兵营长又是共产党员，现在回去不合适。你先回去吧。"王仕花回家后，辞掉了小学民办教师的工作，从此陪着王继才一起守岛。这一守,就是 32 年。

守岛 32 年的酸甜苦辣

守岛的每一天,都是从升国旗开始的。每天早上 5 点,王继才夫妇都准时到后山举行升旗仪式。王继才展开国旗,喊一声响亮的"敬礼",个头只有一米五的王仕花站得笔直,仰着头边敬礼边注视着五星红旗。没有国歌,没有奏乐,却庄严肃穆。有一次,岛上断粮,王继才吃了生的海贝海螺,一夜跑了几趟厕所。第二天,他照样爬起来去升旗。王仕花说:"今天我一个人升就行了,岛上就咱俩,少敬一回礼没人看到。""那怎么行?"王继才艰难地坐起来,穿好衣服,摇摇晃晃地向升旗台走去。在他的心里,这里是祖国的东门,必须升起国旗。

王继才夫妇在开山岛的最东边举行向国旗敬礼仪式　　　　　　　　(新华社记者　李响 / 摄)

　　我曾经问他，这里升旗也没人看，为什么要这么认真？王继才说，天安门广场就是这样。我又问，晚上不降旗行不行？王继才说，风太大了，有次没有降，旗被刮跑了。多年来，他们用坏了200多面五星红旗、60多根旗杆。过去，人们不知这个岛上有人，后来事迹被报道后，才知道王继才夫妇一直守在这里。从此，所有船只路过时，都会主动鸣笛三声，既是和夫妇俩打招呼，更是向国旗致敬。王继才说，每到这个时候，自己都很激动。

　　升旗仪式结束后，他们开始在岛上巡逻。观天象、护航标等，日复一日。有时寂寞难耐，就来数鹅卵石。实在没有事了，就在树上刻字。王仕花在树上刻满了字，例如"钓鱼岛是中国的""今天是奥运会开幕日"等。晚上，还会在值班簿上写日志。日志没有一天间隔，内容也很有意思。平日里，没有人说话，他们就唱歌，唱给海听，唱给风听。

　　岛上，有一部手摇电话，多年来只用过一次。1987年王仕花生孩子，由于台风太大，分不清白天黑夜，算错了预产期。临产时想要离岛，却因天气原因，寻不来一艘船。情急之下，王继才打电话求助。王政委的夫人是医生，说赶紧烧热水，把汗衫在锅里煮一煮当纱布，把剪刀也煮了，一会儿剪脐带用。生产前，王仕花怕有不测，就写了遗书：如果要保一个人，一定要保孩子，我甘愿死在开山岛。如果两个人都活不了，告诉孩子以后一定不要托生在守岛人的家里。最后，幸好有惊无险。王继才的儿子王志国，在开山岛上顺利出生。王继才当起了接生婆，亲手剪断了儿子的脐带。

　　一年到头吹着海风，王继才患上了严重的湿疹，胳膊和腿上长满了豆大的白点子。在艰苦的环境中，王继才不是没有犹豫过、挣扎过。和所有平凡人一样，他也害怕黑夜，害怕狂风暴雨，害怕孤独无助；他也放不下亲人，放不下原本热闹的生活，但再难也要守下去。"我在这儿多年，已经习惯了，家也在这儿。有谁还能耐得住这份寂寞？如果谁也耐不住，上来几天下去了，就不仅是他们的灾难，也是我的灾难，更是开山岛的灾难。与其给大家带来灾难，我不如守到底算了。"一句"谁还能耐得住"，多么朴实，多么动人！

守岛，就是践行社会主义核心价值观

在社会主义核心价值观的 12 个词、24 个字中，爱国、敬业、诚信、友善是公民个人层面的价值准则。在 32 年的守岛生涯中，王继才矢志不渝、无怨无悔，用实际行动诠释了对国家、对工作、对人民的高度责任感，不愧为全国"时代楷模"，不愧为践行社会主义核心价值观的典范。

王继才：岛就是家 岛就是国

在中国人的骨子里，从来都是有国才有家。王继才的爱国观是什么？家就是岛，岛就是国；守岛就是卫国，国安才能家安。他说："每天把五星红旗升起来，岛就有了颜色。渔民看到我升的五星红旗，他们就回家了。"开山岛虽然小，也是中华人民共和国神圣领土不可分割的一部分。国旗插在这儿，这儿就是中国。儿子王志国研究生毕业后，成为一名戍边武警战士。王继才兴奋地说，自己守岛是报国，儿子从军也是报国。"一家人，两代兵，光荣！""甘把青春献国防，愿将热血化丹青"是一副对联，贴在开山岛的营房门上。

2014 年 8 月，我带了 5 个学生首次来到开山岛。岛上物资匮乏，没有房子，也没通电。上岛时，我带了十箱酒，两个箱子拼一张床，准备住在这里观察和采访，待上 5 天。当天夜里，王仕花给我们做了土豆烧猪肉，非常好吃。吃完饭，王继才说，涨潮以后会有很多水蛇，有时会爬上来钻到被窝里。虽然不咬人，但怕吓着几个孩子。于是，他就一夜没睡，防着蛇爬上来。第二天，几个学生傻眼了，手机没电而且没法充电。后面几天，就开始闹情绪。在这个远离大陆、荒无人烟、台风肆虐的小岛上，许多人可能几天甚至一天都待不下去，但王继才夫妇常年坚守在这里，默默付出，无怨无悔。这是一种什么精神？和平年代，看似枯燥乏味的坚守，恰恰是对祖国的忠诚，对事业的热爱。

孩子要上小学时，王继才夫妇已经守岛五六年，觉得是时候回家了。有一天，王继才鼓起勇气，去找王政委申请下岛。没想到，王政委身患癌症，将不久于人世。在医院里，他拉着王继才的手说："继才啊，你干得很好！

我走了，你要把开山岛继续守好，我才能放心！把岛守好，也算我们对后人有个交代了。"王继才本想提下岛的事情，可话到嘴边，又咽了回去。他说："请您放心！"几天后，王政委去世。王继才下定决心：我要永远守在开山岛，守到守不动为止！"岛上必须得有人去守，我答应了领导，答应了就要做到。"他说。这是一种敬业，也是一种诚信。

在岛上，我曾碰到过一个女老板，专程来向王继才致谢，得知王继才已经去世，大哭一场。她说，20年前生活困难，自己在海上捞虾皮补贴家用，突然肠胃穿孔大出血，又不巧赶上了台风。王继才划船把自己送到了医院，才捡回了一条命。"王继才！王继才！"一天午饭后，王继才巡逻到开山岛的瞭望塔时，突然听到急切的呼叫声，于是迅速往山脚跑。一条渔船正向码头靠近，船老大焦急地说："孩子肚子疼得厉害！"王继才迅速抱来一个小木箱，里面有常用药和应急药30多种，全是王继才夫妇掏腰包买的，为自己，也为别人。还有一次，渔民黄小国路过开山岛时发动机没了油，于是把艇靠向码头，烈日高温下，用桶加油，不慎引起大火，随时都有爆炸的危险。王继才抱来自己的两床被子，往海水里一滚，盖在发动机上把火扑灭，救了人，保了艇。开山岛的东边是砚台石，西边有大狮、小狮二礁和船山。这四盏灯王继才每天都要看，因为它们照着四面八方来岛的船。只要海上起大雾，王继才就拿起脸盆站在崖上使劲地敲，循着"咣咣"的响声，渔民就能辨得出船的航行方位。"那是救命的声音！""晚上出海时，王继才还会亮起信号灯，让我们看清航道。"渔民陈玉兵说。向素昧平生的陌生人施以援手，源于最单纯、最质朴的真心。这是对人的友善，是一种大爱。王继才夫妇用善良和纯朴，温暖了这片海。

为人子，为人父，王继才觉得最亏欠的就是家人。守岛期间，王继才的父母先后病重离世，他都没能守在身边。母亲生前常对他说："你为国家守岛，做的是大事。你不在妈身边，妈不怨你。"女儿王苏结婚前，王继才答应一定亲自送她。可婚礼当天，父亲迟迟没有来。王苏化了5次妆都被泪水打湿，进礼堂时，她一步三回头，说："我走得慢点，或许我爸就能赶上了。"她知道，父亲想来，但岛上没人值守。

"子要尽孝，父要尽责。但我的家人都理解，忠是最大的孝和责。"王继才说。在他心中，开山岛虽小，却关系国家尊严。王继才的二舅，是新四军的一名战士，曾经在岛上与日本侵略者进行过战斗，目睹过当年日本进犯连云港的往事。去世前他告诉王继才："每个人心中都有一盏灯，灯照多远就能走多远。灯不灭、人不死，这个灯就是一种信仰。"在守岛和个人生活之间、在国家和小家之间，王继才选择了把一生投入到守家卫国的大义之中。有人说，和平年代，没有再守岛的必要。但王继才经历的一个个故事告诉我们：不守岛，就无法进行海上救援和天象观测；不守岛，犯罪分子就会虎视眈眈，"黄赌毒"就容易聚集。王继才坚守的，不只是一片小岛，还是民族的深情与祖国的大义；王继才搏斗的，不只是自然的艰险，更是这个时代可能发生的信念萎靡和精神滑坡。他用一个民的本分，完成了兵的责任。

爱国奉献：新时代奋斗者的精神底色

习近平对王继才同志先进事迹作出重要指示

2018 年 8 月，习近平总书记对王继才同志先进事迹作出重要指示强调："王继才同志守岛卫国 32 年，用无怨无悔的坚守和付出，在平凡的岗位上书写了不平凡的人生华章。我们要大力倡导这种爱国奉献精神，使之成为新时代奋斗者的价值追求。"2019 年新年贺词中，习近平总书记指出："此时此刻，我特别要提到一些闪亮的名字。今年，天上多了颗'南仁东星'，全军英模挂像里多了林俊德和张超两位同志。我们要记住守岛卫国 32 年的王继才同志，为保护试验平台挺身而出、壮烈牺牲的黄群、宋月才、姜开斌同志，以及其他为国为民捐躯的英雄们。他们是新时代最可爱的人，永远值得我们怀念和学习。"2019 年 4 月 30 日，习近平总书记在纪念五四运动 100 周年大会上的讲话中指出，守岛 32 年的王继才第一次登上开山岛时是 26 岁，这样的青年英杰数不胜数。要让青年英雄成为驱动中华民族加速迈向伟大复兴的蓬勃力量！

　　爱国奉献，是中华民族世世代代自强不息的精神财富、力量源泉。爱国奉献，不只是一种情怀，更表现为理想的坚持与责任的担当，应当成为新时代奋斗者的精神底色。千百年来，一代代中华儿女立足本职岗位，弘扬爱国奉献精神，不讲条件、不求回报、不惜代价，甘愿付出汗水、心血乃至生命，把祖国建设得日益繁荣昌盛。建功新时代、担当新使命，同样离不开爱国奉献精神。王继才守岛卫国的先进事迹启示我们：只有以国家安全、人民幸福为己任，激扬爱国志，奉献新时代，才能使奋斗的价值得到升华，人生的意义超越小我。

　　渠清如许，必有源头活水。中华民族历经磨难、意志弥坚。正是因为有许许多多像王继才一样舍小家为大家的平凡人，在平凡岗位上执着坚守与奋斗，我们的事业才能欣欣向荣。"我们从古以来，就有埋头苦干的人，有拼命硬干的人，有为民请命的人，有舍身求法的人……这就是中国的脊梁。"在《中国人失掉自信力了吗》一文中，鲁迅如是写道。王继才的背后，是亿万国人不曾忘记的远大理想和崇高追求，不曾抛弃的对党和人民、对组织、对集体、对岗位的忠诚和热爱之心，不曾放下的对真善美始终不变的期盼。

　　"一个有希望的民族不能没有英雄，一个有前途的国家不能没有先锋。"弘扬王继才守岛精神，有助于营造良好的社会风尚，有助于从整体上提升全社会的道德水准，有助于使公民自觉将社会主义核心价值观内化于心、外化于行。今天，作为一名共产党员，我们应当怎样继承和弘扬王继才守岛精神？岁月静好、海晏河清，不是天上掉下来的，而是有一大批优秀共产党员在前面为我们遮风挡雨。既然享受了别人带来的岁月静好，就要自觉承担起相应的义务。习近平总书记指出："衡量一名共产党员、一名领导干部是否具有共产主义远大理想，是有客观标准的，那就要看他能否坚持全心全意为人民服务的根本宗旨，能否吃苦在前、享受在后，能否勤奋工作、廉洁奉公，能否为理想而奋不顾身去拼搏、去奋斗、去献出自己的全部精力乃至生命。"

　　如果在每个群体里，共产党员都能切实发挥先锋模范作用，那么将会带动多少人民群众！如此，我们的国家才能更强大。人民有信仰，国家有力量，民族有希望！

（演讲地点：江苏省灌云县开山岛）

现场问答
XIANCHANG WENDA

提问：对于当代奋斗者来说，除了爱国奉献这种精神之外，还需要哪些优秀品质？

郑晋鸣：信仰，是英雄身上的共同点。一个没有信仰、没有事业心的人，永远成不了英雄。有信仰，有信念，同时先人后己、舍得献身，把困难和危险留给自己，把幸福和安宁留给别人。有人碰到了生死关头，有人碰到了利益取舍。不同的机遇，造就了不同的英雄。英雄没有大小，平凡就是伟大。"一个人做一件好事并不难，难的是一辈子做好事。"英雄与别人不同的是，可以一辈子做好一件事。王继才守岛看似平凡，却在平凡的岗位上书写了不平凡的人生华章。

提问：每个人，都有自己的开山岛，都有自己的责任担当。在日常工作和生活中，如何让爱国奉献精神成为价值追求？

郑晋鸣：每个人都做好分内之事，这是一种和谐与和平，也是社会主义核心价值观的要义。作为一个普通人，如何坚持爱国奉献的价值取向？最基本的，是把本职工作做好，经营好自己的小家。现在的不少年轻人比较浮躁，这山望着那山高，缺乏应有的坚守。其实，没有一个地方缺少领导，缺少的都是基层工作人员，缺少的都是实干精神。到基层去，到祖国最需要的地方去，到火热的生活中锻炼提升自己，方能更深地感受到坚守和担当的幸福。

筑起守护生命的万里长城

王向明

　　王向明，中国人民大学学习近平新时代中国特色社会主义思想研究院副院长、教授，马克思主义理论研究和建设工程课题组主要成员，教育部党的十九大"百人宣讲团"正式成员，团中央全国大学生骨干培训学校导师，教育部全国高校政治理论课"精彩一课"教学示范专家。曾获"首届全国高校百名政治理论课优秀教师""全国'三育人'先进个人"、第五届全国自强模范等荣誉称号。

　　为人类福利而劳动，这是一种伟大的人文精神，也是一种伟大的价值追求。而医学，毫无疑问，正是这样一种最能为人类福利而劳动的职业。所谓"健康所系、生命相托"，有什么是比生命和健康还要重要的人类福利呢？

2014 年 2 月 24 日，十八届中央政治局组织了第十三次集体学习，主题是"培育和弘扬社会主义核心价值观、弘扬中华传统美德"。习近平总书记在讲话当中说了一句形象生动的话："使核心价值观的影响像空气一样无所不在、无时不有。"党的十九大报告更是从文化自信的高度进一步强调，要坚持社会主义核心价值体系，要培育和践行社会主义核心价值观，更好构筑中国精神、中国价值、中国力量，为人民提供精神指引。

在这样的大的背景下，我今天的讲座，有两个关键词："人文精神"和"核心价值观"。这不是两个抽象空洞的词，而是非常真实的存在。

为人类福利而劳动

我首先从一个真实的故事说起。

有一张曾经刷爆朋友圈的照片：一位疲惫的外科大夫和衣躺在医院病房的走廊里。照片的主人公叫梁益建，是成都市第三人民医院一名年轻的骨科医生。而与之关联的另一位故事里的人物，是一位姓曾的年轻女孩。这位姑娘年幼时不幸患上了重度脊柱畸形。她脊柱侧弯，已经压迫到她的内脏，影响到她的生命。

这位姑娘的母亲曾带着她到处求医，但由于重度脊柱畸形属于手术禁忌，一直没有哪个医院敢于收治，直至遇到了梁大夫。梁大夫不是不知道风险，他在后来接受采访时说过一段话："重度脊柱畸形是手术的禁忌，死亡和瘫痪的风险巨大。如果手术过程中她不幸死亡或者瘫痪了，假如她家人质问我：这个手术是禁忌，你为什么要做？我是没有办法的。"这就是人性。如果手术顺利，当然医患双方皆大欢喜，但如果出现意外，梁医生就得负起全部责任！

　　但面对这个不幸的花季少女，想到如果放弃治疗，她最后的结局只能是死亡，梁大夫最终选择了把这份重压放在自己的肩上，以最大的努力去换取患者的一线生机。自称"小医生"的梁大夫并不鲁莽，他为手术做了精心的准备。为了降低手术的风险，梁益建将手术分解成 4 次大手术与几十次小手术，手术全部做完需 8 个多月之久。这 8 个多月是多么艰难，其中出现过无数状况，任何一次都可能是生命的危险。每次手术，梁大夫都需要站立几个小时，甚至 10 个小时，体力脑力的付出都达到了极限。这位姑娘的身体情况极其恶劣，为了随时应对突发情况，梁大夫甚至在医院旁边自费租了一个小房子，确保 5 分钟内便能赶到医院。有的时候实在太疲劳了，甚至就在手术室外和衣而眠。辛勤的汗水和精湛的医术，最终换来了这位姑娘的健康。

　　把一个濒临死亡绝境的孩子变成一个阳光漂亮的女孩，彻底地改变了她的命运和她整个家庭的命运。看到这位姑娘康复后那么美好的样子，我不禁热泪盈眶。这是完完全全的脱胎换骨，鬼斧神工！这是实实在在的"再造之恩"！

　　为什么几乎全世界都没人敢做的手术，梁益建敢做？甚至不惜拼上自己的全部前途也要做？这让我想起了 1835 年年仅 17 岁的马克思，在他的高中毕业论文《青年在选择职业时的考虑》中的一段充满激情的话。他说，如果我们选择了最能为人类福利而劳动的职业，那么，"重担就不能把我们压倒，因为这是为大家作出的牺牲；那时我们所享受的就不是可怜的、有限的、自私的乐趣，我们的幸福将属于千百万人，我们的事业将悄然无声地存在下去，但是它会永远发挥作用，而面对我们的骨灰，高尚的人们将洒下热泪。"

国家勋章和国家荣誉称号颁授仪式在京举行

　　这是马克思的选择，也是千千万万像梁大夫这样的医务工作者的选择。从 2008 年到现在，有 3000 多位患者在梁大夫的手下挺直脊梁，这份业绩甚至令许多发达国家的同行都难以想象。最权威的世界级医学杂志发表了梁大夫的论文，同行公认他把对重度脊柱畸形治疗技艺推到了非常高的水平，甚至是创造了一座难以逾越的珠穆朗玛峰。2017 年梁益建荣获"感动中国十大人物"。

我想，为人类福利而劳动，这是一种伟大的人文精神，也是一种伟大的价值追求。而医学，毫无疑问，正是这样一种最能为人类福利而劳动的职业。所谓"健康所系、生命相托"，有什么是比生命和健康还要重要的人类福利呢？但在这一职业的背后，每一个医务工作者承受了多少压力、辛劳、风险、委屈，有过多少汗水、泪水，付出了多少健康乃至生命的代价……今

誓为祖国医药卫生事业的发展和人类身心健康奋斗终生
（新华社发　冯开华／摄）

天北京儿童医院各位大夫们，门诊量每天超过一万人次，这种辛劳是每一个医学从业者都能感同身受的，但又不是每一个世人都能理解的。我们为什么仍然坚守、奉献、牺牲？我想在它的背后有两个关键词——"人文精神""核心价值观"，它们是医学实践的生动写照。正是千千万万像梁益建那样的医务工作者以自己的操守和技能，为人类筑起了一道守护生命和健康的万里长城！

用璀璨的人文之光照亮医学

我们说，医学是和人文科学相统一的一种特殊的科学。什么叫作"人文精神"？广义地说，就是对人的价值、人的尊严、人的核心利益、人的命运的维护、追求和关切。它强调人文与科学的相容与相融，终极目标是人的自由和解放。马克思主义把共产主义的最终理想定义为"每一个人自由而全面的发展"，就是人文精神的极致追求。

医学所具有的特性，恰恰就是它本身所具有的自然科学与人文科学的双

重属性。这是因为，医学探究的对象，不仅是具有生物学性质的"人体"，更是生活在一定的社会环境中的，有思想、有情感、有心理活动的人。简单地说，人实际上是"形"——生物形体，"神"——精神、心理，"居"——社会环境，三者有机统一的、互相作用的统一体。

中国在远古时期就意识到医学的特殊性，传统的中医学非常注重人文和自然的结合，就是把人作为"形""神""居"三者的统一体来研究的。古老的《黄帝内经》中的《灵枢·经脉》说："人始生，先成精，精成而脑髓生。"《素问·上古天真论》也认为，人之泰然长寿，应该是"形与神俱"。同时，人又生息于天地之间，不可避免地受到周围环境的影响。古老的中医学从来都是把人置于自然、社会环境的变化中，来分析考察其机能状态，并结合环境变化诸因素，来进行预防、诊断、治疗等一系列医学实践活动的。

正因为医学和人文特殊的关系，在医学过程当中，对每一个医务工作者都提出了非常高的人文要求。在中国古代，可以说传统医学对医者的要求从来就不仅仅是技艺的要求，更有道德方面的严格标准。古人说，"医为仁者，医乃仁术"；医文不分，"不为良相，便为良医"。

历代的名医大家无不是医德楷模。唐代医家孙思邈写就重要医德文献《大医精诚》，里面很多论述，我们今天读来依然非常亲切，依然是描述得非常精准、深刻。比如，孙思邈提出医者治病必须"先发大慈恻隐之心，誓愿普救含灵之苦"，对所有患者都要"普同一等，皆如至亲之想"。在治病过程当中，不得"瞻前顾后，自虑吉凶，护惜身命"。我们前面讲到的梁益建，和中国古代的医德大贤完全是同出一辙。

我想学医的朋友都知道，中医有一个别称叫"杏林"。为什么？古代名医董奉治病的时候怀着"大慈恻隐之心"，特别是为穷人治病常常是分文不取，还送医送药。很多病人要感谢董奉，他当然坚决不收。但是病人一片真心，最后董奉就说："你们实在要感谢我，就在我的房前屋后种一棵杏树吧。"多年以后，董奉房前屋后已是杏林成荫。今天我们把中医别称为"杏林"，就是来源于此。

随着人类文明的进步，人们对医学所具有的人文属性日渐认识深刻。

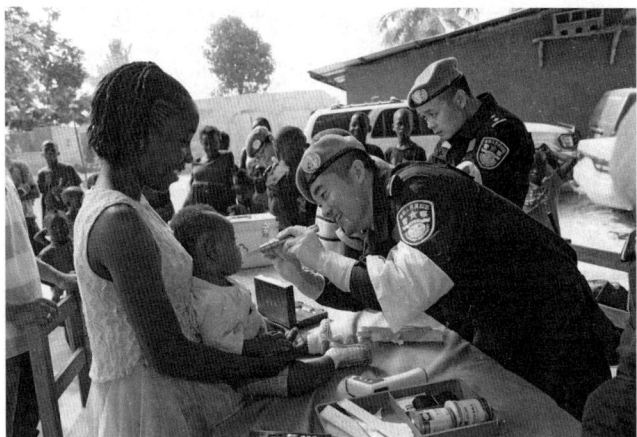

中国驻利比里亚维和部队医护人员在社区孤儿院进行义诊
（新华社发　赵小新/摄）

1948 年，《世界卫生组织宪章》通过了关于健康的定义：健康不只是没有疾病和衰弱现象，而是躯体上、心理上和社会上的完满适应状态。这一全新的健康概念，实际上是明确提出了心身一元的问题。正是在这样一种理念的引领下，20 世纪 60 年代以来，西方医学模式也发生了革命性的变革，即由传统的生物医学模式转变为现代的"生物—心理—社会"医学模式。非常有意思的是，这种现代医学模式其实和中国中医学有一种奇异的吻合。

这种新医学模式，对每一个当代医务工作者都提出了更高的要求。一个合格的医务工作者，不仅要有精湛的医学技艺，更要有博大的人文情怀，良好的医德风尚，善解人意的沟通能力，敏感细致的心理感受，温暖良正的人格形象。只有这样，我们才能够用璀璨的人文之光照亮医学发展的现实和未来之路。

让社会主义核心价值观成为人生的航标

接下来我想说一说核心价值观了，就是今天的第二个关键词。我们首先要辨析清楚三个基本概念：价值、价值观、核心价值观。什么叫价值？"价值"是一个哲学概念，它是指客体对主体的某种需要的满足。什么意思呢？这是一块手表，对于我来说，它是一个客体，我是主体。能不能满足我的某种需要呢？能，它可以计时。这就叫价值。价值本身是客观的。

什么又叫价值观呢？这块表能够满足我的需要，所以它有价值。但是，我从主观上认不认为这个表对我有价值呢？这就是我的观念了，这就是价值观了。价值观是价值关系在人们头脑中的反映。我们做任何行为的时候，我们通常都是在事实判断的基础之上，由价值判断来决定的。

什么叫作核心价值观？一个社会上存在着很多不同的价值观，这是一种客观现象，不能强求说一个社会、一个国家、一个民族所有的价值观都一样。可是，大家想一想，需不需要，至少有那么几个、十几个价值趋向是这个社会的绝大多数成员都必须认同，都必须遵从、践履的？我想答案是肯定的。这样一个被社会大多数成员所遵从、践履的价值观，我们就叫作核心价值观。古往今来，任何一个社会必然在历史发展中形成一定的核心价值观，成为维护社会稳定和发展的文化根基。

中国特色社会主义进入新时代，我们这样一个有着将近14亿人口、56个民族的发展中大国，要想建成富强民主文明和谐美丽的社会主义现代化强国，实现中华民族伟大复兴，我们需要一种全国人民都遵从、践履和推崇的价值观，这就是社会主义核心价值观。

习近平：以劳动托起中国梦

2006年党的十六届六中全会，第一次提出了建设社会主义核心价值体系。在这个基础上，我们进一步提出来要凝练社会主义核心价值观。党的十八大第一次把它概括为"三个倡导"，从而在全社会形成了关于建设什么样的国家、建设什么样的社会、培育什么样的公民的强大共识。在党的十九大报告中，习近平总书记指出：人民有信仰，国家有力量，民族有希望。对于社会主义核心价值观，我们不能只是把它当作口号、当作概念，而是要真正把社会主义核心价值观上升为一种信仰。什么叫作信仰？信仰是一个人对某种理论、某种事物、某种实践，具有一种深信不疑的精神状态。我们要把社会主义核心价值观24个字内化于心，真正成为行动的指南和内心的信仰，这样我们就一定能够在未来的征程当中战胜一切。

我们自己，特别是作为医务工作者要怎样来践行核心价值观呢？我从一个角度重点谈一谈，就是用中华优秀传统文化来濡养自身。

这里，我要说一下，社会主义和中华传统文化有着深厚的渊源。"社会主义"这个词不是中国固有的，它是外来语。最早创造它的是法国的空想社会主义者圣西门，他当时用了两个词把它组合起来，一个是"社会"，一个是"主义"，构成一个复合词叫"社会主义"。这个词的词根"社会"，是从古拉丁语翻译过来的，原意是共享与联合。我说到这里，大家就明白了。社会主义是注重多数人的，它是特别关注天下的，而中华文化的传承当中，自古以来就有着这种共享与联合的传统。孔子的社会理想是天下大同，孟子的社会理想是"老吾老，以及人之老；幼吾幼，以及人之幼"，墨子的社会理想是"兼相爱"，"爱无差等"，四海之内皆兄弟。在这些社会理想当中，都蕴含着共享与联合的精神追求。中国过去的知识分子、士大夫们，多少是有天下情怀的，所以我们才有了像范仲淹那样的"先天下之忧而忧，后天下之乐而乐"的宽广胸怀，才有了像文天祥那样的"人生自古谁无死，留取丹心照汗青"的豪迈，才有了"国家兴亡，匹夫有责"的千年古训，才有了无数的像谭嗣同那样的"我以我血荐轩辕"的仁人志士。

我们今天的社会主义道路是一百年来的选择，但这个选择和中华传统文化的内核有着高度的契合。所以从这个意义上讲，我们今天立足中华优秀传统文化，哪些是可以为我们汲取的？

首先，是刚健有为的民族品格。我们要建成富强民主文明和谐美丽的社会主义现代化强国，要实现中华民族伟大复兴的中国梦，这是中华民族内在的民族品格的必然体现。《易经》讲"天行健，君子以自强不息；地势坤，君子以厚德载物"，这是我们这个民族内在的民族品格。中华民族伟大复兴，不仅仅是一个口号或者是一种期盼，它是中华民族内在力量的必然表达。

简单跟大家分享一下这八个字："自强不息，厚德载物"。我们不应仅仅把它当作一种所谓的道德要求或者教化要求，你不自强不息，你不奋发，你不努力，你就不可能有为。你有为了，你获得很多东西，名呀、利呀，但是这些东西需要一个东西来承载。什么来承载？厚德。我觉得中国古人太有智慧了，比如很多人得到很多东西，名呀、利呀，但是假如没有厚德做承载，得到的东西越多，重量越重，可能垮得越快。这是中华传统文化当中，我们值得永远汲取的价值。

第二方面，就是要发扬敏而善思的学习精神。中华民族是一个特别善于学习的民族。《论语》开篇，第一句话就是"学而时习之，不亦说乎？"而且，孔子要求我们学习要有三种境界，"知之者不如好之者，好之者不如乐之者"。这句话习近平总书记在讲话中还专门作了引用。在讲到我们怎么学习的时候，他特别强调，学习千万不能画地为牢。什么意思？有些同志学习的时候，自觉不自觉先问一句，有用吗？认为有用就学，认为好像不太有用，就不学。其实这是不对的。习近平总书记讲，古人讲"知之者不如好之者，好之者不如乐之者"，我们都要做"乐之者"。怎么做"乐之者"，习近平总书记提了两个要求：第一，要有强烈的学习兴趣，兴趣是学习最好的老师；第二，要善于学习，乐于学习，要把学习当成一种健康的生活方式。

讲到学习，我要特别说一句。中国人是"龙"的传人，我们把龙作为我们的图腾。大家知道，龙本来是自然界没有的，是我们的先人把它创造出来的。这条龙，什么样子？它是蛇身，有鱼鳞片、鹰爪、鹿角、马脸、牛头、豹眼、鳄鱼嘴，于是龙就有了蛇的灵变、鱼的遨游、鹰的锐利、鹿的敏捷、牛的力量、马的速度，最后我们生生造出了一个海陆空的三栖动物来。这种动物的出世，它是学习的产物。把各种动物的优点汇于一身，就成为龙了。

第三方面，是心系人民的天下情怀。中华传统文化的一个核心概念是"仁"，什么叫仁？许慎在《说文解字》中讲，"仁，亲也"。仁是一种亲爱之心、亲爱之情。"仁"这个字怎么写？从人从二，一个单立人，一个"二"字。这就说明，你要有亲爱之心、亲爱之情，必须至少在两个人以上的社会关系当中，这样你才能够表达你的仁心、仁爱。作为医生，我们的仁心、我们的仁爱是要在医患关系中来表达的，它不是自己认为我是仁心、我是仁人。所以，《论语》中孔子的学生樊迟问他，什么是"仁"，子曰"爱人"。我们前面讲的"先天下之忧而忧，后天下之乐而乐"，就是一种宽广的天下情怀。

另外，我觉得中华文化还给我们很多做人的启示，比如说谦和仁厚的为人品格，"医乃仁术"，"仁者寿"。在这里，我想特别说一下，在今天这样一个市场经济的条件下，面对各种诱惑，我们的古人坚守的价值也给我们带来启示，那就是以义为先的廉洁风范。孔子讲，"君子喻于义，小人喻于利"。这句话我们不能理解偏了，以为我们是君子所以不能言利。在市场经济条件下，要发展经济当然要言利。孔子这句话的本意是，当义和利发生冲突的时候，君子一定是取义舍利，小人则见利忘义。有一句话，大家很熟悉，"君子爱财，取之有道"。孔子说，"富与贵，是人之所欲也；不以其道得之，不处也"。我想这应该成为我们基本的道德底线，一种最基本的道德追求。

在社会主义核心价值观当中，我们直接吸取了中华传统文化很多优秀的东西，比如说诚信、友善。一诺千金的诚信追求是中华民族内在的品格和追求，古人讲"人而无信，不知其可也"，讲"信近于义，言可复也"，要求每个人做到"言必信，行必果"。这些都是非常值得我们学习的。

我还想说一说，中国古人特别注重身体健康，强调要有不畏辛劳的强健体魄，这对于我们大夫来说太重要了。医生的工作很辛苦，我们不但要去保证病人的健康，也要尽量维护自己的健康。怎么维护？古人有很多方法，比如讲"阴平阳秘，精神乃治"，阴阳调和。讲"恬淡虚无"，心境的平和。讲"正气内存，邪不可干"，用现代医学的说法来讲，就是想方设法提高我们的免疫力。同时古人讲，我们治病，"夫上工不治已病，治未病"。注重预防，要前瞻性地走在前面。

最后，作为今天的总结，我引用一个中华传统文化的关键词："知行合一"。《大学》开篇有一段话："大学之道，在明明德，在亲民，在止于至善。"什么叫"明明德"？第一个"明"作为动词讲，"明明德"就是一个学习的过程。学了干什么？"在亲民"，这是一个行的过程。知行合一，而且这个过程永无止境。我愿和大家共勉，通过不断的学习，把社会主义核心价值观不断践行，成为我们人生之旅的一个理想的航标！

（演讲地点：北京儿童医院）

现场问答
XIANCHANG WENDA

提问：王教授您好，我是来自中医科的医生，刚才您提到传统医学和人文关怀之间的论述，让我们医生觉得非常深刻。能不能再用一点时间，具体谈一谈在日常的医学实践中如何去培育和践行社会主义核心价值观？

王向明：社会主义核心价值观是需要我们在具体的日常生活和工作当中、点滴之间去培育的。简单讲，第一，当作一种信仰，再通俗一点，你得信它，核心价值观提出来是有具体的要求的。你对这个价值观是不是内心当中有一种真正的情感、思想认同？所以我想这是第一位的，要成为思想上的一种信仰、一种信念。第二，我们怎么去实践它？这个没有所谓的一定之规。人的行为选择是受到社会环境影响的，更受到自己的价值观思维模式的支配，所以当你把它变成一种信仰，变成一种内化于心的、一种内在的东西的时候，我相信你在实践当中去做任何事情都不会有错。

我讲一个小故事。古时候有人求寿，后来有一个老道说，你每天做好事，把好事记下来，建立一个功德簿，好事点红点，坏事点黑点，做到三千件好事，你的寿延就长了。他就做一个功德簿，每天做一件好事，点一个红点，做的过程当中，他想不出那么多好事来了，做到大概几百件之后，他穷尽了。他惶惶不可终日，心想是不是今年就要寿终了。后来他再找这位道士解读的时候，这个道士告诉他，其实这些东西都是虚幻的。我当时给你讲的，无非让你作为一个好人去多做好事，当你每天都做好事，你的心念都是好的时候，你做任何事情都是好事，你不用记了，你做的何止三千件好事。我们在座的医务工作者，我们每天辛劳和付出，我们都是在践行社会主义核心价值观。

红色基因

长征永远在路上

刘　统

　　刘统，著名军史专家，上海交通大学人文学院历史系教授，大校军衔。
1998—2004 年曾任中国人民解放军军事科学院研究员。著有《北上——党中央
与张国焘斗争纪实》《东北解放战争纪实》《华东解放战争纪实》《中原解放战争
纪实》《中国的 1948 年》《亲历长征》《战上海》等广受好评的军史著作，作品
曾获第十五届精神文明建设"五个一工程"特别奖。

　　退休之后我到了大学，我开
始有机会去考察，我走到大渡河、
泸定桥、大雪山、草地。我坐着
车走过来都觉得那么艰难，然后
我想着红军当年是徒步一步一步
走的，那是一种什么精神？

非常高兴来到红军长征会师之地会宁跟大家分享长征精神。讲到长征，就想起毛泽东主席那首气势磅礴的《七律·长征》中的诗句："红军不怕远征难，万水千山只等闲。"

长征，不是一次轻松的旅行，而是一条历尽艰辛的求生之路，铸就了伟大的长征精神。今天，回顾长征历史，不禁感慨万千。了解历史后，我们会发现：没有天才，没有先知先觉。长征过程中，都是根据敌情，根据生存状况，一步步摸索前进的。重要的是，要能清醒地预估形势，作出良好的判断。那么，长征精神的真谛是什么，又有着哪些当代启示？我根据长征的历史事实谈谈自己的几点体会。

方向和路线是决定一切的

长征开始的时候没有一个人会想到要走二万五千里。1933 年 5 月，蒋介石坐镇南昌行营，组织指挥对中央苏区的第五次"围剿"。一方面，试图以军事进攻来消灭红军；另一方面，用各种方法摧毁中国共产党的组织及在民众中的影响。在这一思想指导下，国民党当局对中央苏区实行严密的经济封锁，断绝其与外界的联系。红军惯用的运动战和游击战法，一时很难奏效。

中央苏区领导博古、李德等，犯了"左"倾教条主义的错误，把苏联的一套正规化战略战术搬过来，"御敌于国门之外"，与对手硬碰硬，打正规战、阵地战。这显然是不切实际的——10 万装备低劣的红军，面对 50 万装备精良的国民党"中央军"，要想打赢谈何容易？毛泽东将其喻为"叫花子和龙王比宝"。在严峻的形势下，李德部署红军在交通要道、隘口等地构筑碉堡，处处设防，并结合"短促突击"来抵御进攻。在这种错误战略的指导下，虽然红军打得非常顽强，但并未阻止国民党军队的进攻，反而使自己遭受了重大损失，阵地越来越小，伤亡越来越大。

例如 1934 年 4 月的广昌保卫战，历时 18 天，红军伤亡 5500 余人。这是一次典型的阵地战、消耗战。仅有几十个县的中央苏区，已经进行过四次反"围剿"作战，经济到了崩溃边缘。在兵员征集、财政储备、枪支弹药等方面，都无法支持战争继续下去。在此

位于江西省于都县的中央红军长征出发纪念碑

（光明图片　方名荣/摄）

形势下，红军的战略转移势在必行。1934 年 9 月下旬，蒋介石在庐山召开军事会议，制订了彻底消灭中央苏区的"铁桶计划"。这个计划，以绝密情报的方式，于 10 月 7 日送达江西瑞金。10 月 10 日，中央红军五个军团和中央、军委机关及直属部队编成的两个纵队从瑞金出发，开始了战略转移。

长征开始后，是走一步看一步的。最初的想法很简单，就是跳出江西包围圈到湘西去和贺龙、萧克部队会合。此时的行军像大搬家，坛坛罐罐都带上，队伍慢吞吞地向西移动。这么笨重的队伍，有时一天只走二三十里地。红军首先要突破敌人的四道封锁线。到了广西抢渡湘江时，红军遭遇敌军夹击，浴血奋战，损失惨重。红军以饥饿疲惫之师苦战 5 昼夜，终于突破敌军重兵设防的第四道防线。渡过湘江后，中央红军和中央机关人员由长征出发时的 8.6 万余人锐减至 3 万余人。毛泽东忧心如焚，与张闻天、王稼祥商量怎么挽救红军，在通道会议、黎平会议上，与博古、李德作了充分斗争。大家认为，向西走突出重围，红军才有活路。就这样，去了遵义。

遵义会议总结了反"围剿"失败的教训，结束了"左"倾教条主义错误在中央的统治，确立了以毛泽东为代表的马克思主义的正确路线在中共中央的领导地位，是中国共产党历史上一个生死攸关的转折点。遵义会议之后，

红军该向何处去？一路上，到处都是敌人，危险无处不在。在敌强我弱的情况下，红军靠的是机动灵活的战略战术。"有什么枪打什么仗，对什么敌人打什么仗，在什么时间地点打什么时间地点的仗。"这就有了著名的四渡赤水。

利用这条赤水河，绕来绕去，避开敌人的主力包围，在夹缝里求生存，不断创造战机，变被动为主动。"四渡赤水出奇兵，毛主席用兵真如神。"最终，我们取得遵义战役的胜利，并摆脱了优势敌军的追堵拦截，北渡金沙江，取得了战略转移中具有决定意义的胜利。

即便取得了胜利，红军当时在云南、贵州的大山里也走得筋疲力尽，急需休整。但中央红军在毛泽东等正确领导下，以顽强的战斗意志强渡大渡河、飞夺泸定桥、翻越终年积雪的夹金山，1935 年 6 月与红四方面军在四川懋功会师，大家沉浸在喜悦之中。

然而，会师之后，张国焘反对中央确定的北上战略方针，主张南下，并提出"统一指挥"和"组织问题"有待解决，故意延宕。中央同张国焘的错误主张进行了坚决斗争。其间，消耗了当地的粮食，部队处于饥饿之中。这时，毛泽东提出一个方案，宁可让出总政委，不能让出总书记。1935 年 7 月 18 日，中央决定改组红军的最高领导机构，张国焘担任了总政委，权力欲望得到了满足。接下来，红军该往哪里走？最初的想法，是打开松潘城，顺着九寨沟那条路走进川陕通道。

但是由于张国焘的拖延，原定的松潘战役计划因敌情变化不能实现，红军不得不改道经自然条件极为恶劣的草地北上，就要过若尔盖大草原。若尔盖大草原，蒋介石料定是死亡之地，根本过不去。

毛泽东认为，草地人烟稀少、粮食短缺，10 万大军不便一起行动，而应该兵分两路。中央以及红一方面军的第一、第三军和徐向前、陈昌浩指挥的红四方面军，组成右路军，从毛儿盖北上；朱德、刘伯承陪着张国焘，率领其余红一、红四方面军成员组成左路军，从阿坝北上。右路军过草地，经历了约七天七夜的死亡行军。毛泽东盼着张国焘率领左路军北上。张国焘一犹豫，阿坝一带突然天降暴雨，连续几天。张国焘决定南下。毛泽东一听，非常忧虑和愤怒。红四方面军随后南下，而且朱德、刘伯承和红一方面军的第五、第三十二军还被放在了张国焘的左路军。这时，张国焘有 9 万人，毛泽东只有 1 万人。毛泽东没有退路了，不惜一切代价，也得带着队伍北上。红一方面军历尽千辛万苦，冲破腊子口，来到一个陇南小镇哈达铺。在饿得皮包骨头时，终于有饭吃了；几个月来终于也有了报纸可看。机会总是留给意志坚定的人，留给最有准备的人。在报纸上，红军看到了陕北苏区和刘志丹的消息。毛泽东当即整顿了队伍，并作了重要讲话。红一方面军振奋精神、一鼓作气，一路翻过六盘山，首先到达陕北，结束了长征。

　　而另一边，张国焘召开了"卓木碉会议"，另立"中央"。毛泽东后来总结出了一句话：我们的原则是党指挥枪，而决不容许枪指挥党。张国焘南下失败，陷入茫然和后悔，决定取消其另立的"中央"，等着红二方面军来，再一起北上会师。1936 年 7 月初，红二、红四方面军在西康甘孜会师。10 月 9 日，红一、红四方面军在甘肃会宁会师。红军长征胜利后，毛泽东意味深长地总结说，方向路线是至关重要的。方向路线对头，没有人可以有人，没有枪可以有枪。如果方向路线错误了，你有再大的力量也会失败的。

人活着应当有信仰、有精神

　　伟大的事业，从基础做起。从江西出发时，没有人想到长征要走二万五千里。中国共产党人、红军战士为什么能够克服常人难以想象的困难，完成长征的壮举？这离不开坚定的信仰、顽强的意志。为了革命胜利，为了解放劳苦大众，为了建立一个人民当家作主的新中国，他们不惜流血牺牲。

　　1951 年，中国人民解放军军事学院成立，许多高级将领来这里学习正规化的军事理论。讲课的，是原国民党高级将领，大都是留学回来，学养深厚。有位名叫聂凤智的中将，越听越不对劲儿。他说，如果都学这些理论，那么解放军与国民党有什么区别？然后，聂凤智为这些国民党教员上了一课。在他看来，中国人民解放军之所以能够胜利，主要得益于三条：第一，全军上下热爱祖国、热爱人民，一切从人民利益出发，一刻也不脱离人民。每名军人，都是自觉的无产阶级革命战士。这是军队属性。第二，提高军队本身的战斗力，保证一切命令坚决执行。大家都知道为谁而战，所以具有一往无前的大无畏精神，能够压倒敌人，不向敌人屈服。只要还有一个人，就要继续战斗下去。这是战斗作风。第三，巩固全军的内部团结，保证上下级之间、干部和战士之间、兄弟部队之间，以及军事、政治、后勤工作之间团结一致、共同对敌。这是团结属性。

许多战士，不是因为贫穷才来参军的，而是接受了良好的教育，有着崇高的革命理想。这些人，是长征中的骨干力量、精神榜样。过草地时，条件非常艰苦。寒冷的夜里，大家席地而坐，点着篝火度过了一个个漫漫长夜。湘籍女红军蔡畅，早年曾到法国、苏联留学，会讲法语，又善唱歌。大家围着篝火喊："蔡大姐唱一首"，蔡畅就用法语唱起《马赛曲》。黑暗的茫茫草地上，这些歌声为大家激励着士气，鼓舞着斗志。还有一位名叫徐特立的老红军，参加长征时50多岁，因年纪大被编入了休养连。休养连里都是伤病员、老人、小孩和妇女。组织上为他配了一匹马，但他不骑，而是让马驮着伤员和被褥。徐特立回忆说，休养连的战士们也是这样，小鬼们平时照看伤员，一到宿营地就到处找门板，找来供伤员躺在上面休息；女同志则赶紧去河边洗衣服，为伤员洗绷带。每一天的行军都让人筋疲力尽，但大家心里都先想着别人。

越是在艰苦的时代，人的灵魂反而越纯洁、越升华。这种精神，不仅感染了中国军民，也感染了外国友人，让他们愿意为革命提供帮助。萧克带着红六军团路过贵州黄平时，抓获了一位在瑞士出生的英国传教士勃沙特，误以为是特务，就押着他一起行军。勃沙特既懂法文，又懂中文。到了旧州镇，大家住在天主教堂内。萧克发现了一张法文版的贵州地图，如获至宝，请勃沙特帮忙翻译。勃沙特说："在昏暗的油灯之下，我看着萧克的那张面孔：他也是个20多岁的年轻人，为什么要带着队伍进行这样的长征，他一定是有理想的。这跟上帝助人是一样的理念。于是，我应该帮助他。"在一张小方桌前，勃沙特念着地名，萧克标注着汉字。工作了一个晚上，终于把地图翻译成了中文。正是靠着这张地图，萧克带领红二方面军走出了贵州。在与红军的朝夕相处中，勃沙特被红军战士勇敢坚强的精神深深感动。后来，勃沙特被释放回国，写了一本回忆录《神灵之手》。上世纪80年代，萧克发现了这本书，特意安排秘书翻译出版。萧克在序中写道，勃沙特是我们的朋友。

红军走到陕北时，遇到了张学良的军队。张学良的军队一看，红军队伍里又有老先生，又有留学生，这些人都不是因为要吃饭才来干革命的，觉得这些都是有"主义"的人。什么叫"主义"？就是革命的信念，没有坚定的革命信念，就走不完二万五千里长征。在长征过程中，我们真正感受到了红军的信仰和精神。

面对艰难困苦，要经得起考验

长征，是一场严峻考验，是一种向生命极限的挑战。在这场考验中，只要松一口气，就可能倒在地上爬不起来了。饥饿、寒冷、疲劳等，都没有使队伍垮掉。

飞夺泸定桥，是长征中的一场著名战役，发生在 1935 年 5 月 29 日。红军在强渡大渡河后，国民党的追兵紧追不舍，形势十分严峻。毛泽东、周恩来、朱德等人，当即作出了夺取泸定桥的指令。5 月 28 日，红四团接到红一军团命令，要于第二天夺取泸定桥，用最高的行军速度和坚决机动的手段，去完成这一光荣的任务。当时，走在最前面的先遣团，离泸定桥还有 120 公里，要在 20 多个小时内赶到，这个任务太难了。先遣团把多余的行李扔掉，带着干粮和枪支开始狂奔。当时没有公路，两岸都是大山，红军只能冒着大雨，沿着崎岖陡峭的羊肠小道，不顾一切地往前奔跑。摔倒了，就自己爬起来，一旦睡着了就掉队了。这时候，对岸川军在增援，打

《飞夺泸定桥》油画照片　　　　　　　　　　（新华社发）

着火把，说要和红军赛跑。然而一阵暴雨来了，川军受不了了，回村寨宿营了。红军却昼夜兼行，终于在 5 月 29 日凌晨 6 时许按时到达泸定桥西岸。飞夺泸定桥，一个"飞"字决定了红军的命运。狂奔这 240 里地抢下了时间，拿下了泸定桥。

站在泸定桥上，遥想当年红军的壮举，由衷地敬佩。现在，我们以正常的体格、充足的营养，在公路上走也要花费 5 天时间。当年，饥饿瘦弱的红军，却在 20 多个小时跑完了 240 里山路，这就是一种在关键时刻经得起考验的可贵品质。

今天的若尔盖草原绿草茵茵、一望无边、蓝天白云、风景如画。但在红军的回忆录里，没有一个人描写草地的风光，令他们难忘的都是湿地沼泽、饥饿严寒。在海拔 3000 多米的高原上，气候恶劣，没有帐篷，缺衣少粮，每夜的露宿都是一场生死考验，不断地有人冻死、饿死。没有取暖用具，他们就找一块稍微干燥的地方，背靠着背、顶着雨布挨到天明，有时还突然下起冰雹。在恶劣的环境下，红军战士以非凡的意志，走过了荒无人烟的大草地。

"古者富贵而名摩灭，不可胜记，唯倜傥非常之人称焉"，出自司马迁的《报任少卿书》，意思是虽富贵而名字磨灭不传的人多得数不清，只有那些卓异而不平常的人方能著称于世。受了苦难，反而激发起了斗志，这样才能成就事业。长征途中翻山越岭，靠的都是两条腿。红军战士不畏艰险、百折不挠，在各路大军的围追堵截之下夺取胜利。"艰难困苦，玉汝于成。"长征就是对革命战士的卓绝考验，经过了长征考验的战士和干部一定是最忠诚于党的事业、最可信任的人。

革命人永远是年轻

革命乐观主义精神，也是长征胜利的关键因素。红军长征的故事，是怎么流传出来的？红一方面军到了陕北，美国著名记者斯诺来采访，毛泽东号召干部们写回忆录为红军进行国际宣传，大家就写开回忆录了，这就是红军长征的原始记录。后来汇集成了一本书，叫《红军长征记》。

翻开这个回忆录，我豁然开朗。最强烈的感受是：革命人永远是年轻。那时的红军干部，大都是二三十岁的年轻人。他们写回忆录，没什么条条框框，内容非常生动，充满生活气息，把长征中的喜怒哀乐都写出来了，笔下并不都是挨轰炸、拼命赶路的艰难困苦，他们在长征中也有很多乐趣。"革命人永远是年轻，他好比大松树冬夏常青。他不怕风吹雨打，他不怕天寒地冻，他不摇也不动，永远挺立在山巅……"正如这歌词唱的一样，红军一路跋山涉水，善于在苦难中寻找乐趣。

例如，红军政治部干事彭家伦在回忆录中写道，红军突破第四道封锁线后，来到国统区的乌迳镇。经济封锁时期，严禁粮食、食盐、工业品等进入。两块钱，连一小口袋盐都买不到。如今，看到这里有饭馆、有集市，大家不禁兴高采烈。两名红军战士来到杂货店，发现两块钱可以买16斤盐，就高兴地用大麻袋扛了回去。还有一名战士，到杂货铺发现一个塑料瓶子，以为是牛奶，拿起来就喝，老板没拦住。结果他喝了一口墨汁儿，又和老板理论，让人哭笑不得。到了遵义，红军干部与当地百姓联欢，载歌载舞；到师范学校和学生们打篮球时，有些战士还说起了英语，让学生们很是吃惊。

这真是一群天真烂漫、乐观开朗的人！

1936年6月，斯诺来到陕甘宁苏区，写了大量通讯报道。采访过程中聊天和拍照时，斯诺发现，红军战士们的脸上都充满了阳光，充满了笑容，非常纯真淳朴，虽然衣衫褴褛，但眼睛里流露出一种坚毅的光芒。斯诺说：这种眼神我在上海、北平是看不到的。就说明这些共产党人虽然贫穷，虽然衣衫褴褛，但他们是不可战胜的。

一位元帅说过，判断一个连队能不能打仗，就看战士们是否朝气蓬勃，笑容满面，这就叫气势。今天我们看看自己，我们是否把今天的奋斗和事业当成一种乐趣，有没有红军这种朝气蓬勃的精神？我们在那些跨海大桥、高速铁路的建设者身上，看到他们在讲述自己的事业时，充满了豪情。这是改革者的形象，也是红军长征精神的延续。

外国人眼中的长征

讲述鲜活的历史，把长征精神传下去

史学工作者的第一任务，是恢复历史的本来面目。历史就像一个人，是立体的，有正面、有侧面、有反面，关键看你怎样记述。有人提倡"阴谋论"，把历史讲得耸人听闻。其实，这大都是带着成见，带着特殊需求去解读时所得出的结论，而非真正的历史。正确的做法，应该是对历史心存敬畏、深入研究，做到实事求是。

中国历史本身，是一部精彩的故事。《史记》之所以能成为经典，离不开破釜沉舟、鸿门宴、霸王别姬、卧薪尝胆、负荆请罪等一些脍炙人口的故事。具体到中国近现代史，中国共产党为何能够领导中国革命走向胜利，得益于以下几个重要特征：一是灌输革命的信念和意志。有了信念和意志，才能一路攻坚克难，为了大局奉献牺牲。二是支部建在连上。把党的组织抓到最基层，是从井冈山就开始的优良传统。三是有严格的组织纪律。从古田会议到延安整风，通过对党员干部的教育和培养，让大家攥成一个拳头，形成一股强大的力量。

生动鲜活的中国共产党历史，一定不能变成僵化的教条、枯燥的概念，不要讲得让听众昏昏欲睡，而要讲得引人入胜、入脑入心。退休之后我到了大学，我开始有机会去考察，我走到大渡河、泸定桥、大雪山、草地。我坐着车走过来都觉得那么艰难，然后我想着红军当年是徒步一步一步走的，那是一种什么精神？有了这种实地感受，我对红军长征更加产生了兴趣。中国革命的故事这么生动、这么曲折，这么多故事，我们为什么不写下来呢？要是光给你历史教材，背一些时间地点，红军哪年哪月到的哪儿，那有什么意思？

你真正把这些故事讲出来了，人们就能真正体会到红军长征的那种不容易了。这些个细节才是最感人的。我从来都认为，把中国革命艰难曲折的过程，甚至流血牺牲的教训讲出来，非但不会降低党的威信，反而会让我们真切地感受到革命的不容易，从而对英雄们肃然起敬。作为科研人员，应当努力增强党史的生命力。研究党史、军史，有做不完的题目，也有无限的乐趣。更重要的是，有一份沉甸甸的责任：把革命前辈的故事记下来，把长征精神一代代传下去。

长征的胜利，开创了中国革命的新局面。毛泽东在《论反对日本帝国主义的策略》中评价道："长征是历史纪录上的第一次，长征是宣言书，长征是宣传队，长征是播种机。"长征，不仅是中国革命史上的辉煌篇章，也是中华民族的宝贵精神遗产。实现"两个一百年"奋斗目标、实现中华民族伟大复兴的中国梦是长期而艰巨的伟大事业，需要各行各业齐心协力。坚定理想信念、实事求是、艰苦奋斗、精诚团结、运筹帷幄、随机应变的长征精神和智慧，在今天这个时代下，仍将继续熠熠闪光，给我们建设伟大事业以力量！

纪念红军长征胜利 80 周年大会在京举行

（演讲地点：甘肃省会宁县）

现场问答
XIANCHANG WENDA

提问：新时代条件下，如何看待会宁会师的地位和作用？

刘统：首先，中国革命力量原来是相对分散的。经过长征，红军三大主力走到一起，中国革命增强了合力。其次，会宁会师是红军长征胜利结束的重要标志之一。此后，中国革命走向全民族抗日战争的历史新时期，并最终取得了解放战争的胜利。

提问：今天，我们应当怎样坚定理想信念，继承和弘扬长征精神？

刘统：长征精神，是最可宝贵的精神财富。读万卷书，行万里路。许多人了解和研究长征，习惯停留在文字层面，比如读史料、查档案等。如果有机会，还是应当重走长征路。站在赤水河边、雪山脚下，才能对长征有更直观、更真切的感受，理解中国革命的艰难曲折。继承和弘扬长征精神，不是简单机械地去"自讨苦吃"，而是要把它作为一种思路和智慧，运用到生活、工作和学习中去，化成自己的不竭动力，为改革开放添砖加瓦！

留住丰碑后的故事

金春燮

金春燮，全国"时代楷模"，吉林省延边朝鲜族自治州汪清县关工委主任。1969年入伍，退伍后到汪清县工作，先后担任乡党委书记、县委组织部部长、县委副书记、县人大常委会副主任等职务，2005年任汪清县关工委主任。十余年间，坚持为革命英烈树碑立传。曾获得"最美奋斗者""全国模范退役军人""全国关心下一代先进工作者""全国离退休干部先进个人""吉林省优秀共产党员"及吉林省委、省政府、省军区联合授予的"弘扬抗战精神的楷模"等荣誉称号。

当时我就暗下决心，一定要为这位抗战英烈、民族英雄立碑建陵，一定要让后人了解和铭记这些难忘厚重的红色记忆，决不能让历史在我们这一代断档！

我叫金春燮，朝鲜族，今年 70 多岁了。2005 年根据县委的安排，我开始担任吉林省延边朝鲜族自治州汪清县关心下一代工作委员会主任，简称县关工委主任，一干就是十多个年头。我是一名普通的退休干部，很有幸向各位汇报自己多年来在从事关心下一代工作中，传递红色记忆、传承抗战精神的点滴体会。我今天讲两个问题，第一是为什么在新形势下还要传承抗战精神，第二是在新的形势下如何传承抗战精神。

伟大的抗战精神没有过时

大家都知道，中国人民抗日战争是近代一百年以来，中国抗击外来侵略第一次取得完全胜利的民族解放战争。当我们身处和平年代，回望那段用鲜血和生命铸就的伟大历史时，会看到那一幕幕家破人亡的场景、死难同胞的伤痛，更能感受到中华儿女的奋战和光辉永在的精神。习近平总书记把抗战精神高度概括为四句话，那就是：天下兴亡、匹夫有责的爱国情怀；视死如归、宁死不屈的民族气节；不畏强暴、血战到底的英雄气概；百折不挠、坚忍不拔的必胜信念。

纪念中国人民抗日战争暨世界反法西斯战争胜利 70 周年大会在京举行

这四句话不但准确地阐释了抗战历史的内涵，揭示了抗战胜利的原因，而且还完整地体现出了抗战时期中国人民的精神面貌，折射出中华民族的优秀品格，是我们传承抗战血脉、继承抗战传统的要义所在。弘扬抗战精神，就是要深刻体会蕴含其中的历史内涵，领悟激荡其间的意志气魄，激扬精神斗志，激发奋进力量，致力国家富强、民族复兴，像我们的先辈那样成就宏伟大业，共铸民族辉煌。

那么，为什么我们今天仍要传承抗战精神呢？我认为有以下三个理由，

或者说三个需要。

第一，是青少年健康成长的需要。

我们经常讲铭记历史，珍惜今天，开创未来。铭记历史的前提是了解历史，学习历史，熟悉历史。延边是抗战时期东北地区的主战场，是东北抗联第二军的主阵地，涌现出一大批抗战英烈，曾被著名诗人贺敬之誉为"山山金达莱，村村烈士碑"。汪清县是抗战时期中共东满特委所在地。东满特委书记童长荣和王德林、陈翰章、魏拯民、周保中、李延禄等抗日名将都曾在这里参加和领导过抗日斗争。但是当代青少年对这些英雄人物和抗战历史了解得不多，抗战英烈就躺在我们身边，他们却不知道。

东北抗日联军骑兵部队　　　　　　　（新华社发）

我感到很焦虑。怎么办？我带领同事们在全县 42 所中小学，先后建立了童长荣、李今兰、姜春花等 42 个"英烈班"和"英烈中队"，并通过这个教育平台，组织"五老"讲师团到"英烈班"和"英烈中队"为学生们讲述抗战英烈的感人故事。

通过我们的讲述，孩子们了解到了东满特委书记童长荣，在身患重病后被敌人包围时，还依然命令大家立即突围而自己却留下来掩护，不幸中弹牺牲的感人事迹；宁死不屈的金相和，被捕后一言不发，敌人用铁环套住他的两个拇指，吊起来毒打，还用灌辣椒水、竹签钉指甲等酷刑折磨他，他都没有说出半点党的机密，最后凶狠的敌人用铡刀切下他的头颅悬挂在大榆树下的悲壮故事；英勇的战士梁成龙，在面对自己的母亲、妻子、孩子一家 6 口都被日本侵略者杀害时，这位游击大队大队长化悲痛为力量，狠狠打击日寇的英烈故事……一个个鲜活的故事、一幕幕英雄的形象在孩子们心里打下烙印。

现在我们 42 所中小学，墙上挂的是烈士的事迹，走廊贴的是烈士的照片，42 所学校形成了传承红色记忆的红色氛围，从环境上就潜移默化地把抗战精神根植于每个孩子的内心，在这里随便叫个学生都能生动地为你讲上一段抗战故事。日常与这些学生接触，我最大的感受就是他们的成长和变化。他们大多是独生子女，以前做事怕苦、懒散，自从成立"英烈中队"可就大不一样了，孩子们不仅懂事，还特别有集体荣誉感，经常听他们说，咱们可是"童长荣中队"呀！像班里有个叫小青的同学，以前仗着自己胳膊粗、力气大经常欺负其他的学生，自从当上了"抗战小队"的队长，不仅不欺负别人了，还主动帮助有困难的同学，说要做个像童长荣那样的战士，关键时刻要掩护大家。说实话，真没有想到，一个"英烈班"的命名，会有这么大的效果！

第二，是培育和践行社会主义核心价值观的需要。

我在中小学进行革命传统教育时发现，现在的青少年不是不崇尚英雄，而是对抗战的历史了解得太少了。作为一名老党员、老干部，我有义务、有责任向青少年宣讲英烈事迹、传承抗战精神。决不能让历史在我们这一代断档！

中华民族是一个有着国家和民族利益至上的爱国传统的伟大民族。无论你是何种身份、从事何种职业，都以"精忠报国"为荣。这种绵延于中华民族精神血脉之中的爱国情怀，在抗日战争中像火山一样迸发出来。我认为，民族精神的培育与践行，离不开传承抗战精神；以爱国为重要内容的社会主义核心价值观的培育和践行，也离不开抗战精神的传承；培养中国特色社会主义事业合格接班人和建设者，更是离不开抗战精神的传承。因为它们之间有一个共同的红色基因，那就是"爱国"。

第三，是实现中华民族伟大复兴中国梦的需要。

实现中华民族伟大复兴，是中国人梦寐以求的伟大事业。中华民族的伟大复兴，既需要强大的物质保障，也需要强大的精神力量。在一定意义上讲，精神支撑是更持久，也更重要的内在支撑。一百多年来我们为什么与外国列强进行斗争，屡屡战败？为什么九一八事变发生后，日本帝国主义仅用三个多月时间就占领了中国东北的大好河山？除了脆弱的国防力量，根本原因是国民党政府的腐败和不抵抗政策。说穿了，就是失去了中华民族的爱国情怀，就是失去了中华民族的民族精神和英雄气概。没有强大的精神力量的支撑，我们就不可能实现中国梦。总之，虽然时代变了，环境变了，但是伟大的抗战精神没有过时，仍然有着强大的价值引导力、文化凝聚力和精神推动力。

决不能让历史在我们这一代断档

我在十多年担任关工委主任的工作实践中，主要从以下五个途径来传递红色记忆、传承抗战精神。

第一，挖掘和抢救抗战资源，让人们铭记这段历史。

20 世纪 30 年代，中共满洲省委决定下设三个特委，分别是北满、南满和东满特委。当时，东满特委管辖和龙、延吉、汪清、桦甸、长白等十个县，坚持斗争长达五年零八个月。其中，在汪清三年零七个月。应该说，汪清县是抗日战争时期东满地区党的领导核心和抗日战争指挥中心。侵华日军把东满特委看作眼中钉、肉中刺，不断集中兵力围攻汪清，企图摧毁东满特委。我和我的同事们反复查看大量的历史资料，反复到有关部门论证，最后确认发现汪清县共有 282 处革命遗址，其中 177 处是抗战时期留下的。侵华日军在汪清县制造了 19 次惨案，汪清县内发生过 105 次战斗，共有 605 名革命英烈为国捐躯。他们中间，贡献最突出、影响力最大的要数中共东满特委书记童长荣。

童长荣曾留学日本，留日期间加入中国共产党，并参加"中国留日各界反日出兵大同盟"，开展反日爱国运动。归国后，他与鲁迅等进步作家一起发起和成立了中国左翼作家联盟。先后担任过中共上海沪中区委、河南省委、天津市委和大连市委书记。1931 年 11 月，他奉命来到东满地区担任特委书记，领导当地人民开展抗日武装斗争。在他的领导下，东满地区游击队和党组织得到快速发展，到 1933 年 3 月，东满地区的党员发展达到 1200 多人，占当时东北党员总数的一半，成为抗日斗争的中坚力量，沉重打击了日军。为壮大人民武装力量，童长荣着手筹建东北人民革命军第二独立师。就在这期间，日军调集大批兵力对小汪清抗日根据地进行疯狂围剿。1934 年 3 月 21 日，童长荣为掩护群众转移，在东光镇庙沟村战斗中壮烈牺牲，年仅 27 岁。1935 年 8 月，中共中央在《八一宣言》中，盛赞童长荣是为救国而捐躯的民族英雄。1951 年，童长荣被追认为革命烈士。2014 年，被国家民政部确认为第一批全国 300 名著名抗日英烈之一。这么一位民族英雄在我们身边，不应该被岁月湮没。在考察烈士墓时，我发现童长荣的墓地由于修建时间较早，非常简陋。我心想，童长荣是东北著名抗日将领，为救国慷慨赴死，应该有个像样的墓地啊！当时我就暗下决心，一定要为这位抗战英烈、民族英雄立碑建陵，一定要让后人了解和铭记这些难忘厚重的红色记忆，决不能让历史在我们这一代断档！

第二，为革命英烈树立丰碑，建设爱国主义教育基地。

立碑、建基地这事说起来容易，做起来却困难重重。最大的问题是筹集资金。为了省钱，我一边学习、一边摸索，自己设计完成了陵园的总体规划和图纸。可建设陵园的钱，始终没有着落。怎么办？只有求人。虽然退休前我的官儿不大，但是去找这些比自己小十几岁的年轻领导张嘴要钱，还真有些思想顾虑，觉得放不下架子。可我一想到童长荣把 27 岁的年轻生命，都献给了中华民族的解放事业，我还有什么架子放不下呢？还有什么困难克服不了呢？

为了筹集资金，我还找到老部下、老同事、民企老板"化缘"，动员广大老干部、老战士、老教师、老模范、老专家等"五老"人员踊跃捐款。让我欣慰的是，每次我到各有关部门协调资金，都得到了他们的理解和支持，从来没有让我空手回来过。特别是有一位抗美援朝老兵，把自己平时省吃俭用的 4 万多元全部捐给了我们。有这么多人关心和支持这份事业，让我十分感动，也让我对为革命英烈树碑立传有了更大的勇气和信心。

立碑是个力气活儿，更是个技术活儿，立碑过程中我们这帮"门外汉"

吃过不少苦头呢。记得那是 2010 年 10 月，山里的气温降到了零下五六摄氏度。我们带着附近村屯的农民，花了两天时间建好了童长荣烈士墓。没想到，第二天一看，亲手修建的烈士墓竟然坍塌了！那一刻，我眼泪都要掉出来了！赶紧去请教设计院专家。专家说冬天施工，墓里填充的应是干土，不能填水分大的沙土。于是，在技术人员指导下，我们第二次修建了童长荣烈士墓。

有碑得有碑文啊，说到撰写碑文，可是个细活儿，内容不能多也不能少，又得恰当稳妥。十多年来，我翻阅了大量的资料，考察论证英烈生平，撰写了两万多字朝汉两种文字的碑文。为慎重起见，很多内容都是经过了省、州有关部门的审核，得到认可后才雕刻的。

在建设童长荣烈士陵园的关键时刻，我因拔牙染上了丙肝，一闻到油烟味就会呕吐。治疗丙肝的唯一办法就是打干扰素，为治疗肝病，我咬牙打了13 个月的干扰素。去医院打针影响建陵园，我就让老伴晚间给我打针。那期间，我瘦了 20 多斤。

我和我的同事为了节省钱，除了手扶拖拉机，几乎什么车都坐过，四轮拖拉机、双排座、大货车，包括没有减震设备的铲车，最快的 30 迈。在童长荣烈士陵园平整场地工程开工的那天，我和同事搭铲车回家，一路上颠簸行驶到一个陡坡处，与一辆卡车会车时把路基压塌了，差一点翻进沟里。后来有亲友对我说："如果那天铲车翻进了沟里，你们可就与你们立的烈士碑作伴了。"

虽然危险，但回过头看，这件工作非常值得。为什么？经过我们的努力抢救挖掘了这段历史，经过我们的努力筹集 30 万元为童长荣烈士建了占地面积 800 平方米的烈士陵园，哪怕瘦个二三十斤也是值得的。党委和政府也全力支持我，2013 年县委、县政府投资 200 多万元，扩建了童长荣烈士陵园，先后修建了童长荣烈士纪念碑和纪念馆。

十多年前小汪清县的根据地就是这么一块碑，经过我们十多年努力，在社会各界和县委、县政府的正确领导下，我们在小汪清抗日根据地遗址，先后立起了 7 尊革命英烈半身雕塑和 19 座大小不等的各种纪念碑，复建了东满特委被服厂、东满特委兵工厂、东满特委医院、汪清县抗日游击大队秘营、汪清县抗日游击大队指挥部等。童长荣烈士陵园和小汪清抗日根据地遗址，2015 年被吉林省委、省政府授予"全省爱国主义基地"和"全省国防教育基地"。仅 2015 年一年，我们在这两个教育基地分别

吉林延边中青年干部"重走抗联路"（新华社记者 许畅／摄）

接待了来自省内外的参观者 8 万多名。中共中央党校、省委党校"重走抗联路"活动在汪清开展得有声有色，2016 年共有 14 期 600 多名中省直培训班干部到汪清"重走抗联路"。

在汪清这片热土上，每个英烈的事迹都是那样感人、那样催人泪下。12 岁的抗日少年金锦女不幸落入敌手，日军逼她说出游击队的下落和粮食藏在哪里，她宁死不屈，最后被活活打死；抗日斗士姜春花是一位普通母亲，日军扫荡时，为了保护全村 80 多名抗日军民，不让怀里一岁半的女儿因哭闹暴露目标，硬是将乳头塞进孩子嘴里，然后把孩子紧紧搂住，等日军讨伐队离开了，怀里的女儿已经窒息而死。他们的英雄壮举，让我的心情久久不能平静。我心想，这样的烈士一定要给他们立个碑，让后人世世代代记住他们。于是，我筹集资金为他们立了纪念碑和半身雕塑。姜春花的小女儿来到汪清，抚摸着母亲的雕塑，泣不成声；金锦女的妹妹含着泪，紧紧握着我的手说："我姐姐已经牺牲 70 多年了，党和人民没有忘记她，我代表全家谢谢你们！"

十多年来，我和同事们相继建立了 106 座抗联遗址纪念碑。目前，汪清县已形成每一个乡镇都有爱国主义教育基地，现有三条重点红色旅游路线的红色教育网络，为进行"重走抗联路，弘扬民族魂"活动奠定了坚实的基础。

虽然我为了建设教育基地，四处奔波，很辛苦、很累，但我想到自己在有生之年，发挥余热，带领一班人，为革命英烈立纪念碑，向后人传递红色基因奠定了基础，做了一点贡献，心里感到很欣慰。

金春燮：先烈的精神激励着我

为了让干部群众和青少年了解抗战的那段历史，2014 年，在一位民间收藏家的无偿捐助和县档案局的大力支持下，我用 200 多件日伪时期的文物开办了一个抗日战争纪念馆。纪念馆对外开放之后，参观者络绎不绝。纪念馆没有专职讲解员，我既当馆长又当义务讲解员。不管来的人有多少，哪怕只有一个人，我都会认真讲解。

让世界知道，让下一代记住

英雄事迹挖掘和抢救出来了，碑立起来了，基地建起来了，怎么能让大家都知道、记住呢？还要做好宣传。

第三，建立汪清英烈网，编印爱国主义教材。

为了让自己紧跟时代步伐，我习惯每天早上起来，都打开电脑，了解国内外大事。我想，老同志也要与时俱进。于是我和班子成员反复研究和商量，决定创办我们自己的网站——"汪清英烈网"，利用现代化手段，向外界宣传东满抗战历史。儿子听了我的想法挺支持，特意从北京请假回家，帮我建了一个叫"白山黑水中华魂"的"汪清英烈网"。2012 年清明节"汪清英烈网"正式上线，向广大网友传播 14 年抗战中的重大历史事件和著名英烈的事迹，成为吉林省第一个县级关工委运营的红色网站。

建网站儿子可以帮忙，日常发稿和维护就得靠我自个儿了。办简报、建网站不会打字不行。我就利用早晚空闲时间在电脑上敲打，经过三个多月苦练，终于可以上阵了！现在我既当总编辑，又当管理员，在单位忙不完，就回家继续忙。老伴说，家里都成你办公室了。

让我感到高兴的是，"汪清英烈网"不仅成为吉林省第一个县级"英烈网"，而且每天点击量都在 1000 次以上，全国各地以及美国、日本、韩国等

20多个国家和地区都有网友浏览，成为汪清县对外宣传抗日英烈事迹的主要窗口。

为了真实地展现抗战英烈的生平和事迹，我利用一切时间查阅许多有关资料、论证重大历史事件的来龙去脉。我60岁学打字，用笨拙的双手硬是打出了100多万字的教育资料，编印了《汪清英烈传》《民族英雄童长荣》《闪光的足迹》《汪清百年》《抗日名将朴吉松》等乡土教材，发放到全县中小学、各级关工委和党政机关、企事业单位，作为理想信念教育的教材，收到了很好的社会效益。

我还深入到烈士出生地和烈士战斗过的地方，实地踏查和拍摄，先后制作了《民族英雄童长荣》《抗日名将朴吉松》《光辉的历程》《抗日的呼唤》等多部有关爱国主义教育的专题片，刻录光盘后，发放到基层关工委和有关部门。在编写《民族英雄童长荣》一书时，我带着县关工委和电视台的同志前往安徽、上海等地，收集童长荣烈士的生平事迹。来到上海后，为了节省住宿费，我们在上海转了两个多小时，才找到一家条件很差的小旅店。在上海，大家马不停蹄地收集资料，从下车到上车，只用了20个小时。13天，我们走了9个省、市，一个旅游景点也没有去。在烈士的出生地安徽省枞阳县，童长荣烈士的养女、80多岁的童承英老人激动地流下了眼泪，紧紧握住我的手说："感谢你们还没有忘记我的父亲！"

第四，采取多种形式向青少年传递抗战精神，使其入脑入心。

广大"五老"长期受党的培养教育，亲身经历了中国革命、社会主义建设和改革开放的伟大事业。让理想崇高的人讲理想，让信念坚定的人讲信念，让为党和人民的事业奉献了一辈子的人讲奉献。这种言传身教，是最生动、最鲜活、最有说服力的爱国主义教材，是帮助青少年抵御歪风邪气和西方意识形态侵蚀的强有力的武器。

"吉林好人，引领风尚"是吉林省社会主义精神文明建设和践行社会主义核心价值观的品牌活动。为了使这项品牌活动延伸到县关工委"五老"群体，我们在全县成立了20支"传承抗战精神五老好人团队"，利用重大节庆日，深入中小学和乡镇社区、企事业单位，进行义务传承抗战精神教育活动。2015 年，汪清县关工委"红五星"团队获得"延边好人团队"荣誉，4 名"五老"当选"吉林好人"。

我们还每年举办以传承抗战精神为主要内容的各种图片展、美术书法展，开展征文、诗歌朗诵等活动，用丰富多彩、行之有效的形式，向青少年和广大群众进行传承抗战精神教育。仅 2015 年一年，全县就有 7 万多名中小学生和群众参加了上述教育活动。

第五，坚守舆论宣传阵地，占领意识形态领域主战场。

互联网是当今世界最先进、最前沿的传播手段。当前我们的青少年理想信念教育面临着许多考验和挑战，其中最主要的是互联网的考验和挑战。这是我们面临的"最大变量"。现在有一种说法，叫作指尖上的选择。我们的青少年完全有理由、有权利，选择互联网上的任何信息。怎样用互联网把正能量的因素通过大家易于接受的方式表达和传递，是需要研究解决的问题。

为适应移动互联网的形势，我们对"汪清英烈网"进行全面改版升级。我们在改版升级过程中曾经遭到了三次黑客的攻击。公安部门的有关专家说，由于红色网站不涉及经济利益，黑客攻击红色网站实属罕见，其目的就是阻止传播正能量。我们下定决心，你越攻击，我们越要改版升级，经过三个多月的努力，升级版正式上线。改版升级后的"汪清英烈网"客户端可连接到手机，以崭新的面貌出现在世人面前，向网友们传递红色基因，点击率比改版升级前提高了一倍。

我们组织了以"五老"通讯员和各乡镇社区、县直关工委兼职秘书长为核心的 40 名通讯员队伍。他们工作在关心下一代第一线，了解和熟悉关工事业。我们通过他们及时获得大量信息，为县关工委工作简报提供内容，为"汪清英烈网"更新信息。我们还借鉴"互联网 +"的经营模式，从 2015 年开始建设宣传部、人武部和关工委等 3+N 教育活动长效机制，每逢重大节庆都以 3+N 的机制，吸收民政局、文明办、民宗局、教育局等有关单位，共同进行各种传统教育活动。

总之，传递红色记忆、传承抗战精神，关系到党和国家前途命运，关系到能否培养合格建设者和可靠接班人。为党和人民奉献余热，只有起点，没有终点。我将倍加珍惜荣誉，不忘初心，继续前进，当好抗战精神的传承者，永葆共产党员的本色，为鲜红的党旗增光添彩，为党和人民的事业继续传递正能量。

（演讲地点：吉林省延边朝鲜族自治州）

现场问答
XIANCHANG WENDA

提问： 为什么您能十年如一日地传承抗战精神？

金春燮： 我想把当代青少年的价值取向跟中国的未来结合起来。作为一名老干部、老党员、老退伍军人，我有义务、有责任向人民群众，特别是广大的青少年，传递红色记忆，传承抗战精神。假如说，我们这一代再不抢救，再不挖掘，再不传递，那历史真的可能就断档了，后果不堪设想。我们经常讲，忘记历史意味着背叛。背叛的是什么？背叛的是伟大的抗战精神，抗战的伟大历史。

提问： 传承抗战精神和践行社会主义核心价值观之间有什么内在的关联？

金春燮： 抗战精神是在抗战过程中形成的，跟核心价值观不是矛盾的，更不是对立的。中华民族源远流长，爱国情怀是其中非常重要的一项内容，二者不仅并不矛盾，而且是一脉相承的。所以我想应该把抗战精神的传承与核心价值观的培育和践行相结合，并且与对青少年的理想教育相结合。

与雷锋同行

陶　克

陶克，《雷锋》杂志总编辑，少将军衔，中国作协会员。曾任解放军报社副总编辑、《环球军事》总编、军队战略规划咨询委员会咨询委员。集中研究中国雷锋文化现象30余年，开办"雷锋讲堂"，举行专题报告会280余场，受众达40余万人次，发表百余篇雷锋精神相关文章。著有《告诉你一个真实的雷锋》《编外雷锋团》《'98长江大决战》等，作品荣获两次精神文明建设"五个一工程"奖、全国优秀青年读物奖等。

栽什么种子结什么果，种什么树开什么花。今天栽下雷锋精神的种子，明天就是一片雷锋林，就可以为我们遮风挡雨，可以使我们的生活过得更美好。

今天是中国人民精神生活中的一个好日子，1963 年的今天，也就是 3 月 5 日，全国各大报纸发表了毛泽东主席的题词："向雷锋同志学习"。此后，"雷锋"这个响亮而温暖的名字，就传遍了华夏大地。如今，56 年过去了，雷锋的名字成为"中国好人"的代称。雷锋成为了你，成为了我，成为了大家。我们欣慰地看到，全国各地的学雷锋志愿者越来越多，在中国注册的雷锋志愿者已经达到了 1 亿之众。在河南，有 1100 万名雷锋志愿者，10 个河南人中就有一个学雷锋做好事；仅在邓州，就有将近 2 万名雷锋！

雷锋出生于 1940 年 12 月 18 日，如果他还活着，已经 79 岁了。我们无法想象爷爷辈的雷锋是什么样子，他在我们的眼前始终是那副微笑亲和的面容。雷锋在这个世界上仅仅生活了 7912 天，而他 22 岁的生命，离开我们已经 2 万多天了。但是我们的民族、我们的国家、我们的人民用整整半个世纪学习他、追随他，而且这种学习和追随还要延续到下一个 50 年、下下个 50 年。雷锋这一生给我们留下了 160 篇日记、31 篇诗歌、3 篇小说、9 篇散文，还留下了很多温暖人心的故事。宣讲雷锋我讲了 270 多场，我相信一个可爱的、真实的雷锋会让大家感受到社会主义核心价值观的魅力。

当今我们为什么要学雷锋

当年毛主席讲"向雷锋同志学习"，半个世纪后习近平总书记讲"雷锋精神是永恒的"，那大家知道不知道习近平总书记讲了多少次雷锋？我回顾了一下，应该有 20 次。习近平总书记讲，"要做雷锋精神的种子，把雷锋精神广播在祖国大地上"，"我们应当有一种雷锋的'钉子'精神，挤时间学习，争分夺秒地学习"，"要学习雷锋同志的幸福感"，"雷锋、郭明义、罗阳身上所具有的信念的

习近平参观雷锋
纪念馆

能量、大爱的胸怀、忘我的精神、进取的锐气，正是我们民族精神的最好写照"……

纵观习近平总书记关于学雷锋的系列指示精神，有几个重要的思想观点需要我们认真领会贯彻：雷锋精神是永恒的；雷锋精神是社会主义核心价值观的生动体现；雷锋精神是传统文化和红色文化、革命文化的结合；雷锋精神与中国共产党的根本宗旨一脉相承；要学雷锋，做一颗永不生锈的螺丝钉；要做雷锋精神的种子，将雷锋精神播撒在中华大地上；让学雷锋活动在广大青少年中蔚然成风；推动学雷锋活动；要深入认识雷锋的当代价值，创新学雷锋活动的方式方法；雷锋精神人人可学，奉献爱心处处可为。

在当今中国，我们为什么要学雷锋？有人问，雷锋是上个世纪的典型，今天学习他是否还有必要？那我们看看当前中国的现状，我们蓬勃发展，成了世界第二大经济体，但是对道德滑坡的问题我们不能麻痹。就像前段时间出现的一些热点，天价片酬、阴阳合同、乘坐网约车的悲剧、一帮高学历的人在搞毒疫苗，还有在公共汽车上抢夺方向盘，众人冷漠导致车坠人亡……我们大家都熟知雷锋雨夜送大嫂，怀里抱着孩子把一位大嫂送到了家，但同样的事情今天不太容易发生，人们很难相信他的目的是单纯的。不相信的背后是什么？是我们这个社会缺少了诚信，缺少了信任。

"首长，我要当兵！"

那么，雷锋是个什么样的人？我讲的雷锋故事，都是有人证、物证来支撑的。上世纪 60 年代，有记者到雷锋家乡采访和拍摄。据一位婶婶回忆，雷锋的父母去世时，他只有五六岁，张着两只小手号哭着，谁见了都辛酸，如果不是解放了，他活不下来。雷锋的手被地主砍伤后，吓得躲在林子里不敢回家。有个名为彭德茂的地下党员，把他带回自己家并包扎了伤口。随后，雷锋秘密地加入儿童团，为党送情报。解放以后，为雷锋评了双五保户，说他从小就知道听党和毛主席的话，爱劳动、知勤俭，农会给他两天粮食他省着吃三天。

最美奋斗者：雷锋

　　1959年，我国发生了一场严重的自然灾害。在当时的形势下，要求党和人民同心同德、共渡难关，同时整军备战准备打仗、保卫我们新生的共和国也是很重要的任务。这年冬天，国务院、中央军委下达了征军命令。命令到达鞍钢后，准备招收一些品质良好、作风过硬的青年参军。弓长岭焦化厂李书记做了动员。晚上10点，他的门被敲开了。推门一看，外面大雪纷飞，雪地里站着一个人。这个人正是雷锋。"我要当兵！"李书记见他衣衫单薄，连棉袄都没有穿，就让他先回家，免得冻感冒。雷锋回去后，连夜写了一份决心书。第二天，他来到体检站，往秤上一站，1米54，差两公分，矮；96斤，差4斤，不够壮。后来又检查外科，大夫一看后背好大一块伤疤，悄声说："是不是小时候淘气，上树掏鸟窝摔的？"雷锋说："才不是呢，是旧社会给我留下的疤。我现在身上不想再留疤了。"大夫说，小同志，你的觉悟很高，不过当兵对身体要求很高，你的体格不够强壮，还是继续当工人吧。

　　晚上，体检站的人都走了，准备返回工厂。雷锋不甘心，站着不动。这时，远远看见一名高个子的军人走过来。有个女护士悄悄对他说："小同志，我看你当兵的决心很大。他是兵役局政委，快去跟他说。"这名高个子的军人，是老红军余新元。雷锋走上去，说自己想当兵，明天还要过来。第二天，余政委一开门，就发现雷锋不知从哪里钻出来，手里提着一个小皮箱子。雷锋把皮箱往桌子上一放，说："首长，我要当兵！你让我当我也要当，你不让我当我也一定要当！"余政委听完没有理他就走了，雷锋一直跟在后面。到了体检站，雷锋就帮着招呼那些应征青年来体检。中午，余政委一看雷锋还在这儿，忙得一头汗，于是问："你怎么还不走？"雷锋说："首长，我不走了。""不走你到哪里去？""你到哪里我就到哪里。"首长说："好，那你跟我走吧。"

　　雷锋跟着余政委去了他家，政委的老伴一看来人了，赶紧做午饭。余政委打趣说："你这个小伙子，到哪儿都提个箱子。箱子里都有什么金银财宝？"雷锋听了，把箱子打开。只见第一层是三卷《毛泽东选集》；第二层是一件皮夹克；第三层是一条料子裤。余政委翻开《毛泽东选集》，发现雷锋在很多文章下面做了标记，还在空白处写了不少心得，不禁刮目相看。余政委问："你想当兵的事，父母都知道吗？"雷锋一听，脑袋低了下来，眼泪也流了出来。他说："首长，我没有爹妈，我是个孤儿。"那时，刚刚解放十年，过去的事情历历在目，雷锋这个家庭就是翻身解放的劳动人民的缩影。

雷锋的爷爷，是在大年三十被地主逼债，含冤而死的。雷锋的父亲，遭受日本鬼子毒打，吐血不止，病死在家中。雷锋12岁的哥哥，挑起了生活重担，到400里外的地方打工。因为生病被赶出工厂，要饭走了6天才到家，回家后没钱医治，也夭折了。雷锋3岁的弟弟，饿死在母亲怀里。雷锋曾在报告中讲到，自己的母亲就像鲁迅笔下的祥林嫂，在丈夫和两个儿子死后精神恍惚，两眼痴呆，见人就问："我的伢子呢？我的伢子呢？"乡亲们看不下去，同情她，介绍她到地主家当绣娘，答应干两个月，给15斤米，免收租子。没想到，在地主家遭受了侮辱。八月十五晚上回到家，她对雷锋说，今后你要靠老天爷保佑了。她为儿子洗了脸，并脱下衣服给他穿上。雷锋让妈妈陪他到村里谷场看皮影戏，妈妈说晚上要出一趟远门，让他看完戏后住祖母家。第二天回家叫门门不开，雷锋趴在门缝上一看，他妈妈悬梁自尽了。我在查阅档案时，看到乡亲们说，雷锋的妈妈非常善良、贤惠。临死之前，她换了一件新衣服，还在脖子上缠了三条绣花手绢，因为不想吓着自己的孩子。一位善良的农家妇女，在黑暗的旧社会就这样悲惨地离去，而她想尽可能死得安详一点。说到这里，雷锋泣不成声："首长，我想当兵，我想拿起枪为爹妈报仇，我已经想了十几年了。"余政委对他说，当兵是有原则、有条件的，要做好两手准备。随后，余政委向辽阳市委书记曹琦汇报，曹琦说他苦大仇深，适合当兵，让他当兵！政治条件比身体条件更重要！征得同意后余政委又与部队来接兵的同志反复沟通。就这样，在各级领导的关心和帮助下，雷锋作为特殊青年被送到了部队。

一个在黑暗制度下即将死去的孩子，在新中国得到了这么多素不相识的领导的关心。而我们这些老红军、老八路，这些县委书记和工厂的领导们，他们为我们的国家选拔人才是那么无私，对这些普通的青年人又是那么关心，这就是我们党和国家的好风气，我们的社会主义核心价值观就是由这样无数的生动实事积累而成的。17年之后我们这位老红军又为人民军队送去了一个好青年，他的名字叫郭明义，他当选为十八届、十九届中央候补委员。2018 年 10 月 22 日，中国工会第十次全国代表大会开幕，习近平总书记亲切地握着他的手，说："干得不错，好好干！"郭明义跟我说："'干得不错'，这个是总书记对我过去的肯定，'好好干'是对我今后的希望，我要像雷锋那样把有限的生命投入到无限的为人民服务之中去。"

毛主席的好战士

上学时，雷锋是个优秀学生，因不想给乡里增加负担，考上初中但自愿放弃了。在困难面前，他没有气馁，而是为自己设计了"人生三部曲"：要当拖拉机手，做新式农民；要当一名工人，架起大机器，轰隆隆响；要当一名解放军，保卫祖国，做人民英雄。雷锋的"人生三部曲"，一步步都实现了。全县要购买一台拖拉机，雷锋捐款最多，捐了 20 元，后来考上了拖拉机手。到了鞍钢以后，雷锋 18 次被评为节约标兵，是鞍山市建设社会主义积极分子。1960 年，雷锋当兵到了部队，投手榴弹不过关，打靶打不中；开汽车腿不够长，屁股老往下滑，他就找一块方木垫垫着。就这样勤学苦练，他在新兵连就获得了嘉奖，代表全团新兵讲了话。

雷锋怀着感恩之心，看见别人有困难就及时帮助。辽阳发大水时，他捐了 100 元。辽阳市委书记给部队回信，说钱不能收，但这名小战士对灾区人民的感情我们收下了。辽阳市和平区成立人民公社，雷锋送去了 200 元。见公社不收，雷锋流泪了："我就是公社的儿子，你们收下儿子一点心意吧。"这样，公社收下了 100 元。河南有个民办小学老师写信说，我们很困难，学校要办不下去了，请雷锋帮助，雷锋把省吃俭用存下的 100 元寄了过去。现在，这个学校被命名为"雷锋学校"。1960 年八九月份，部队收到了很多这样的感谢信。团政委韩万金认为，这名战士做了这么多好事，一定有自己的追求。了解情况的人，为雷锋写了份模范事迹材料。雷锋把标题划掉，写了一句话："解放后我有了家，我的母亲就是党。"从这句话中，大家看到了这位可爱战士的内心世界。

后来，这份材料被送到沈阳军区副政委兼政治部主任杜平的案头上。他从文章中发现，一个二十来岁的青年人，在旧社会时苦大仇深，解放后上学是好学生，在县里是好公务员，开拖拉机是优秀拖拉机手，在工厂里是建设社会主义的模范，在部队里是优秀战士，做了这么多好事实属难见。我们砸烂了一个旧中国，现在要建设一个新中国，新中国的人是什么样子的呢？这些打下江山的老革命从雷锋身上看到了一幅理想的图画：他们热爱我们的国家，热爱我们的党，跟党同心同德；他们热爱人民，像一团火一样温暖着别人；他们热爱自己的工作，像螺丝钉一样在那里闪闪发光。新中国不就是需要这样的人，我们的人民不就是需要这样的精神风貌吗？杜平大笔一挥，立标题为"毛主席的好战士"，刊登在沈阳军区《前进报》上。1960 年 11 月 26 日，雷锋成为沈阳军区的模范共青团员。次年，21 岁的雷锋又被抚顺人民推选为年轻的人大代表。

1962 年 8 月 25 日，是一个不幸的日子。那天雷锋在车前指挥乔安山开车，汽车经过一个泥滑地段，车后轮撞断了一个木桩，打在雷锋的太阳穴上，他一声不吭倒在了地上，鼻子往外喷血，是颅脑损伤。年仅 22 岁的雷锋，在这次意外事故中以身殉职了。连长虞仁昌像疯了一样打自己耳光，恨自己没能保护下这么好的战士。在毛主席题词那一年这位连长离开了心爱的部队，转业到浙江，今年已经 87 岁了。退休以后他安家在上海，成立了学雷锋志愿队，一帮大学生跟着他学雷锋。当年雷锋去世的消息，传到了抚顺市委书记沈越的耳内。他把给老母亲准备的楠木寿棺，送到了连队，要厚葬这位战士。指示广播电台，马上广播，说我们的雷锋同志不在了，要向他学习。不足 70 万人的抚顺，10 万人走上街头送别一个战士。十几年以后这个情景在长安街出现了——十里长街送总理。所以一个人只要为人民做了好事，无论你是共和国的总理还是一名普通士兵，你的死就重于泰山。雷锋生前最大的愿望，是见到毛主席。原本再有 45 天他就要进京参加国庆典礼，毛主席还要接见这个战士。他带着深深的遗憾，离开了。从来不看话剧的毛主席在中南海观看了沈阳军区话剧团演出的《雷锋》，周总理抱起 7 岁的小雷锋的扮演者："孩子啊，在我们国家没有孤儿了。"这就是我们老一辈的愿望，让人民过上好日子。后来，由雷锋的真实事迹改编成了电影《雷锋》。看电影过程中，当画外音传来雷锋的声音"我是人民的儿子，我是公社的儿子，您一定要收下儿子这点心意"时，毛主席落泪了。

雷锋把我们的价值观带向世界

1963 年 1 月，雷锋当年所在的 4 班，被国防部命名为"雷锋班"。现在的雷锋连，成为全国学雷锋志愿者交流心得体会的一个大本营。雷锋班曾收到 20 万封国内外的来信，上世纪 60 年代的来信至今都还保留着。50 多年来，雷锋连队每晚点名，第一个呼叫的就是雷锋，由雷锋班班长代答。雷锋同志永生！

雷锋是谁呢？是黑暗制度下的孤儿；是那个出差 1000 里，好事做了一火车的解放军；是那个奉行着"活着就要使别人过得更美好"的大爱的人。雷锋离开了我们，却留下了"感恩论""方向盘论""螺丝钉论""钉子论""傻子论""情操四季论""行动论""有限无限论"。这"八论"，影响着时代，感染着世人。

"感恩论"。感恩是一个人发展进步的基础。懂得感恩的人，脸上洋溢着微笑。雷锋感的不是小恩，他感的是党和新生制度的大恩。有人说，雷锋精神的内涵就是助人为乐；有人说，雷锋是那个时代树立的形象。我说，

雷锋生前所在团传承雷锋精神，延续雷锋足迹

（新华社记者 李刚／摄）

不是。雷锋精神的精髓，是中华优秀传统文化的传承，对德、善、忠、孝、礼、义、信等进行了精准诠释。它不仅仅是助人为乐的行为，更是一种做人的情操与责任。

"方向盘论"。就是说做事不能凭着感觉走，而是要有一种信念、一种理想。信念从哪里来，一方面是丰富的世界，另一方面是从科学理论中汲取营养。

"螺丝钉论"。雷锋曾说："我要做一颗永不生锈的螺丝钉，党把自己拧在哪里，就在哪里闪闪发光。"雷锋虽然年轻，但经历了七八个工作岗位。尤其是在鞍钢弓长岭铁矿工作和生活的日子，雷锋懂得了个人和集体的关系，决心做一颗永不生锈的螺丝钉，紧紧地拧在工作岗位上。2018 年 9 月 28 日，习近平总书记在辽宁抚顺参观雷锋纪念馆时指出，如果 13 亿多中国人、8900 多万党员、400 多万党组织都能学习雷锋精神，都能在自己的岗位上做一颗永不生锈的螺丝钉，我们的凝聚力、战斗力将无比强大，我们将无往而不胜。

"钉子论"。雷锋在我们每个人看来他是高尚的榜样，在雷锋的战友看来，他却是一个苦恼的小个子，但是他靠专业和韧劲取得了成功。所以他的班长说，回忆雷锋让他联想到，弱者的成功往往都有一段千锤百炼的历史，形体上的弱者会成为精神上的强者。

"傻子论"。雷锋在日记中写道："有些人说我是傻子，是不对的。我要做一个有利于人民、有利于国家的人。如果说这是傻子，那我甘心愿意做这样的傻子的。革命需要这样的傻子，建设也需要这样的傻子。"中国传统哲学认为，"吃亏是福"。吃亏为什么是福？因为在帮助别人时获得了精神愉悦，提高了个人威信，也发挥了人生价值。

"情操四季论"。"对待同志要像春天般温暖，对待工作要像夏天一样火热"，干工作没有激情、眼皮耷拉着是干不好工作的。"对待个人主义要像秋风扫落叶一样"，经常把灰尘扫扫，保持一些纯洁，而"对待敌人要像严冬一样残酷无情"。

"行动论"。它就是我们核心价值观讲的诚信。"言必信，行必果"，仁、义、礼、智、信的信，是一个基础。

"有限无限论"。"人的生命是有限的，可是，为人民服务是无限的。我要把有限的生命，投入到无限的为人民服务之中去"……雷锋的这些话，朴实真诚，耐人寻味。认清了事业是无限的，就不会骄傲自满了，因为太阳每天都是新的，你每天都是一张白纸，你要书写自己人生最美的答卷。

雷锋的"八论"，条条讲的是价值观。习近平总书记说，雷锋精神是社会主义核心价值观的生动体现。为人民服务，是社会主义道德建设的核心点。2014年2月7日，习近平总书记在接受俄罗斯电视台专访时指出，自己的执政理念概括起来说，就是为人民服务，担当起该担当的责任。他还说，中国共产党人的最高利益是全心全意为人民服务。人人既是奉献者，同时又是受益者。社会主义核心价值观，无论从国家、社会还是个人层面，都是以"为人民服务"为出发点和落脚点的。

雷锋，是中华民族的光荣，也是人类精神文明园地一朵灿烂的鲜花。雷锋精神的国际传播，把社会主义核心价值观带向了世界，给世界带去了一个充满阳光的、亲和的形象。2014年2月，来访的美国陆军参谋长奥迪尔诺上将，特意提出要参观雷锋生前所在的部队。参观了雷锋纪念馆后，他说了一句话："这是一支专业的、值得信赖的、为人民服务的部队。"2017年12月18日，雷锋诞辰77周年纪念日，我在国防大学防务学院作了一场报告。一位南非中校表示："雷锋的故事听起来非常朴素，他的出名不是因为军事方面的成就，而是因为乐于助人。这似乎与所谓的英雄主义相差甚远，但他一心为人民服务的崇高价值观与中国军队的宗旨和本质相一致，难怪中国军人有如此崇高的社会地位。他们谱写了和平年代的英雄史诗。"这是外国人对雷锋的理解。

在英国讲雷锋精神时，我亲眼看到，台下观众从漠然到感动流泪。汉学家米兰·卡佩汤表示："中国的雷锋，为人类健康发展提供了一种有意义的探索。"在他们眼里一个社会底层苦难的孤儿不可能成为一个大爱的人，但是雷锋成为了一个大爱的人，他们认为雷锋的成长为人类教育青少年提供了一个范例。

我们在给西方人解谜:一个大国的领袖怎么会号召向一个士兵学习,一个近 14 亿人口的国度为什么向这个士兵学习的热度持续半个多世纪不降温?向西方人解谜的过程当中传递的就是中国文化,就是社会主义的核心价值观。雷锋纪念馆里留下了 2 万多条外国观众的留言。一位法国观众写道:如果我们都像雷锋那样处理人际关系,那该多好啊!一位澳大利亚观众写道:应该向雷锋学习怎么做人,这是人类的永恒课题。

今天栽下雷锋精神的种子,明天就是一片雷锋林

雷锋离开我们已半个多世纪,雷锋何以不朽?其作用力来自于雷锋文化。文化自信是一种综合体,在这种综合体当中,大家仔细观察一下就会发现一个现象:雷锋文化。

雷锋、雷锋事迹、雷锋精神、雷锋文化是一条线。雷锋事迹就是他开始参加工作一直做的大量平凡而感人的事迹。"雷锋精神"这个词来源于 1960 年 11 月,第一个使用者是杜平老将军,他说雷锋同志的这种精神很重要。后来,周恩来总理把雷锋精神概括为四句话:"憎爱分明的阶级立场,言行一致的革命精神,公而忘私的共产主义风格,奋不顾身的无产阶级斗志。"雷锋精神是对雷锋本人言行蕴含的精神品质的高度抽象。但雷锋精神不仅是雷锋个人的精神,还属于无数个雷锋的传人,属于党和人民,属于国家和民族。

进入新世纪以后,对雷锋精神的定位更加科学。2012 年 3 月中共中央办公厅印发《关于深入开展学雷锋活动的意见》,指出:"雷锋是实践社会主义、共产主义思想道德的楷模,以短暂的一生谱写了无比壮丽的人生诗篇,树起了一座令人景仰的思想道德丰碑,是全国人民学习的光辉榜样。雷锋精神是中华民族精神的重要内容,哺育和激励了一代又一代人成长。"雷锋精神体现了中华民族的传统美德,顺应了社会进步的时代潮流,彰显了我们党的先进本色,内涵十分丰富、意蕴十分深刻,是一面永不褪色、永放光芒的旗帜"。

　　向雷锋学习，在新时代我们学什么呢？一个是学他的爱，对党的热爱、对祖国的热爱、对社会主义的热爱，这样的一种崇高的理想和坚定的信念。一个是学习他服务人民、助人为乐的大爱，弘扬雷锋干一行爱一行、钻一行精一行的敬业精神。第三个是学习他锐意进取、自强不息的创新精神，学习他艰苦奋斗、勤俭节约的创业精神。这就是新时代学习雷锋的重要内容。无论时代如何变化，雷锋精神永恒。

　　雷锋文化最明显的标志是体现了社会主义核心价值观。有位教授给我讲过一个例子。他到基层去给群众宣讲社会主义核心价值观，三个层面、24个

跟随编外雷锋团，向雷锋学习　　　　（光明图片　盛志国/摄）

字，讲了很长时间，画成了一条一条的线，好像群众也不是太理解。最后他说，我给你举一个例子吧，你就想想雷锋讲过的话、雷锋走过的路、雷锋做过的事。老百姓明白了，雷锋精神就体现了社会主义核心价值观，那我们好好学习雷锋精神，弘扬社会主义核心价值观。

　　雷锋文化的另一条线就是不断扩大的雷锋队伍。从雷锋班、雷锋连、雷锋团，一直到现在的编外雷锋团。今天我们这个讲座所在地邓州，就是编外雷锋团所在地。我先后到邓州来了14次，我感觉到邓州编外雷锋团最大的成功是把雷锋的接力棒交给了年轻人。

　　栽什么种子结什么果，种什么树开什么花。今天栽下雷锋精神的种子，明天就是一片雷锋林，就可以为我们遮风挡雨，可以使我们的生活过得更美好。有专家说，我们中国有文圣、有武圣，有科圣、有医圣，有没有一个德圣呢？再过五十年再过五百年，我们世世代代敬仰雷锋，人人做雷锋，雷锋就走向了道德的圣坛，但圣坛不是神坛，雷锋永远活在我们普通的群众当

中。从感恩报恩意识到形成"活着就要使别人过得更美好"的价值导向，雷锋对人生不断加深理解，逐渐从平凡走向伟大的道德高地。

再过 21 年雷锋就是百岁老人了，那个时候雷锋在我们的眼前依然是那么的年轻，那么的阳光，那么的朝气。让我们一起学习雷锋，自觉践行社会主义核心价值观，让生活过得更美好！

（演讲地点：河南邓州职业技术学院）

现场问答
XIANCHANG WENDA

提问： 今天，在社会上尤其是网络上，有一小部分人质疑雷锋、否定雷锋。在您看来，为何会出现这样的声音？

陶克： 雷锋精神崇高伟大，与中国传统文化、革命文化，以及中国共产党全心全意为人民服务的宗旨一脉相承。这种美德，激励着一代代仁人志士前仆后继、艰苦奋斗，为建设新中国、实现中华民族伟大复兴的中国梦而努力。质疑和否定的声音，主要来自西方敌对势力，某些抱有意识形态偏见的西方媒体，以及国内一些不了解历史或人云亦云、道德水平低下之人，在自私心理下的恶意揣测。对于抹黑英雄的言论，我们不应放任自流，而是要共同抵制。

提问： 当下，关于雷锋精神的学习有些固化。如何运用丰富的素材，还原一个真实可亲的雷锋形象，让大家更好地了解雷锋？

陶克： 这个问题，主要有两方面。首先，是讲好雷锋本身的形象。雷锋不是一个强者，其成长体现出弱者的成功。金无足赤，人无完人。雷锋也有缺点，也受到过批评。他的可贵，在于不断调整自己的行为，积极地修身律己，进而从平凡走向了伟大。宣传雷锋精神时，应当实事求是，将他的先进事迹与受到的帮助结合起来。其次，雷锋的另一个形象，不仅是他自己，还包括千千万万的学雷锋志愿者，以及受到表彰的道德模范等。学习雷锋精神，要与学习身边的榜样结合起来。

优秀传统文化

"礼"的历史贡献及其当代价值

彭 林

彭林，清华大学首批文科资深教授、中国经学研究院院长、中国礼学研究中心主任，兼任国际儒学联合会理事、中国社会科学院古代文明研究中心客座研究员、中国人民大学国学院客座教授，北京师范大学宗教与人文高等研究中心学术研究部主任、《中国经学》主编等。常年从事中国古代史、传世文献与出土文献、儒家经典的教学与研究，著有《中国古代礼仪文明》《中华传统礼仪概要》《中华传统礼仪读本》《儒家礼乐文明讲演录》《〈周礼〉主体思想与成书年代研究》等。

周公"制礼作乐"已过去三千年，但它并没有成为一具只能供人解剖的尸体，也没有变成只能供人凭吊的木乃伊。"礼"的精神至今仍然有强大的生命力，可以为我们今天的道德建设提供取之不尽、用之不竭的资源。

习近平在纪念孔子诞辰 2565 周年国际学术研讨会暨国际儒学联合会第五届会员大会开幕会上发表重要讲话

来到洛阳，我的心情大概跟很多人不相同。在我的心目当中，洛阳是圣地。在夏朝的时候，洛阳就是中国的一个中心区域。洛阳开启了中华文明一个崭新的局面，周公"制礼作乐"就是在这个地方开始的。周公"制礼作乐"有历史意义，更有当代的价值，可以说它的整个精神一直到今天还在闪耀着真理的光辉。

现在我们谈的东西方文化，是两个不同体系的文化。梁启超先生早就指出，这两个体系各有特长，要互相尊重。那么我们首先说一下，东西方文化的一个重要区别。我们经常讲人要有信仰，西方文化是宗教文化，西方人的信仰是宗教信仰，在这样一个体系之下社会的稳定是靠法律。我们中国，则不然。

中国在殷周之际就开始脱离了鬼神的信仰，走向了人文主义的时代，所以中国人的信仰不是宗教信仰，而是文化信仰。我们的世道人心是靠道德来引领的。每一个民族在选择自己发展方向的时候，都是根据自己的历史、自己的现实来选择的。我们中国选择走礼乐治国的道路，意义非常伟大。我们走这一条道路的起点是在周公营建都城成周（洛邑）之后确立的，这个地点就在我们今天的洛阳。我们古代中国两千多年，改朝换代非常多，但是它们的意义并不都是一样的。著名学者王国维有一部代表作叫《殷周制度论》，它里面有一句名言："中国政治与文化之变革，莫剧于殷、周之际。"隋唐、明清等等这些变化，没有一个比殷周时期的变化来得更大。

周公"制礼作乐"开启了中华文明新局面

我想首先说一些更大的背景。大家知道，人类文明开始于农业文明，世界上对于农业文明贡献最大的有三个地方：一个是两河流域，他们最早培育成功了小麦和大麦。另一个是我们中国，我们最早培育成功了小米和大米。还有一个是印第安人所在的美洲，他们最早培育成功了玉米。其中，我们中国实际上是两大农业文明区，小米是北方旱作农业，大米是南方水田作业。这两大农业文明经过了几千年的交流与会通，形成了灿烂的夏代青铜文明，然后再发展到商。河南安阳我去过很多次，商代的青铜礼器之瑰丽与雄伟，可以说在全世界都是首屈一指的。

现在大家知道，人类文明经济形态最初有三种：一种叫农业文明，一种叫游牧文明，还有一种叫商业文明。游牧文明和商业文明经常感到资源不足，所以向外扩张，甚至是侵略掠夺。农业文明则不然，你守住一块地，只要好好耕作，你的生活就是富足的。

到了商代以后，粮食多得吃不完，怎么办？做酒，人的生活就开始向安逸的方向走。贵族阶层、统治阶级，他们一方面过着富裕的生活；另一方面精神空虚、迷信鬼神。他们希望自己能够永久地占有社会财富、占有人民，认为只有鬼神能帮助他、能保佑他。所以到商朝的一个风气，就是《礼记》里面讲到的，他们尊敬鬼神。他们带领老百姓干什么事儿？就是侍奉鬼神。鬼神在商代的社会生活里面是第一位的。我们到殷墟参观，非常遗憾地发现，在大量的精美的青铜器之上耸立着的是一个迷信鬼神的精神世界。我们知道甲骨文刻在甲骨上。在殷墟出土的甲骨超过 10 万片。甲骨是干什么用的？占卜。明天会不会下雨，他要占卜。明天去打猎会不会有收获，他要占卜。该生孩子了，是男是女，他要占卜，不问苍生问鬼神。所以他们在精神上是一个侏儒，而在经济上非常强大，这两个方面不协调。

商朝的统治阶级过着极其奢侈的生活，在朝歌那个地方，天天晚上歌舞升平，老百姓就不满，商王用酷刑加以镇压，激起了天怒人怨。这时候，周文王就对黎国进行了一次打击，试探商朝有什么反应，这就是西伯戡黎。

后来，双方进行了牧野之战。商纣王纠集了 70 万多人的军队，而周武王的军队大概只有 10 万人。但由于民心丧尽，牧野之战中商纣王的军队阵前倒戈，商王朝顷刻覆灭，商纣王奔窜到鹿台自杀了。牧野之战使得周人非

河南洛阳周公庙 （光明图片 郝新国/摄）

常震惊，打还没打它就垮了。周公也感到非常震撼，我们是否也会有这么一天呢？如何保证新政权不重蹈覆辙？周公没有"以暴易暴"，而是按照全新的理念来展开新政权的制度建设，史称周公"制礼作乐"，由此开启了中华文明的崭新局面。

周公"制礼作乐"的第一个重要理念是"自求多福"。殷人迷信鬼神，把命运寄托在鬼神身上。商朝的灭亡，就证明所谓的天命靠不住，天命靡常，经常会变动，不会永远地去保佑一个政权，尤其是不会保佑一个失德、昏庸的暴政。通过甲骨文我们可以看到商的祭祀很惊人，一次用很多牛，用很多羊，甚至用很多人做牺牲。这么虔诚对待鬼神，鬼神为什么不拉你一把，就眼睁睁地看着你垮台？周人很聪明：祸福在己，不在鬼神。周公引领社会从"尊神"转变为"尊礼"，把命运掌握在自己手里，人能享有多大的福、禄、寿，取决于自己的德行。而且周人为祭祀赋予了很新的内涵，我们祭祀祖先是要向祖先学习，通过祭祀让我们千万不要做有辱于自己祖宗的事，要为他们争光。

大家想想，一个社会从上到下都要迷信鬼神，突然经过"制礼作乐"之后，人都明白了自己才是一个生命的主体，自己要修身敬德，努力向上，来获得一个好的前途、一个社会好前景，这是一个何等了不起的进步！如果没有周公，我们不知道要到什么时候才能跨出这一步，也许几个世纪之后我们还在黑暗中摸索。这是周公对于我们社会的贡献，把我们的人民从鬼神的阴影底下带出来，开始进入民本主义时代。这在中国思想史上是极具革命意义的伟大进步。

其次，是"勤政无逸"。殷亡的另一个重要原因，是终日盘于田猎，酗酒淫乐，不问民生，不理朝政。把命运掌握在自己手上，那就要付出行动。要想长治久安，就必须勤于政事，反对逸乐、反对不作为。周公说，还不仅是不敢逸乐，而且是没有时间逸乐。君子不管在哪里，他不会逸乐。他会成天没事儿干，老想今天去打一场高尔夫？还是到哪个地方去唱卡拉 OK？他没有那个时间，君子都这样，执政的人就更不用说了。《尚书》中的《酒诰》和《无逸》两篇，是历史上最早的反腐败宣言。《酒诰》引"人无于水监，当于民监"的古语，要求官员不要把水当镜子，而要把老百姓的感受当作检验自己为政得失的镜子。后来荀子说的"君者舟也，庶人者水也；水则载舟，水则覆舟"，就是从这里来的。这对于我们今天的干部教育，很有启迪意义。

大家是否晓得我们古代政府的高层官员早上要上朝，不像现在早上八九点才上班。古代你看看，你到北京的午门前面，两边都是朝房，天还没有亮，所有的官员都在那里面等着。天微微亮，宫门打开了，所有的人整好衣服，鱼贯而入，这叫上朝。这是一种非常强调勤政的风气，流传了很长时间。

周公的思想后来到孔子那里，得到了非常好的发展。子路有一天向孔子请问，怎么为政？也就是我该怎么做官？孔子讲了四个字："先之，劳之"。你先做，你要比下属做得辛苦，不要装模作样。也就是说，要求群众做到的事，自己要带头做，真正地做。我们所有领导都要牢记这话。子路听后觉得不过瘾，"请益"，意思是能不能多说一点。为政就这么简单？孔子又说，"无倦"，就是不知疲倦，一直这样做，做得比大家辛劳。孔子这话说得多通透！

最后，是"敬德保民"。周公分析殷人亡国的根本原因，是"不敬其德"，对道德没有敬意，所以肆无忌惮，为所欲为，最终灭亡。因此，要想长治久安，就必须"明德""敬德"。我们在《尚书》里面屡屡看到的词就是"敬德""明德"。人是万物的灵长，我们和猪、狗等畜生一个最根本的区别是什么呢？是人心本善，通过学习，通过涵养，人内在的德性能够茁壮成长，使我们不做小人，成为君子，甚至成圣成贤。昌明道德对于个人和社会的价值，在于始终对道德保持敬畏之心，否则就会重蹈殷亡的覆辙。

德政的重要体现是爱民。民为邦本，执政者要像保护赤子那样，尽心尽力地爱护民众、保护百姓。赤子就是刚刚生下来的小孩，全身还是赤红色的，这样的小孩最需要关怀、最需要保护。执政者对老百姓，就要好比去爱护婴儿那样用心、尽心。同时，执政者还负有教育民众的责任，要让他们养成文化自觉，懂得自律，成为德性充盈的君子。

礼乐文化的历史贡献

下面我们再说一下，礼乐文化的历史贡献。我们首先要澄清什么是礼。"礼"在中西文化里用的词是一样的，但内涵不一样。西方文化中的"礼"是一种交际的手段。不知道诸位有没有到巴黎参观过凡尔赛宫，它里面的介绍会告诉你，凡尔赛宫建成以前，西方没有礼仪。在庞大的宫殿建筑群完成以后，贵族为了体现他们的身份高贵，体现他们跟下人的区别，制定了一套礼仪：怎么拿刀、怎么拿叉，怎么擦嘴上的汤，都要显示我的高雅。它的背后没有很深的人文底蕴，它就是一种手段，一种只具有操作性的技巧。

中国则不然。在中国什么叫"礼"呢？"礼"在传统文化里是一个最大的概念。"礼也者，理也"，礼和理是通的。所以，礼几乎是无所不包的。所有跟道德理性有关的规范，包括个人修养、人际交往法则、国家典制乃至天人关系，都属于"礼"的范畴。比如《周礼》以天官冢宰、地官司徒、春官宗伯、夏官司马、秋官司寇、冬官司空六官分掌邦政，囊括宇宙六合，全都属于"礼"。再比如，《礼记》的《月令》篇，按一年 12 个月为序，记述天象、物候、政务、法令等，要求人们遵循自然节律安排社会生产和社会生活，例如在春天不许掏鸟窝，不许砍伐幼树，不许捕捉怀孕的兽，这些也都属于"礼"。我建议大家读读《礼记》，如果没有时间，你今天回去把《礼记》的目录翻一翻，一看就知道《礼记》在中国文化中涵盖的范围有多大。

中国人的礼跟西方人说的文化是相当的，西方人没有什么东西不是文化，中国人则没有什么东西不是礼。国家制度是礼，天人关系、人跟自然的关系，都是礼。所以梁启超说，西方重法治，中国重礼治。曾国藩、顾炎武、司马光也都说过类似的话。20 世纪 70 年代钱穆先生在台湾接待耶鲁大学的教授邓尔麟。邓尔麟问钱穆先生，中国的历史太悠久，能不能跟他说说，中国文化到底是什么。钱先生高屋建瓴，说中国文化可以归结为一个字，就是"礼"。西方语言当中没有"礼"的同义词，翻译不了，因为它什么东西都包括，它是中国人世界里一切习俗行为的准则，标志着中国的特殊性。钱先生在跟邓尔麟谈话结束的时候，语重心长地说了一段很重要的话：要了解中国文化，必须站到更高来看到中国之心，中国文化的核心就是"礼"。要是不懂这个，你讲中国文化，就云山雾罩，以其昏昏，使人昭昭。也就是说，撇开"礼"谈中国文化，就把中国文化谈虚了、架空了。

礼乐文明的当代价值

最后，我们来谈一下礼乐文明的当代价值。周公"制礼作乐"已过去三千年，但它并没有成为一具只能供人解剖的尸体，也没有变成只能供人凭吊的木乃伊。"礼"的精神至今仍然有强大的生命力，可以为我们今天的道德建设提供取之不尽、用之不竭的资源。

中国的知识经验很了不起，我们国家比域外其他国家地方大，中国四方各地风俗都不同，更不要说人们还有个人的利益、个人的想法。这些东西如果不主动介入加以引导，人们就会成为一盘散沙。而我们中国人的理想是天下为一家，以中国为一人，有统一的道德、相通的风俗，这样，这个国家才是高度凝聚的、强大的群体。那么拿什么东西来引导？这就需要有相同的价值观的取向，有共同的文化认同，这些，周公实际上已经在着手建设了。

周公"制礼作乐"的终极目标，正如王国维所说："其旨则在纳上下于道德，而合天子、诸侯、卿、大夫、士、庶民以成一道德之团体。"它的深层价值在于，在社会的物质文明达到相当高度之后，应该提出精神文明建设的命题。周公把道德理性作为治国灵魂的理念，成为传统文化的主旋律。孔子提倡的"富而教之"，管子说的"仓廪实而知礼节，衣食足而知荣辱"，都是周公之道的延续，核心则是强调物质与精神不能偏废，物质生活富裕之后，就要通过礼乐教育，提高民众的精神境界。

文化、文明要体现在人身上，如果只有在博物馆里才有，那么这个文化就成了木乃伊。文明民族要有一个文明的样子。《尚书》读起来很有意思，老天爷爱护下民，那如何对待下民呢？君是民众的组织者、领导者，我们不能"作鸟兽散"，要按照一定的制度组织起来，生活、生产、保卫自己的家园；人民又是需要教育的，把人民组织起来，还要教育他们。当然，我们说到这个教育，一定是周公之道的教育。

孔子继承了这个思想。孔子到卫国去，冉由给他驾车。进到卫国的城里，发现这个地方的人口非常多。冉由就问，"既庶矣，又何加焉？"人口这么繁多了，执政者还要增加什么样的举措？孔子的回答从来不多一个废字，"富之"，要让他们富起来。"既富矣，又何加焉？"民众富了之后还要增加什么措施呢？孔子讲，"教之"。连起来，就是"富而教之"。"富而不教"就是暴发户，就是土豪。富了一定要让他有教养，怎样让他有教养？要靠礼乐。所以管子说："仓廪实而知礼节，衣食足而知荣辱。"管子还讲，"礼义廉耻，国之四维；四维不张，国乃灭亡"。维系一个国家存在，重要的东西有四个，每一个都不能断掉。"维"可以解释为很粗的绳子，一根断了，它就悬了。两根断了，就很危险了。三根断了，就颠覆了。四根断了，就永远起不来了。这四个东西第一个就是礼，第二个是义，第三个是廉，第四个是耻。礼义廉耻丧失殆尽，必然导致国家的灭亡。欧阳修高度赞扬管子的说法，说："礼义，治人之大法；廉耻，立人之大节。"不懂礼义廉耻，这个人立不起来。

我举一个例子。当年周文王不满意商纣王，所以他在积极做准备。由于周文王有道德，国之民为其所化，国内一派和谐的景象。这时候发生一件事情，在周的旁边有两个小国，一个叫虞，一个叫芮，这两个国家中间有一块土地归属未定，双方谁都不让，争吵多年解决不了。怎么办？有一天，他们突然想到去找文王评理。两人来到周国，进入人家国境一看，路上人们都非常有序，年轻人帮老年人，男女各行其道。这个景象在他们国内没有，他们国内是乱糟糟的，谁也不排队。到朝廷一看，有一个官位空缺了，谁来

甲午年公祭孔子大典举行

做? 大家互相谦让。官员甲说,我看乙很适合这个位置;官员乙说,我的道德修为还很不够,我去了会影响工作的,我看丙最合适;官员丙说,你们都不行,我就更不用提了! 大家都以国家为重,没有去跑官要官、去贿赂的,道德达到了很高的境界。后来,他们又去田里一看,有两个农民在开荒,中间有一块地归属未定。农民甲说,这个地是你的。农民乙说,这明明不是我的,我有那么无耻吗? 我坚决不能要的。两个国君看完了很汗颜,我们在那争了几年都停不下来,人家认为是最可耻的,我们还有脸去见周文王让评理吗? 那还不得叫人家笑死了。所以,两个人就跑了。回国之后互谅互让,把问题解决了。这件事情传开以后就很轰动,大家说文王还没出面,就把一个争论多年的事情摆平了,可见文王已经受了天命!

所以,作为执政者,首先是要"观乎天文",古代的天文是观星象,何时该插秧,何时该耘田,都要依据时令节气,这样农业才能丰收,社会才能有物质基础。但仅仅这样不够,还要"观乎人文"。我们的领导人应该上街看看,民众身上有没有人文。什么叫人文? 就是人经过礼乐教化所呈现出来的气象与光彩。如果没有人文,我们怎么让大家有,这个也是我们政府的职责。不仅要有硬实力,同样还要有软实力。

现在我们已经意识到了,每一个城市都在挂这样的大标语:"做谦恭有礼的中国人"。但这么一贴,我们大家就都有礼了吗? 显然还不够,我们要把礼仪规范做出来,为全社会制定既要有中国文化元素,又要切合今天的现实的礼仪规范,并通过行政途径推行到社区、机关、学校,让公民都懂得"以礼自治",就是用礼来自我约束的道理。我们在北京做了一套小学生的礼仪规范,基本上已做成,现在正在推广。北京海淀区有 100 多所小学,希望能成建制地推行。坚持推行下去,我们的国民整体素质必有显著提升。

清代著名思想家顾炎武,他也主张礼治:"礼者,本于人心之节文,以为自治、治人之具。"礼是依据人的本心制定的行为规范,是人自治,或者治人的工具。礼是能否把治国理念落实到民生日用之中的枢纽,"礼之所兴,众之所治也;礼之所废,众之所乱也"。现在,我们正处在一个树立社会规范的示范时期,一定要把这些规范建立起来。从我们领导开始,把社会主义核心价值观落地，这样它才不会变成一个大家在嘴上传来传去的口号。

曾国藩秉承顾炎武的理念，主张"治国以礼为本"，具体来说，就是八个字："以礼自治，以礼治人"。首先形成一套体现价值观的行为规范，让人们能有可以自治的依据。也就是说，先告诉大家什么是礼，每天照着去做，由此形成文化自觉。我们不要做小人，要做君子，就必须要按照礼来生活。把这个规范教给大家，公布于社会，让人们懂得用礼来自治。而从政府部门来讲，"以礼治人"，就是让所有的人知礼、守礼，如此，就可以达到天下大治。曾国藩还说："自内焉者言之，舍礼无所谓道德；自外焉者言之，舍礼无所谓政事。"离开了礼，人还谈什么道德？政府还谈什么行政管理？修身、齐家、治国、平天下，哪一样离得开礼？

山东曲阜孔庙 2018 年祭孔大典

（新华社记者　徐速绘／摄）

这些阐述，是中国先贤对当时核心价值观的认识，是弥足珍贵的思想资源，对于当今社会的道德文明与和谐社会的建设有其重要的借鉴意义。

顺便需要提到的是，其实儒家从来不是迂腐地认为磕头作揖可以救天下。儒家提倡"礼治"，并不排斥法的作用。德主刑辅，也重视刑和法的关系。礼跟法两个东西各有所用。"礼禁未然之前"，你还没有犯罪，还没有触及刑法方面的问题，这个礼就在教你，有了这一套东西，人对自己的行为就会有所防范。"法施已然之后"，除非你老踩这个底线，老是不听劝，这个时候才用法。"法之所为用者易见"，法很见效。在新加坡有一次某一人家阳台上的花盆掉下去，砸到了人。之后阳台上不许放花盆的法立马就出来了，如果放了要罚多少钱，很见效。

但是"礼禁未然之前"是看不出来的，它是隐形的，要慢慢累积，作用才会显现出来。所以礼跟法的关系大家千万不要误会，别一讲礼，法就不要。实际上是先用礼，要预防，法不得已才用，这是古人的一个思路。

改革开放以来，我国物质生产飞速发展，民众的富裕程度日新月异，如何提升大众的文化素养，重建道德伦理，树立正确的核心价值观，是事关我们民族和国家未来走向的重大问题，切不可等闲视之。现在全国城市招商引资很成功，城市硬件也搞得很好，这种典范不缺。现在我们缺什么样的典范？就是我刚才讲的虞、芮二君到周去，文王把民众当中那种无序、混乱、自私、道德水平低下的问题解决了，而且找到了一套解决之道。我认为，这是我们今天尤其需要的。

前几年我到德国洪堡大学，一进大厅，墙上有一段马克思的话："哲学家们只是用不同的方式解释世界，而问题在于改变世界。"周公"制礼作乐"，确定了一个道德理性治国的典范，开创了中国文化一种全新的局面，使得礼成为我们中国人的准则和生活方式。今天我们要弘扬传统文化，要重建道德伦理价值，这个礼对我们有很多的借鉴意义。我们要通过"礼"这个软实力，转变人心，切实树立城市的道德形象，这样我们要实现中国梦就有了更坚实的基础。不知诸君以为然否？

（演讲地点：河南省洛阳市）

现场问答
XIANCHANG WENDA

提问：当前人们对于礼的误读随处可见，比如有人认为礼就是磕头作揖。在您看来，目前对礼的误读主要有哪些？为什么会有这么多不讲礼的现象？

彭林：这个问题提得非常好，我觉得主要原因是我们这个文明到了鸦片战争之后，我们在一个特殊历史背景之下把它抹黑了。很多人认为我们为什么被动挨打？就是因为孔子，就是因为礼，所以打不过别人，甚至把它上纲上线，上到克己复礼就是复辟奴隶制。我们曾经谈"礼"色变，所以久而久之，我们下面的一代一代人，居然没有读过这些相关的历史文献。而原来那种误导、过激的批判，影响确实很深，所以就造成了误会，甚至在学术界也有人认为，礼制是什么东西，不就是磕头作揖，要提倡它干什么，没有它，我不一样生活吗？甚至有一些人说，礼是没有意思的形式主义，这些都是一些误读。

由于对礼没有正确认识，甚至只有坏的、没有好的认识，自然我们的行为就得不到相关的约束。自古以来，我们主要是靠道德理性来约束人们的，你把它抛掉，就必然造成社会的无序与混乱。对此，我们行政部门实际上已经做了很多工作，我们还需要进一步细化，通过文化宣传的途径把它细化，并且落实到每位市民的身上，我想这是很快可以改变的。

忠德的多重价值与意义

徐小跃

徐小跃，南京大学哲学系教授，南京图书馆原馆长，江苏省政府参事。全国宣传文化系统"四个一批"人才，国家"万人计划"首批哲学社会科学领军人才，马克思主义理论研究和建设工程首席专家。江苏高校重点研究基地——儒道释与中国传统文化中心主任，江苏省周易文化研究会会长，老子道学文化研究会会长。美国哈佛大学高级访问学者。发表学术论文200多篇，著有《禅与老庄》《禅林宝训释译》《罗教·佛教·禅学》《中国传统文化与儒道佛》《什么是中华传统美德》等。

大家一定要注意"忠"的原始的、本来的意义，也只有在这些意义上我们才能真正理解古人所说的"忠者，德之正也"之深义，从而才能明白为什么忠德在中华传统道德文化中占有那样的重要地位。

很荣幸能够来到中华传统文化的符号表征——忠县，和大家一起来讨论成为中华文化核心价值观之一的忠德思想。

我们首先来看在中国历史上，各个时期所确定的核心价值观。忠是中国传统文化中的一个重要德目。怎么能证明呢？我们看孔子的文、行、忠、信的"四教"中就有"忠"。孔子用《诗》《书》《礼》《易》《春秋》去教学生，教学生有四个方面的内容，忠就是其中之一。孟子说的"仁义忠信，乐善不倦"的"天爵"中有忠，《周礼》的知、仁、圣、义、忠、和"六德"有"忠"，"孝悌忠信礼义廉耻"旧"四维八德"中有"忠"，"忠孝仁爱信义和平"新"八德"中有"忠"。这些充分证明了，忠在中华传统文化当中的重要地位。

"忠"的原始含义

我讲的第一个问题是释"忠"，就是说从本来的、原始的意义上去揭示忠的内涵究竟是什么。在汉语中，"忠"是个多义词，但每种词义皆表示某种美德和善行，这是一个重要特点。

中国的第一部字典东汉许慎的《说文解字》是怎么解释"忠"呢？"忠敬也。从心，中声"。到了清代，段玉裁在《说文解字注》中补充说"尽心曰忠"。在其他字典和著述中，还有"中心曰忠""忠，无私也""忠，竭诚也""忠，直也"等相关解释。可见，"忠"的本来含义是尽心、忠心、无私、恭敬、竭诚、直率等。所以说，"忠德"就是尽心尽力，不偏不倚，恭敬竭诚，忠心无私以奉公、任事、服职、对人之美德。大家一定要注意"忠"的原始的、本来的意义，也只有在这些意义上我们才能真正理解古人所说的"忠者，德之正也"之深义，从而才能明白为什么忠德在中华传统道德文化中占有那样的重要地位。甚至可以说，如果能将忠德所蕴含的全部意义揭示和呈现出来，中华传统文化特别是儒家文化的主要精神就可以得到全面展现。

忠德与儒家"五常"之德

第二个问题，就是我要回答刚才提出来的结论：你理解了忠德，对中华传统文化特别是儒家文化就会获得一个全面深入的把握。忠德包含了仁、义、礼、智、信"五常"之德。所以，我就来讲忠和仁、义、礼、智、信的内在的、必然的关联性。

第一，忠爱。尽心尽力为人做事，是忠德所表达的第一个意思。这里对"为人"的定位是十分重要的。其一，"为人"是为他人而非为自己；其二，"为人"是为大多数人而非为少数人。第一个意义上的忠之义，我们在《论语》中能够得到印证。曾子曰："吾日三省吾身：为人谋而不忠乎？与朋友交而不信乎？传不习乎？"其中，"为人谋而不忠乎"是在反思自己为他人办事时是否尽心尽力了。如果是，就做到了忠。"夫子之道，忠恕而已矣。"在曾子看来，孔子所讲的内容，一以贯之的是忠恕之道。第二个意义上的忠之义，我们在《左传》中能得到印证。"上思利民，忠也。"（《左传·桓公六年》）作为统治者，积极思考如何为人民谋利益，这就是忠。"利民"传达的是君民关系，以人民为贵，将重心落在人民。

概而言之，忠的精神是仁爱，而仁爱的本质即在于给予、奉献。由此，忠德就表现为"仁爱"之德，从而实现了忠与"五常"之仁的相融互通。

第二，忠正。无私公正做人处事，这是忠德所表达的第二个意思。大家知道，私的反面就是公，所以无私就是"公"，"大公无私"，此之谓也。而公的要旨反映在中正、平正之上，"忠者，德之正也""惟正是忠"，此之谓也。这里就形成了一种逻辑关系：忠即公，公即正，正即义，义即忠。忠、义常常相连而用的真正原因就在这里。那么，"义"是什么意思？"义者，宜也。"古人解释"义"，用的是"宜"字。"宜"是象形字，就像把一块方肉割成了几块。分得公平，则称为"宜"。做事要遵循"比于心""合于众""得于中""止于平""行于正"的原则。所以,公平公正、中正无私正是"义"所呼唤的精神。

在中国传统文化中,无论是雅文化、俗文化,还是上层社会、底层社会,都是按照公义这一最高原则,来创造心中的偶像并加以祭拜的。我们熟知的关公、包公、济公等,之所以被称为"公",就是因为他们身上都体现了公义、公正、忠公的品德。我在这里还要强调,古往今来,中国人从来不缺乏对公正的追求,而且这种理念非常强烈。其中,有一个最大的特点,就是中国人通过宗教信仰的形式来凸显和弘扬这样一个公义的人物。中国人是将公正上升到信仰高度,来加以认知和追求的。

概而言之,忠的精神是义正,义正的本质在于公正、无私。由此,忠德就表现为"义正"之德,从而实现了忠与"五常"之义的相融互通。

第三,忠敬。恭敬,这是忠德所表达的第三个意思,也是《说文解字》对忠的最直接的解释。"忠,敬也",意思是说,忠即是恭敬、庄敬、尊敬、崇敬之情之意。而"礼"的本质在于"敬"。孟子有言:"恭敬之心,礼也。"作为一般意义上的礼,是要通过一定的形式表现出来的。不管有多少礼,以及多少形式,但最终都是要体现出对对象的恭敬。所以古人有言:"经礼三百,曲礼三千,亦可以一言以蔽之曰:'毋不敬'。"所谓的"毋不敬",意思是说,身心内外不可有一点不恭敬之意。

一个国家要立需要知礼,一个人要立同样需要知礼。"不知礼,无以立也",说的就是这个道理。对人行事要恭敬而不懈怠,这就是忠德与礼德所欲共同彰显的德行和精神。有了这种德行和精神,会产生团结和谐的局面。"礼之用,和为贵",就是在这个意义上对礼敬的作用加以肯定的。

概而言之,忠的精神是礼敬,而礼敬的本质在于恭敬、谦让。由此,忠德就表现为"礼敬"之德,从而实现了忠与"五常"之礼的相融互通。

第四,忠善。教人以善、导人以善,这是忠德所表达的第四个意思。孟子说,"教人以善谓之忠",这是"忠德"所蕴含的一个非常重要的意义。简单地说,忠德是要让人向善的德性。它所强调的是人之为人的一个天生能力的问题,而"五常"之德之一的"智"就是善的表达。这个"智"是什么意思呢？它并不是我们通常理解的聪明、知识和智慧，而是人之为人的良知，老百姓通俗地说就是"良心"。它是所有道德的基础和判断所有道德真假的标准。如果要对"五常"中的"智"给出一个本质属性的话，那么，我认为就是"善"，再确切一点说就是"至善"。这样，智与善就在人之为人的本性上得到了重合与相通。呈明向善之心，教化人心向善，这就是忠德与智德所欲共同彰显的德行和精神。

概而言之，忠的精神是智善，而智善的本质即在于良知、向善。由此，忠德就表现为"智善"之德，从而实现了忠与"五常"之智的相融互通。

第五，忠诚。不欺、竭诚，这是忠德所表达的第五个意思。我们讲这个忠，一是"忠者，内尽其心，而不欺也"，二是"忠，竭诚也"，两者都强调了忠在诚信层面的绝对性与神圣性。应该说，忠表征了中华传统文化的"信德"最深层的内涵。在日常生活中，我们劝导人们要诚信。你不诚信，人家对你也不诚信。诚信是现代企业要尊重的一个原则。但这只是在一个非常浅的层面规劝人们要讲诚信。中华传统文化讲忠德强调"敬"和"竭"这两个字，它是有神圣性和绝对性的。

那么，儒家的仁、义、礼、智、信中这个"信"又是什么意思呢？《说文解字》说："信，诚也。"可见，信与诚可以相互解释。诚信，就是诚实不欺。"忠"与"信"的密切联系，显而易见。孟子虽然没有将"信"与"仁义礼智"一起作为道德来论证，但他将"诚"上升到了哲学本体高度来加以认识，将诚信视为天之本质属性。"诚者，天之道也；思诚者，人之道也。"人为何要忠诚、诚信？因为这是天赋予我们的责任，不应违背。

概而言之，忠的精神是信诚，而信诚的本质即在于笃实、不欺。由此，忠德就表现为"信诚"之德也，从而实现了忠与"五常"之信的相融互通。

由上可知，由忠爱、忠正、忠敬、忠善、忠诚所组成的忠德精神，与儒家"五常"实现了相互融通。我们说，中华传统文化的核心价值观是仁、义、礼、智、信，说简单一点，我可用一个字，那就是"忠"。忠德具有仁、义、礼、智、信"五常"的全部意义与价值。我相信，当具有了上述的认知，忠德在中华传统道德中的重大意义和巨大作用就会清晰可见了。

忠德是一种气节

上面讲了忠德和哪些具体德目相联系、相契合，但实际上忠德还表现为一种气节。所谓忠，是作为一种为了坚守、捍卫、维护、完成高尚的和神圣的道义、正义、公道、真理、光明，而不惜牺牲生命的气节、操守与情怀之义。

豫剧《岳飞》选段

（新华社记者　朱祥／摄）

自古以来，我们中华民族都在传颂和高扬着这种精神。而圣哲先贤们的许多名言，也都是在诠释和印证着"忠德"的这一精神。孔子说："志士仁人，无求生以害人，有杀身以成仁"；孟子说："富贵不能淫，贫贱不能移，威武不能屈"，"生，我所欲也，义，亦我所欲也。二者不可得兼，舍生而取义者也。"这种浩然正气正是我们中华民族的伟大气节和可贵精神之所在，千百年来在这种气节和精神培植下产生了许许多多的民族英雄，舍生取义成仁是历史上许多人追求的人生境界。我们也常常会将这种品德操守，赞誉为忠勇、忠贞、忠烈。

通过上面的论述，我可以总结出忠德有几个非常重要的特点。第一个，就是它的"全"性。即强调对"他者"的尽心尽力，全心全意。第二个，就是它的"一"性。即强调对"他者"的专一纯粹，永恒坚定。正因为有了上述二性，忠德与其他道德德目比较起来，它又有了第三个特性。那就是喜欢用一个否定词来加强忠德诸义的意义，比如，忠心不二、忠诚不欺、忠勇不屈、忠贞不移、忠正无私。

忠孝与忠君爱国

接下来我要讲的是忠孝和忠君爱国的问题。问题越来越难了，越来越难讲了，但是这是没办法回避的问题。与孝、与君相连而形成的"忠孝""忠君"思想当是忠德所包含的两项重要内容。如果单就"孝"的问题来说，其在中华传统文化中的显著地位及其重要性都是没有任何疑问的。但当孝与忠相连而构成"忠孝"问题，其中的复杂性就呈现出来了，这就需要我们历史地、具体地、辩证地加以分析了。而当"忠君"与"爱国"相连而形成"忠君爱国"问题，情况就显得更加复杂了。对它要进行客观全面准确的把握，它关系到对爱国主义传统的正确认知问题。

首先，我们谈忠孝。忠、孝二德谁产生得更早，学界是有不同看法的。但如果就忠、孝二德连用的话，无疑是孝德在先，忠德在后。道理很简单，忠孝就是要解决移孝为忠的问题。"孝"这个字怎么写呢？上面一个"老"、下面一个"子"构成"孝"，象征上代与下代融为一体。孝的对象是双亲，"善事父母为孝"，这是对父母家庭所负责任而表现出来的善德善行。所以说，孝是离每个人最近和最先要做的善行。简单说，孝表达两个意思，一个是敬，一个是顺，所以说我们中国人说孝敬和孝顺。我们中国人很有智慧，由孝道而表现的下者对上者的敬顺之爱，扩展开来，对他人、集体、事业、上级、君王、国家也都能做到尽心尽力、敬顺行事，那当然应该成为一个文明社会值得正面肯定和提倡的行为。由孝而忠，或者说移孝为忠，如果在上述意义上得到自然地展开，那么，这样的忠就是不可或缺的。汉唐以来所形成的"求忠臣必于孝子之门"选拔人才机制，其思想基础正在于此。大家注意一点，基于"孝忠"而产生的爱国情怀，也是由中国传统的"家国同构"社会结构决定的。由此可见，与孝相连的忠，其积极正面的价值与意义是显而易见的。

讲了忠孝以后，我再讲忠君的问题。忠君问题，实际上是如何处理君与臣之间的关系问题。在先秦许多文献里，都是从双向性上来规定和定位君臣之间的关系的。"君仁臣敬""君惠臣忠",君臣的关系是相对的,是双向的,这也叫"君臣有义"。总之,君臣正常关系的建立是有条件、有原则的。由此可见,这样的君臣关系正是遵循着"忠"的一个非常重要的德性,那就是忠之正。所以说,忠君的问题也有个正与不正的问题。对于具有忠之正的"忠君"思想不但不应简单地给予否定,还应汲取其中的合理营养。

从战国后期开始,到汉代以后,尤其是宋代以后,忠君的方向发生了变化,即向着单向性、绝对性等不正的方向变化了。这就是"为人臣者,杀其身有益于君则为之"(《礼记·文王世子》),"君为臣纲"(西汉董仲舒语),"君虽不仁,臣不可以不忠"(曾国藩语)。更有甚者,那就是宋代以后成为主流的观念:"君叫臣死,臣不得不死"。这样的忠被称为"愚忠""私忠"。通俗地说,这是一种丧失了"正"性的忠,背离了"公"性的忠,它已经完全将"忠德"异化了,已经不叫忠了。忠的本意,一个正,一个公。

第三,忠君爱国。关于忠君爱国问题,实际上是包含了许多中国传统的爱国主义思想内容。论忠德,一个非常重要的内容就是爱国的问题。

前面说到,"忠君爱国"涉及君国关系。大家知道,中国传统社会另一个非常显著的特征就表现为"君国一体"。这一社会存在就决定了中国古代的爱国主义,往往是与"忠君"联系在一起的,对此必须进行具体的分析。对"忠君"一事,不能一概定性为糟粕,而一定要区分它的"正"与"不正",二要看到忠君与爱国两者是否是统一的。通俗地说,君王也好、皇帝也好,他的意愿是为了国家、为了人民、为了民族,那么此时的忠君就等同于爱国。这一情况下所表现出来的爱国主义,无疑是应该得

我爱我的国,我爱我的家　　　　(新华社记者　陈君清 / 摄)

到肯定和颂扬的。

在中国历史上涌现出的许许多多的爱国英雄、仁人志士，他们的精神被中国人民千年传颂和高扬，从而形成源远流长、绵延不断的爱国主义传统。尽管这种传统精神是在特定时空下和特殊对象下形成的，但它还是在表征着符合人之为人的人性的光辉。我们耳熟能详的屈原、苏武、杨家将、岳飞、文天祥、于谦、史可法、戚继光、郑成功、林则徐等，就是这样的爱国民族英雄。他们都为了什么呢？或为了谋求人民的利益，或为了保持民族的气节，或为了制止内部的分裂，或为了抵抗外族的入侵，或为了保卫国土的完整，或为了抵御外国的欺侮，或为了捍卫道义的尊严。

还有许多警言格句，充满着浓浓的爱国之情，每每读来，无不让人感怀不已。比如，"长太息以掩涕兮，哀民生之多艰"（屈原语），"苟利国家，不求富贵"（《礼记》），"鞠躬尽瘁，死而后已"（诸葛亮语），"先天下之忧而忧，后天下之乐而乐"（范仲淹语），"位卑未敢忘忧国"（陆游语），"人生自古谁无死，留取丹心照汗青"（文天祥语），"精忠报国"（《宋史·岳飞列传》），"一片丹心图报国，两行清泪为忠家"（于谦语），"苟利国家生死以，岂因祸福避趋之"（林则徐语），"天下兴亡，匹夫有责"（顾炎武义，由梁启超概括）。

值得注意的是，中国传统的爱国主义思想都是在"家国同构""君国一体"的社会、政治、文化特殊结构条件下产生的，所以一定有它的历史性，对此应当作出具体分析。但不可否认的事实是，主要由忠德来体现的中国传统的爱国主义，它已构成中华传统文化的美德而受到赞扬。正因为如此，习近平总书记明确指出："在中华民族几千年绵延发展的历史长河中，爱国主义始终是激昂的主旋律，始终是激励我国各族人民自强不息的强大力量。"

我们承认中国爱国主义的历史性、时代性，也就是说，爱国主义的具体内容不是一成不变的，而是随着时代的变化不断得到丰富充实的。例如中国近代而形成的爱国主义，就加强了国家民族等方面的内容。以中国共产党为代表所领导的伟大的抗日民族解放运动，则将"对外推翻帝国主义压迫的民族革命和对内推翻封建地主压迫的民主革命"，并最终赢得中国人民的彻底解放和当家作主融

十八届中央政治局进行第二十九次集体学习

入到爱国主义的内涵中。新中国成立以后，特别是改革开放以来，随着"中国梦"的提出，爱国主义思想有了更加崭新丰富的内涵。结合我们对"忠德"多重价值与意义的探讨，如果站在忠的角度来理解"中国梦"和"爱国"的话，那么，中国梦就是国家梦、民族梦、人民梦，而爱国就是忠爱国家、忠爱民族、忠爱人民，以及忠爱这个国家、民族和人民创造出的一切文化和进行的一切事业。

忠德与社会主义核心价值观

第五个问题，讲忠德与社会主义核心价值观。忠德的价值与意义太丰富了，所以说它就有可能和社会主义核心价值观做多层次的比较。用我们现在的话说，一个忠德可以在比较多的层面起到涵养、培植社会主义核心价值观的作用。许多中国传统文化的概念，一旦和核心价值观比，只能一个概念、一个概念比，而我们通过研究忠德以后就会发现，我只用"忠"这一个字，就涵盖了多方面的内容。"忠"这个概念有很广的含摄性。忠德不但是美德，而且是全德，这个特点应该引起大家的高度重视。

总的说来，就尽心尽力、不偏不倚、恭敬竭诚、忠心无私以奉公、任事、服职、对人这一忠的本义来看，它与社会主义核心价值观中的"公正""爱国""敬业""诚信""友善""文明""和谐"有着内在的关联性和相通性。

具体说来，由忠爱而表现的仁爱之德，能成为涵养"爱国""敬业""诚信""友善"之德；由忠正而表现的义正之德，能成为涵养"公正"之德；由忠敬而表现的礼敬之德，能成为涵养"和谐""敬业""友善"之德；由忠善而表现的智善之德，能成为涵养"文明"之德；由忠诚而表现的信诚之德，能成为涵养"诚信""友善"之德；由忠义而表现的道义之德，能成为涵养"爱国"之德；由忠孝而表现的爱亲人、爱家庭、爱家乡、爱故土、爱国家、爱天下之德，能成为涵养"爱国"之德；由在公与正二义前提下的忠君爱国而表现的传统的爱国主义思想，能成为涵养"爱国"之德。

忠德与向善

最后我想讲一讲忠德与向善的问题，这也是我们研究忠德最应该注意到的一个问题。我前面已经说了，孟子说："教人以善谓之忠"。那么我们说，社会主义核心价值观和追求国家富强、民族振兴、人民幸福的中国梦都是善的表征。

什么叫善呢？善是符合人性和社会发展方向的地方和境界。而且安止此境，又恰是中华传统文化，特别是儒家文化强调的思想终的。所谓终的，就是最终目的。我们中华文明之所以能够光耀世界，其中一个非常重要的原因就在于这一文明本身就尤其重视安止光明和美丽的地方。作为群经之首的《周易》就说，"文明以止，人文也"。什么意思？安止文明就是人文。而安止文明就是朝着光明和美丽的方向前行，并最终与此相合。这一文明之境，儒家又称其为"至善"，所以才有《大学》那著名的四个字："止于至善"。

那如何才能实现这一人类社会的美好目标呢？中国先哲先圣们告诉我们，通过"忠德"的教导、弘化、宣传、提倡，我们就能够达到此境。所以孟子说，"教人以善谓之忠"。中国人有没有信仰？我们中国人的信仰就是人心向善。实际上，忠的这一教人向善之义，有一个极其重要的功能，就是从根本处、超越性来呼唤向善之心，人心向善，止于至善。换句话说，它不是直接呈现什么样的具体道德、表现什么样的具体德行，而是从总体上要求人们向善、行善。当你知道了"向善之心"乃是中华民族的信仰追求以后，你再来理解和体会"教人以善谓之忠"，那一定会产生某种绝对感和神圣感。当你深切感受到你从事的事业是表征人类社会发展方向的，是安止于真善美之境界的，那么，你一定会表现出对它的无比忠诚之情，同时亦会为此目标的实现而尽心力行，以彰显忠勇之精神。一种力量只要由信仰形成，那将是巨大而又恒久的。

最后，我的结论是，我们论述中华传统的忠德思想，就是要客观全面呈现它的含义、揭示它的价值、阐扬它的意义，但其最终目

《关于实施中华优秀传统文化传承发展工程的意见》印发

的当是要实现传统与现代最精当的对接，在现在和未来的中国社会使中国人"形成向上的力量、向善的力量"。"只要中华民族一代接着一代追求美好崇高的道德境界，我们的民族就永远充满希望。"

（演讲地点：重庆市忠县）

现场问答
XIANCHANG WENDA

提问：青年一代，在新的舆论环境中成长起来，思维方式、价值取向等深受新媒体内容的影响。社会主义核心价值观教育，怎样才能让他们听得进、学得好？

徐小跃：我们今天讲忠德，讲社会主义核心价值观，要想让受众听得进、学得好，关键是做到以下几点：第一，不管通过什么方式、什么形式，运用传统媒体还是新兴媒体，首先都要把词语的原始意义讲清楚，让人理解和认同。第二，所有道理一定要与生命打通。这是我在多年来的国学研究中，体会较深的一个方面。一种理论、一种思想，如果不能与人的心性和生命打通，那么一定收效不大。第三，要充分考虑受众的特殊性、传播手段的多样性，将传统与现代进行有机融合。

提问：一些人受到西方价值观的影响，追求自由，强调个人主义。这是否与"忠"有所冲突？设定教育目标时，应当怎样在两者之间找到契合点？

徐小跃：忽视了个性和自由的文化，往往不能表征人性的光辉和代表社会发展方向。中国儒家、道家、佛家的思想精髓，都有一个字：爱。爱，是给予、奉献和慈悲，而不是索取。老子说，"既以为人己愈有，既以与人己愈多"。尽力照顾别人，自己也更为充足；尽力给予别人，自己反而更丰富。在帮助他人的过程中，获得了更大的快乐。全心全意为人民，其实也是为自己。在这种情况下，非但不会影响到自由，反而让人的精神更加富有。自由和忠，并不是对立的。

传统文化与官德修养

王　杰

王杰，中共中央党校（国家行政学院）教授，中国实学研究会会长、领导干部学国学组委会主任。发表学术论文及图书评论200余篇，著有《儒家文化的人学视野》《先秦儒家政治思想论稿》《荀子注释》等，主编《领导干部国学大讲堂》《领导干部国学公开课》《新时代领导干部政德公开课》《领导干部国学课二十五讲》《中国古代治国理政箴言》《实学文化丛书》等。

道德修养达到一定的境界和高度，就会产生一股浩然正气。有了这股正气，就能抵御一切外来诱惑，做到俯仰无愧于天地。

传统文化中，蕴含着丰富的修身做人、安身立命、为官为政、治国安邦的人生哲理和思想资源，这些思想构成了中华文化的核心价值观。它没有因为时间的流逝而失去生命活力，相反，在今天仍然熠熠散发着光辉。今天，我想就中国传统文化与官德修养这个主题谈几个问题。这几个问题都关系到我们中国优秀传统文化的核心思想，关系到我们的核心价值观。

德是官之本，为官须有德

第一个我想谈的问题是，官有百行，以德为首。就是你作为一个官员，你要有德行、要有品行，德不厚者不可为官。在这个大的内容下，我想具体谈四个小问题。

德是立身之本

德是立身之本，也是为官之魂。古语说，吏无德必乱，政无道必亡。"人可一生不仕，但不可一日无德"，人可以一辈子不做官，因为做官是暂时的，但不能一天没有做人的德行和品行。所以习近平总书记讲，德是官之本，为官须有德。

在中国几千年以前，就有"立德""立功""立言"这三不朽，德是立功、立言之首。孔夫子也讲，作为一个官员有德行、有品行是基本的前提。"不患无位，患所以立"，不担心自己有没有官职、官位，担心的、忧虑的是自己做人的品行如何。"德不孤，必有邻"，有德行的人不会感到孤单，一定会有志同道合的人与你相伴。当鲁国的国君问孔夫子，我怎样做老百姓才能够服我，孔夫子讲，你把那些有德行、有品行的人选拔重用了，老百姓就心悦诚服，反过来老百姓就不服你。孟子也讲，

你以武力服不了众，只有以德才能服人，才能够让老百姓心悦诚服。

孔孟之后，中国历朝历代都把一个为官为政者的德行、品行放在第一位。唐太宗李世民说，"人之立身，所贵者惟在德行"。你要立身于社会，什么最贵？德行。清代书画家、文学家郑板桥有副著名的对联："种十里名花，何如种德；修万间广厦，不若修身。"这些强调的是什么？就是一个官员的德行、品行是立身之本。古人讲的修身，不是指锻炼身体、修筋骨皮，而是指立德、修德和养德。把德作为一个为官为政者的立根之基，千百年来我们没有改变，也没有动摇过。

德是立国之基

德还是立国之基。2014 年 5 月 4 日，习近平总书记在北京大学师生座谈会上指出："核心价值观，其实就是一种德，既是个人的德，也是一种大德，就是国家的德、社会的德。国无德不兴，人无德不立。"我国的德治传统，源远流长。

早在三千年前，周公就提出了"以德配天""明德慎罚""皇天无亲，惟德是辅"。他总结统治长达六百年的商朝何以亡国，结论是商亡于无德、失德，失去了民心，最终失去了天下。小邦周之所以能灭掉商朝并成功建国，原因在于有德。周公把有德、无德作为一个国家兴衰存亡的分水岭、试金石。《大学》讲"修齐治平"之道，把修身放在首位。李世民跟自己的官员讲，要让国家长治久安，官员先把自己的德行、品行修养好。魏徵也讲，你要让树枝、树叶枝繁叶茂，培育它的根本，根深才能叶茂；你要让水长流不断，疏通它的源头，源远才能流长。同样，你要让这个国家稳定，官员先把自己的品行、德行修养好。北宋的王安石、苏轼也持类似的观点。到了近代，孙中山先生也讲，"有了很好的道德，国家才能长治久安"。

这些都说明了一点，德不但可以决定个人的命运，也可以决定国家的前途。"国家之败，由官邪也。"历朝历代，国家的衰亡、政权的垮台，都与统治者、执政者不立德、不修德、不践德有关，与统治者骄奢淫逸、声色犬马、挥金如土、纸醉金迷、丧失民心有关，这是一个历史的铁律，没有人能够超越，也没有朝代能够超越这一点。只有整肃吏治，打造一个风清气正的政治生态环境，国家才能和谐稳定、长治久安。

德行与才能相比，德行更重要

对一个官员来讲，究竟是能力重要还是德行、品行重要，这是值得我们去思考的一个问题。我们中国的文化给出明确的答案，能力固然重要，但是与德行相比，德行更根本、更重要。纵观古往今来的历史，有才无德、重才轻德，或者才有余德不足，造成家破人亡、妻离子散、身死族灭乃至身死国灭的人何止千万。这就是我们的历史。历史是一本教科书、一支清醒剂。以史为鉴，可以知得失。

中国几千年的传统教育，一直把德行放在首位。《三字经》里说，"首孝悌，次见闻"。把德行、品行修养好了，如果再有更多的精力和时间，再去学习文化知识。

孔繁森（右）在西藏阿里地区日土县过巴乡看望孤寡老人　　　　　　　　　　　（新华社发）

中国几千年的选官，选人、用人也是把德行放在了第一位。汉代选拔官员的主要标准，是"举孝廉"。汉代以后一直到清代，唐宋、明清，都注重官员的德行。朱元璋讲，选拔官员的标准是什么？德行为本，文艺次之。康熙皇帝选拔官员的标准也是德行。他说："心术不善，纵有才学何用"。我们可以看到，千百年来中华民族始终是把道德价值放在优先的位置，这一点没有动摇过。过去是这样，现在仍然是这样。我们今天评价学生"品学兼优"，评价艺术家"德艺双馨"，评价知识分子"道德文章"，评价官员"德才兼备，以德为先"，都是强调一个"德"字。

做官先做人，从政先立德。能力可以让人暂时获得一个位置，但德行才能决定在这个位置上可以待多久。道德常常可以弥补才能、学识的不足，但才能、学识永远填补不了道德的空白。今天，我们在考察、任用干部时，不应唯才是举、唯才是用，而是要任人唯贤、以德为先，注重德能勤绩廉。

没有德行，一切财富都将化为乌有

对于一个官员来说，如果没有德行，拥有的财富是否能保得住？中国传统文化，给出了一个明确的答案：不能。

对一个官员来讲，如果他有德行、有品行，能够守住修身做人的底线、夯实为官为政的根基，不去做违法乱纪的事情，那么他的身外之物，权力、地位、财富、名利、名誉等等，都可以保住。这就是《周易》给我们讲的"君子以厚德载物"。你只有厚德才能承载身外之物，如果没有德行，这些身外之物就会把人压倒、压垮、压死。

反过来说，没有德行的人当了官，身居高位，会怎么样呢？孟子讲，没有德行的人当了官，会把不良风尚、歪风邪气播撒给全社会、老百姓。古往今来，不正之风都是从上往下刮来的。而"德不配位，必有灾殃""德不称其任，其祸必酷；能不称其位，其殃必大"。德薄位尊，一旦出问题，一定是致命的大问题。

无德而禄，拥有大量不义之财，这类人会有什么结果？孔夫子讲，"不义而富且贵，于我如浮云。"无德之人虽然暂时得到了许多，但早晚也会失去。老子说，"金玉满堂，莫之能守；富贵而骄，自遗其咎"。你拥有满屋子、满堂的财富、金玉，但你守不住它；你有钱、你有权，你牛气冲天，你任性，自己招致灾难。所以孟子讲，祸和福无不是自己求之，没有人逼着我们，都是我们自己求来的。

在这里我们要得出这么一个结论，没有德行的支撑，一切都将化为乌有、付诸东流。修善行以结善果，养大德以成大业。各级领导干部，要把加强道德修养作为重要的人生必修课。

治政廉为首，廉乃政之本

第二个问题，我们讲清廉。"治政廉为首，廉乃政之本"。我国古代有一类书叫官箴书，它是官员的必读书，里面有大量为官、为政的思想。其中有一则提到，做官有三件事：清、慎、勤。"清"是清廉，"慎"是谨慎，"勤"是勤政。排在第一的是清廉。那清廉究竟是指什么？清廉是官员面对利益诱惑时所表现出来的一种正确的人生态度，不利令智昏，不以权谋私，不徇私舞弊，不贪赃枉法，能够做到廉洁自律、洁身自好，守住为官的道德、良知、法律底线。

从古以来，一些清官廉吏身居高位、位高权重，并且处于非常险恶的官场环境中。他们能够做到什么？出淤泥而不染。治官事不营私家，在公家不言货利。他们"清风两袖朝天去，不带江南一寸棉""宦海归来两袖空""去时犹似到时贫"。"官清赢得梦魂安"，为官清廉，晚上睡觉都踏踏实实。

不仅清廉，他们往往还是节俭的表率。一粥一饭，当思来之不易。"俭，德之共也；侈，恶之大也。"儒家把节俭作为人生的五种美德之一，老子也把节俭作为人生的三大法宝之一。节俭是一种美德，节俭不是小气，奢靡不是大方。当用则万金不惜，不当用则一文不费。

纵观历史，从古到今，没有一个政权、一个朝代、一个王朝能够突破这样一个铁的历史规律："勤俭兴国，奢靡亡国""以俭得之，以奢失之""奢靡之始，危亡之渐"。朱元璋讲，凡国之兴莫不由于节俭，凡国之亡莫不由于奢靡。成由勤俭败由奢，这是一条重要的历史规律。历史给了我们太多警示和教训。挥霍浪费、纵欲享乐，通常伴随的是贪污腐败。多少官员都是因为奢靡享乐才去贪腐，最后走上了人生的不归路。如果说廉洁和节俭是亲兄弟，那么贪腐与奢靡则是孪生子。为官须节俭，莫贪婪。今天，加强反腐倡廉制度建设，形成官员不能贪、不敢贪、不用贪、不愿贪的反腐长效机制，有着重要意义。

古代这些清官廉吏能够做到执政为民，为官一任，造福一方。他们胸怀天下，以天下苍生为己任，"先天下之忧而忧，后天下之乐而乐"。他们要追求的政治目标、政治理想是什么？就是让社会风清气正，让百姓安居乐业。可以说，它就是《诗经》里追求的乐土社会，就是陶渊明在《桃花源记》里追求的"黄发垂髫，并怡然自乐"，就是杜甫追求的"安得广厦千万间，大庇天下寒士俱欢颜"！

另外，这些清官廉吏在家教、家风上，往往把培养儿孙良好的习惯、健全的人格放在首位，没有一个是把财富放在第一位。他们拥有人生的大智慧，知道对于一个家族的兴衰存亡来说，什么是最重要的。孔子、曾子、诸葛亮、司马光、范仲淹、包拯、曾国藩等人教子，都强调品行的重要性，历来被传为美谈。包拯告诉儿孙，做官不要贪财，如果有贪赃枉法者，一旦被免了官职，活着不准走进包家大门，死了不准埋在包家坟墓。曾国藩教子，你可以当官但不能发财，当官、发财是两条道，混为一谈，则死路一条。经营好家风，不是官员的私家事，而要作为必修课来看待。

这些清官廉吏，皆注重礼义廉耻。礼义廉耻，是社会的道德标准和行为规范。孟子讲："人不可以无耻。"知耻不是小节，而是大节。他们还重诚信。"人而无信，不知其可也。"摔倒了可以站起来再走，一旦失信于民，将无可挽回。除此之外，他们还讲敬畏。敬畏之心人皆有之。孔夫子是圣人，孔夫子都讲"君子有三畏：畏天命，畏大人，畏圣人之言"。唐太宗是皇帝，他都讲要上畏苍天，下畏庶民。所以23年的贞观盛世绝不是空穴来风、无源之水，而是当政者敬天爱民的结果。今天，作为官员，也要心有所畏，身有所正，言有所规，行有所止。

为官须律己，慎独慎微慎用权

正己律己，是中国文化对官员的一种基本要求。《论语》中，记载了几次学生问政于孔子的事情。一次是子张请教孔子如何为政，孔子回答说：

"居之无倦，行之以忠。"意思是说，在位时不要疲倦懈怠，执行政令时要忠心耿耿。也就是说，不能为官不作为，要在其位谋其政。这里讲的是要勤政，不要懒政。

还有一次，"季康子问政于孔子。孔子对曰：'政者，正也。子帅以正，孰敢不正？'"孔子告诉他："政"的意思就是端正、正义、正直、正气、公正等。当政者带头端正自己的言行，那谁还敢行为不端正！"不能正其身，如正人何？"如果连自己都正不了，又怎么去正别人？孔子强调的是，为政者正人先要正己，要以身作则、言传身教，要反躬自省、严于律己。类似的思想，《论语》中还有很多。

为官须谨慎，事事不糊涂。《大学》《中庸》里头，讲了大量关于谨慎的问题。什么叫"慎"？"慎"即做事小心谨慎。"慎"是一种重要的道德修养方法，是个人自律所达到的一种极高的道德境界。为官者，要做到"十慎"：慎独、慎微、慎权、慎欲、慎好、慎友、慎言行、慎始终、慎亲、慎平。

第一，慎独。"慎独"一词最早出自《中庸》，"莫见乎隐，莫显乎微，故君子慎其独也。"它强调道德修养要在"隐"和"微"方面下功夫，在别人看不见、听不到的地方下功夫。慎独，说的就是自己在独处的情况下，在没有外人监督和约束的情况下，能否守住道德、法律底线的问题，能否管好自己、约束好自己的问题。

古代很多官员做到了慎独，比如东汉被称为"四知先生"的杨震。旧友王密拿了十斤黄金，夜里来给杨震送礼，没有人知道。但是杨震讲："上天知道，神明知道，我知道，你知道。怎么说没有人知道

福州林则徐纪念馆，工作人员与小朋友一起制作林则徐家训"十无益"碑刻拓片
(新华社记者　宋为伟／摄)

呢!"林则徐在居所悬挂了一幅醒目的中堂,上书"慎独"。晚清名臣曾国藩的遗嘱共四条,第一条就是讲"慎独"。他说:"慎独则心安。……能慎独,则内省不疚,可以对天地,质鬼神"。

刘少奇在《论共产党员的修养》中写道,对于觉悟高的共产党员来说,"即使在他个人独立工作、无人监督、有做各种坏事的可能的时候,他能够'慎独',不做任何坏事。"慎独很难,它要求人们在没有任何外在监督的情况下坚守道德和法律底线,自觉同各种各样的邪念、贪欲做斗争。它是一种很高的道德境界,是衡量一个人道德觉悟和思想品质的试金石。多少官员就是倒在了不"慎独"上!

第二,慎微。慎微,即在日常的细枝末节处要谨慎。"不矜细行,终累大德"。"千里之堤,毁于蚁穴","小节不保,大节必失"。小毛病不克服,小节上不检点,终究会酿成人生的祸患。它会变成一种习惯,成了自然,不过脑子、不走意识。为官者不能做大事而不拘小节,细节决定了为官的成败。钱眼虽小能铐住手,酒杯虽浅能淹死人。走上犯罪道路的领导干部,大多都是从"小节"上出问题开始的。

第三,慎权。一切拥有权力的人,都容易滥用权力,这是一个历史经验。权力一分不受约束,必然产生一分的腐败。百分地不受监督、不受制约,权力就会蠢蠢欲动,就会破门而出,就会铤而走险,不惜践踏道德、违法乱纪,甚至不惜走上断头台。慎用权,可以造福人类,造福子孙后代。滥用权,必然危及国家,祸及自身。为官者,应该过好权力关,不能滥用职权,不应滥权任性。要加强对权力运行的制约和监督,把权力关进制度的笼子里。要让权力在阳光下运行,在阳光下亮一亮、晒一晒,因为只有阳光才是最好的防腐剂。

为官者还要慎亲。慎亲,就是管好自己的家人,不要纵容家人去做违法乱纪的事情。有个处级干部出了问题后讲,这副手铐有我一半,也有我妻子的一半。为什么?妻子的虚荣、攀比、贪婪,以及无休止的抱怨,让他心理失衡,让他手中的权力发生倾斜。他说,本想做一名清官,最后却成了贪官。所以,为官者要慎亲,管好家人。家人要理解为官为政的丈夫、妻子,不要一味地抱怨、一味地攀比。

除此之外，谨慎还包括谨慎交友，谨慎个人嗜好，谨慎为官之始、为官之终，等等。这些都应该谨慎。总的一点，一着不慎，满盘皆输；一失足成千古恨，再回头已百年身。"诸葛一生唯谨慎，吕端大事不糊涂。"为官者谨小慎微、谨言慎行、如履薄冰、如临深渊，应该成为自己为官为政的一种常态。对自己手中的权力有一颗敬畏心、有一颗平常心，这至关重要。

贪赃枉法，为官之大不孝

第四个问题，贪赃枉法者就是最大的不孝。百善孝为先，孝为德之本。人伦道德的根基就是孝道。曾国藩说："读尽天下书，无非一个孝字"。我们为什么要孝敬父母？山东曲阜的孔庙有《劝孝良言》，它告诫天下的儿女，爹妈生养我们不容易。"十月怀胎娘遭难，坐不稳来睡不安。儿在娘腹未分娩，肚内疼痛实可怜。一时临盆将儿产，娘命如到鬼门关。儿落地时娘落胆，好似钢刀刺心肝。把屎把尿勤洗换，脚不停来手不闲……千辛万苦都尝遍，你看养儿难不难。"古代很多典籍，如《孝经》《劝孝歌》《百孝经》《十跪父母恩》《父母恩重难报经》等，讲的都是孝道。树从根脚起，水从源头来。父母把我们带到世上、养育成人，含辛茹苦。父母的养育之恩，比天高、比地厚，无法用尺子来衡量，无法用金钱来计算，无法用语言来表达。

"人不孝其亲，不如禽与兽。"所以，古代以孝治天下，有"大逆不道""十恶不赦"，其内容中都有"不孝"一条。没有父母，就没有我们的今天。没有我们，父母也很难安享幸福的晚年。尽孝不能等，尽孝要及时，不要让"子欲养而亲不待""子欲孝而亲不在"的人生缺憾发生在我们身上。

孝敬父母，不要只满足于让他们丰衣足食，还要主动嘘寒问暖，从精神、情感上多加关爱。《论语》中，子游问孝。子曰："今之孝者，是谓能养。至于犬马，皆能有养，不敬，何以别乎？"孔夫子讲，一提到"孝"字，很多人都说是赡养父母。但是，犬马也懂得给父母一口饭吃。如果没有发自内心的尊敬和爱，这种孝与犬马有什么区别？

对我们今天的领导干部来讲，应该如何来尽孝？这是报纸上登的一则消息：一名处级干部回家探亲，临走的时候，母亲握着他的手说，当妈的不指望你以后能做多大的官，只希望你到了 60 岁，能够平平安安地回家。妈不希望，有人以后戳着脊梁骨骂我。我们可以看到，那些出问题的官员，在他们的"悔过书"中，在他们面对电视机前的亿万观众时，最放心不下的就是父母。身为官员，不管你的权力有多大、职位有多高，都应该打牢修身做人的底线，夯实为官为政的基础，不去做超越道德和法律底线的事情，让父母安心、宽心，让父母为我们感到骄傲和自豪，这就是最大的孝；反之，一旦违法乱纪，银铛入狱，身陷囹圄，沦为阶下囚，就再也无法孝敬父母，这就是为官者最大的不孝。

聚沙成塔，学以立德

第五个问题，就是作为领导干部，要把读书、学习作为人生的习惯和态度。古人讲，"学者非必为仕，而仕者必为学"。也就是说，你读书学习不是为了当官，但是你要当一个合格的、称职的官就必须读书学习。孔夫子就是一个活到老、学到老的人。他说，"学而时习之，不亦说乎""敏而好学，不耻下问""学而不厌，诲人不倦""吾尝终日不食，终夜不寝，以思，无益，不如学也""学而不思则罔，思而不学则殆""君子食无求饱，居无求安，敏于事而慎于言，就有道而正焉，可谓好学也已"……毛泽东、刘少奇也都是终身读书的人。尤其是今天，国内外环境这么复杂，要提高领导干部的执政本领，提高我们处理问题、解决问题的能力，一个重要的途径就是读书、学习。要把读书、学习作为自己的一种生活的常态，把"让我读"变成"我要读"。

"书到用时方恨少，事非经过不知难""黑发不知勤学早，白首方悔读书迟""少而好学，如日出之阳；壮而好学，如日中之光；老而好学，如炳烛之明"。读书是终身的事情，不是为了作秀。"腹有诗书气自华"，"书山有路勤为径，学海无涯苦作舟"。只有将读书、

习近平：在全党大兴学习之风 依靠学习和实践走向未来

学习作为自己的一种生活习惯、一种生活态度，才能积少成多、聚沙成塔、集腋成裘，积跬步以至千里，积小流以成江海。只有通过读书、学习，领导干部才能够解决"本领恐慌"问题，才能够不被时代所淘汰，才能够跟上时代发展的步伐。

刚才，我就官德这个主题谈了这么几个问题。因时间原因，有些问题不能充分展开。总的来说，对一个官员、一个领导干部来说，德行不是个人的私家事，不是可有可无的事。官德就像一扇窗户、一面镜子，可以折射出政治生态、社会风气的好坏，关乎百姓福祉、公平正义，甚至关乎一个国家的兴衰存亡。官德修养是综合素养的体现。高尚的官德，不是与生俱来、一蹴而就的，而是一个不断改造自我、克服私欲的自律过程，是人格升华和完善的过程。道德修养达到一定的境界和高度，就会产生一股浩然正气。有了这股正气，就能抵御一切外来诱惑，做到俯仰无愧于天地。

做官一地一时，做人一生一世。领导干部要把道德修养作为人生的必修课，堂堂正正做人，清清白白做官，勤勤恳恳做事。常修为政之德，常思贪欲之害，常怀律己之心。如此，方能经得起道德良知的拷问，经得起后世万民的评说。在中华民族伟大复兴中国梦的路上，守得住清贫、挡得住诱惑、顶得住压力，真正做到"权为民所用、情为民所系、利为民所谋"，成为一个高尚的人，一个纯粹的人，一个有道德的人，一个脱离了低级趣味的人，一个有益于人民的人。只有这样，才能够书写无怨无悔的人生。

（演讲地点：陕西省榆林市）

现场问答
XIANCHANG WENDA

提问："为人民服务"是一种官德，"三严三实"也是一种官德。在党员干部选拔上，我国一直强调以德为先。那么，为何还有腐败现象？

王杰：官德在为官为政中非常重要，但不能完全依靠官员的道德自律，也要建立一套行之有效的官德考评体系。换句话说，官德必须制度化、法制化。没有规矩不成方圆。好的制度，能够遏制官员的贪念。扎紧制度牢笼，堵住贪腐漏洞，官德才能真正落地。

除了制度建设，还要加强法治建设，让官员知法守法。制度，让人不能贪；法律，让人不敢贪。当然，更高的境界是不用贪、不愿贪。这方面，还有很多工作要做。例如，建立健全完善的社会保障机制。对为官者来说，从他律到自律，把官德要求内化为自身的道德追求和行为尺度，是一种理想状态。

提问： 近年来，领导干部国学教育成效如何？怎样才能保证不流于形式？

王杰： 近年来，在政府、学界、媒体等的积极努力，广大民众的共同关注下，中国传统文化犹如涓涓细流汇成江河湖海，发挥出巨大的能量，焕发出新的生机。中国传统文化源远流长、博大精深。学习和钻研其中的精华部分，对于树立正确的世界观、人生观、价值观大有裨益。

国学教育，领导干部应带头抓好抓实。许多领导干部，从国学中汲取了丰富的智慧和营养，提高了加强道德修养的自觉。另外，国学教育是一个春风化雨的过程，要从娃娃抓起，从小培养良好的道德品质、行为习惯。这样，几年、几十年过去，就能营造风清气正的社会风气。这是良好官德赖以形成的土壤。

"国以诚立心，人以诚立身"

——诚信精神及其价值意蕴

杨晓慧

杨晓慧，东北师范大学党委书记、教授，全国政协委员。国务院学位委员会第七届学科评议组成员，国家"万人计划"哲学社会科学领军人才，全国宣传文化系统"四个一批"人才，教育部新世纪优秀人才支持计划入选者，马克思主义理论研究和建设工程重点教材首席专家。长期致力于思想政治教育领域的理论研究与实践创新，主持国家社会科学基金重大项目、教育部哲学社会科学研究重大攻关课题等研究项目 19 项，出版学术专著及教材 32 部。

诚是信的根基，信是诚的体现。诚是内心的无妄，信是言行的无欺。人，因为具有道德品质之"诚"，方能表现出道德行为之"信"。

社会主义核心价值观是社会主义核心价值体系的内核，体现社会主义核心价值体系的根本性质和基本特征，是凝聚社会价值共识的"最大公约数"。其中，诚信精神是社会主义核心价值观的重要理念。这一精神既具有深厚的传统文化底蕴，又具有崭新的时代特质。

中华优秀传统文化的诚信精神

诚信是人类社会生活的基本要求，也是人之为人应有的美德。古今中外，概莫能外。不仅东方人讲诚信，西方人也讲诚信。细究起来，在不同民族、不同文化传统中，对诚信的理解与追求却是有差异的。那么，中华传统文化蕴含着怎样的诚信精神？这种诚信精神有何独到之处呢？

作为中国人我们都知道，中华民族是一个特别注重道德的民族，道德对于我们中国人、对于中华民族具有极其特殊的意义。正如习近平总书记指出的那样，中国人有着自己独特而悠久的精神世界。世界上有四大古老文明，在这四大文明中，中华文明是人类历史上唯一没有中断的文明，一直延续到今天。中华文明有着自己观察和理解世界的独特方式，也在人类文明传承发展中有着自己特殊的优势。

中华传统文化把人看作是一个道德的存在。"人之所以异于禽兽者几希"，意思是说，人和动物本来没有太多区别。但是人和动物又不同，区别就在于人有道德自觉的意识和能力。这种道德的含义，可以说贯穿于中国人的日用常行之中。

例如古代中国人的服饰，几乎无不具有道德意义。拿帽子来说，一般士大夫戴的帽子叫作"冠"，"冠"同一贯的"贯"，表示一以贯之、始终如一的意思；官员戴的帽子叫作"冕"，"冕"同勤勉的"勉"，表示勤勉做事，以德相勉。再比如中国古代建筑中的四合院，正房居于中心位置，冬暖夏凉，由最长者居住；位置次之的房屋根据长幼尊卑的原则依次排列。这也体现了中国传统文化的长幼有序、尊卑有别的道德观念。中华传统文化以这样一种对人的道德的理解去看世界，世界就是一个道德的世界。按照这样的理解，我们可以把中华传统文化的世界观叫作一种"道德世界观"。

那么，什么是道德呢？我们中华传统文化也有它独特的理解。被誉为中国古代"五经"之一的《礼记》中说："德者，得也。"意思是说，我们领悟和获得了天地之道，形成了对天地之道的理解，就可以转化为我们自身的德性品质。对天地之道的体悟，构成了我们的道德源头，也由此框定了我们中华民族天高地阔的格局和境界。

诚信作为中华民族的传统美德，最初就源于对天地之道的敬畏和理解。孟子说："诚者，天之道也"。就像日月星辰的运行、春夏秋冬四季交替一样，天地的运行是始终如一、持之以恒的，一直保持着最为真实的状态；自然万物的生长繁衍，都不是虚幻的，而是真实可信的。古人对天地充满敬畏和感恩之心，把天地运行的法则看成是人类遵循效仿的准则，也视为对人的一种最为根本的道德要求——既然天地之道的本质是真实无妄的，人性也就应该是真实无妄的。可见，诚信不是外界强加于人的，而是天地之道在人性中的体现，没有一丝一毫的勉强和做作。

"诚""信"二字，都包含一个"言"字。"诚"字意味着真言、直言，而且所言必成，有言必有行，说的就要兑现，必须实现和完成。"信"字意味着人言可信，信守承诺，取信于人。"诚"字侧重强调"内诚于心"，就是不违背自己的本心、本性，就是不忘初心，忠实于自己的本性，守住自己做人的本分；"信"字则侧重强调"外信于人"，就是在人与人的交往关系中能够履行和担当对特定对象的责任。可以说，诚是信的根基，信是诚的体现。诚是内心的无妄，信是言行的无欺。人，因为具有道德品质之"诚"，方能表现出道德行为之"信"。

诚信精神要求我们，要在不断的自我反省中守住自己的本心。社会生活总是变化的，人们也常常会受到各种外界的诱惑，那么我们最应当保持不变的东西是什么呢？在中国传统文化看来，那就是我们的本心。丧失了自己的本心，失去了自己的良知，人也就不成其为人。这就要求我们要克己省察，不断地反省自己、校正自己，以求保持自己的真性情，守住自己做人的本分。越是有利益诱惑的时候、独处的时候，越能考验我们是否能够保持住自己的本心。诚信精神要求人要严肃真诚地对待自己。

《后汉书·杨震传》中讲了这样一个故事：昌邑的县令王密为了官运亨通，听说朝廷派来的新任太守是自己的好朋友杨震，就拎着十斤黄金去行贿。杨震坚辞不受，王密说："又不是光天化日，不会有人知道这件事情的。"杨震反问道："天知、神知、我知、子知，何谓无知？"俗话说"湛湛青天不可欺"，诚信精神要求我们做到"慎独"，无论在别人面前还是在自己独处的时候，都要表里如一，真诚地面对自己。与西方文化的诚信观念强调对契约的遵守相比，中华传统文化对诚信的理解，则更加深沉，更加内在，更加根本。

诚信精神要求我们，在将心比心、推己及人的前提下待人以诚、取信于人。西方文化更多关注个人、个体，也可以说它强调的是个体性的自我意识。中华文化强调的则是群体性的自我意识，中国人一开始就把自己理解为是家庭中的一员，进而扩展为社会的一员、国家的一员、天下的一员。正因如此，在人与人的交往关系中，中华传统文化的诚信精神要求"仁者爱人"。仁爱是人所固有的恻隐之心的扩展。做人的道理都是相通的。人同此心，心同此理。既然如此，我们在和别人的交往中，就要尽自己的能力，设身处地地为他人着想。"己欲立而立人，己欲达而达人"，想要自己立得住，也要使别人立得住；想要自己通达，也要使别人通达。凡是自己不愿接受的事情，不要强加于他人。只有相互尊重，设身处地为别人着想，心系他人，方能在成就别人的同时成就自己。总而言之，诚信精神要求以诚待人，推己及人，言而有信，取信于人。

与西方文化强调个体的独立性相比，我们的文化传统主要强调以血缘和诚信维系我们的群体性，在现代文明和人的发展达到一定程度的时候，这种诚信精神在生活实践中可能有着更加重要的精神凝聚的特殊价值。

　　诚信精神要求我们，在家国天下的情怀中具有深沉的责任担当。诚信精神是使命感和责任感的集中体现。中华传统文化讲人当以天下为己任，有悲天悯人的情怀，有民胞物与的境界，倡导在群体责任的担当中，成就自身人格的完满。没有相应的责任担当，没有修身、齐家、治国、平天下的道德实践，我们的修养就是不可靠的。一遇到艰苦环境的考验，平时的修养可能就没有效果了。中华传统文化这样一种人生修养的实践论，要求我们所思所想、所作所为要保持一致，要在责任担当的实践中去实现自己、完成自己。尽管要历经艰难，遭遇坎坷，但正所谓"艰难困苦，玉汝于成"。在责任担当的实践中，不断地充实人生，就会使人生发出光辉。这光辉超越了他自己，就把他的生命放大了，就会散发出人性的道德光芒。孟子说："充实而有光辉之谓大"。人能在德行上发出光辉，才能成为大写的人，有大境界、大格局、大气象。

　　从比较的角度说，诚信精神在东西方文化传统中还是存在着一定的差异。笼统说来，发端于古希腊爱智求真的理性精神和发端于希伯来文明的信仰精神，使得西方文化传统下的诚信观念更加注重契约精神的神圣性以及个体对契约的遵从。与之相比，中华传统文化源于对天地之道与人伦关系的领悟和理解，因此我们的诚信观念更加注重上述的三个方面：自我修养、责任意识、实践担当。也就是说，在各自的文化传统中，西方人的诚信更加注重法律维系，中国人的诚信更加注重人格保证。应该说，这两种传统各有其特点，都对各自的社会生活产生着重要影响。不同的文化传统之间，应当相互借鉴，取长补短。

　　以我的认识，中华传统文化的诚信精神对于中国人、中国社会的精神凝聚与文明的传承发展具有特殊的意义，对于当代人类走向未来具有独特的价值。诚信精神所蕴含的始终如一、持之以恒、责任担当的价值理念，与民族精神的其他内容一起，共同支撑着中华民族生生不息、薪火相传。这一精神可以形成伟大的人格，成就伟大的事业，凝聚伟大的力量，无论是对中华民族还是对整个人类都是一笔宝贵的精神财富和文化遗产。

新时代中国特色社会主义的诚信理念

改革开放以来，我国经济实力和综合国力获得了空前的提高，经济保持中高速增长，经济总量已跃升到世界第二位，成为世界第二大经济体，对世界经济的贡献率超过 30%，正在实现"强起来"的伟大飞跃。实现伟大飞跃，需要构筑中国价值、中国精神、中国力量，需要更广泛地聚合近 14 亿中国人民的磅礴之力，需要从整体上提升国民的道德素养。诚信是国民道德素养的基石，新时代要求诚信，也呼唤诚信。

《关于推进诚信建设制度化的意见》

改革开放以来，伴随着中国现代化进程，中国社会发生了一些重要变化。从某种意义上说，这些变化突出表现在以下几个方面。

一是从社会形态的角度来看，传统社会生产力的发展水平比较低下，社会交往的范围比较狭窄，个人的生存发展比较依赖于他所从属的人群共同体，像家族、部族等，人的群体性更为明显。到了现代社会，生产力发展水平大大提高，人的生存发展更加强调个体能力和水平，更加注重人的个体独立性，也更加尊重个人的自主权利和价值选择。

二是从社会关系的角度来看，传统社会人与人之间的关系和交往是在熟人之间展开的，是一个"熟人社会"。在现代社会，由于活动领域和交往范围的扩大，人与人之间频繁地变换着交往的关系，要更多地与陌生人打交道，是一个"陌生人社会"。

三是从社会规范的角度来看，传统社会更主要依靠社会习俗和道德舆论的力量来维持社会秩序，如各种乡规民约、邻里评价等。现代社会是市场经济社会，商品交换遵循等价交换原则，要求诚信无欺，社会的运行往往更加强调法律和制度的力量，更加注重通过契约的方式来规范人与人之间的行为。

上述变化都对中国现代社会的诚信追求提出了新的问题和新的要求。比如，现代社会，在市场经济条件下，人更加关注自己的个人利益，更加追求自己的物质利益，与此同时，人的交往空间也扩大了，要更多地与陌生人打交道，这使得传统社会的熟人之间人格保障提供的诚信，不像在传统社会那么有效，由此也引发了失信等一系列社会问题。因此，诚信的价值追求在新的时代背景下，具有更加突出的社会价值和战略意义。

第一，诚信是人民群众美好生活的道德支撑。党的十九大对我国社会主要矛盾作出了新的判断：我国社会主要矛盾已经转化为人民日益增长的美好生活需要和不平衡不充分的发展之间的矛盾。

中宣部、中央文明办向全社会公开发布"诚信之星"先进事迹　（中国文明网　赵洋/摄）

那么，我们首先要思考这样的问题：究竟什么是美好生活呢？在我们的体验和理解中，美好生活不仅要有好的生活基础与生活条件，更重要的是要有"好人、好事、好氛围、好心情"。诚信就是美好生活不可缺少的一个重要品质，美好生活首先应当是讲诚信的生活。

正如习近平总书记所言，当高楼大厦在我国大地上遍地林立时，中华民族精神的大厦也应该巍然耸立。社会主义核心价值观是中华民族精神大厦的灵魂，是新时代关系社会和谐稳定和国家长治久安的重要稳定器。诚信是社会主义核心价值观的重要维度，是衡量现代社会文明程度的重要标准。新时代赋予了诚信精神新的价值内涵，提出了新的更高要求。新时代的诚信精神是对人的生活本身的关注和关怀，要求我们更加敬畏生命、尊重规则、有所担当，不仅需要解决人民对物质生活需要的问题，还需要满足人民最基本、最重要的精神生活需要，更加尊重生命和保障人的生活权利。诚信成为人民群众美好生活的道德支撑，成为推动社会向更加平衡和更加充分发展的重要力量。

第二，诚信是中国共产党一以贯之的价值追求。美国《时代》杂志曾在封面用中英双语打上了"中国赢了"的大字，并在文中提到：中国的政治体制曾不断受到西方国家的质疑，但是今天，中国政治经济体制甚至比第二次世界大战后主导国际秩序的美国更加完备、更可持续；如果你必须押注一个当今最具优势的国家，那么中国会是比美国更明智的选择。由此可见，中国赢在制度，赢在政党，赢在中国社会主义制度的优越性，赢在中国共产党的领导。

中国共产党的诚信追求，是忠诚人民、热爱人民的挚诚至信。这集中表现在我们党在不同历史时期对于"为中国人民谋幸福、为中华民族谋复兴"的初心和使命的坚守。无论是弱小还是强大，无论顺境还是逆境，我们党都初心不改、矢志不渝，团结带领人民历经千难万险，付出巨大牺牲，实现了从站起来、富起来到强起来的伟大飞跃。

当前，我国正处在大发展、大变革、大调整时期，国际国内形势的深刻变化，使我们面临着空前复杂的实际情况。各种思想文化相互激荡，不同文明交流交融交锋更加频繁，进一步凸显了包括诚信在内的思想文化力量在综合国力竞争中的战略地位。在这种情况下，如何继承党的诚信传统，弘扬革命文化中的诚信精神，扩大诚信理念的影响力，是我们党必须解决好的重大课题。

第三，诚信体现了社会主义的本质要求。社会主义的本质是解放生产力，发展生产力，消灭剥削，消除两极分化，最终达到共同富裕。在资本主义社会，占社会主导地位的是资本的逻辑，它追求资本利润的最大化，由此导致人与人之间的关系陷入利己主义的冰水之中。与此不同，社会主义要实现共同富裕，追求人民群众利益的最大满足，个人利益、社会利益和国家利益在根本上是一致的，倡导"人人为我、我为人人"，建立共商共建共享的真实共同体。因此，社会主义核心价值观的诚信精神，集中体现了社会主义意识形态的本质要求。

社会主义核心价值观，把涉及国家、社会、公民的价值要求融为一体，体现了社会主义的本质要求。诚信作为社会主义核心价值观的重要内容，是党中央从全面建成小康社会、实现中华民族伟大复兴中国梦的高度，对社会公德、职业道德、个人品德建设提出的基本要求。倡导和培育诚信价值观，既是党应对社会转型期出现的诚信缺失现象的重要举措，也是通过社会伦理规范对接主流价值体系，用以凝聚社会共识的重要路径。更为重要的是，诚信是实现远大理想和共同理想的基础和前提。

"国以诚立心，人以诚立身"。党的十九大报告将坚持社会主义核心价值体系作为十四条基本方略之一，明确指出必须坚持马克思主义，牢固树立共产主义远大理想和中国特色社会主义共同理想、培育和践行社会主义核心价值观。将个人的价值目标理想与民族的、国家的价值目标理想相统一，就能形成为实现目标共同奋斗的巨大合力。这就要求我们以培养担当民族复兴大任的时代新人为着眼点，培养有"信"有"义"，讲诚信，有担当的时代新人。

第四，诚信是推动构建人类命运共同体的重要理念。当今，人类处在挑战层出不穷、风险日益增多的时代。习近平总书记站在人类发展的潮头，站在时代发展的前列，提出了推动构建人类命运共同体的倡议，为解决人类共同面临的难题提出中国方案、贡献中国智慧。人类命运共同体的理念已经写入联合国决议，成为各国人民共同的期待。

人类命运共同体，就是一个诚信的共同体。构建人类命运共同体，建设持久和平、普遍安全、共同繁荣、开放包容、清洁美丽的世界，这就需要国与国之间相互尊重、平等协商、诚信相待。在新的时代，诚信已经从个人修养转化为人类共同的实践性问题，从伦理道德上升为国与国交往的基本准则。诚信是民心相通、文明互鉴的前提和基础。习近平总书记一而再、再而三地强调，中国人是讲诚信的，人与人交往在于言而有信，国与国相处讲究诚信为本。

为推动构建人类命运共同体，习近平总书记提出了"一带一路"倡议。这一倡议赢得了沿线国家的广泛关注和热烈响应。"一带一路"倡议，以诚信为本，筚路蓝缕、从无到有、由点成线、由线及面，改变了全球经济合作的方式，开拓了国际合作新空间，真心实意地帮助发展中国家实现共同发展，共享人类文明进步成果，为"一带一路"沿线国家人民带来福祉，体现了一个负责任大国应有的担当。

国际社会看"一带一路"国际合作高峰论坛

培育诚信精神重在落细落小落实

我们究竟应该怎样涵养和培育诚信精神呢？这是一个复杂的系统工程。在新的时代，我们不能让诚信成为我们强起来的短板、成为民族复兴的短板。这就需要大力培育和践行诚信精神，使诚信精神落细落小落实。

要以弘扬传统诚信美德为切入点，从国家、社会、个人三个维度，推动诚信精神的回归，把社会主义核心价值观与人们的日常生活紧密联系起来，在落细落小落实上下功夫，利用各种时机和场合，形成有利于培育和弘扬社会主义核心价值观的生活情景和社会氛围，使核心价值观的影响像空气一样无处不在、无时不有，成为全体人民的共同价值追求，成为我们生而为中国人的独特精神支柱，成为百姓日用而不觉的行为准则。

第一，弘扬传统诚信精神，开展诚信教育。在我们的文化传统中，有很多诚信教育的典型范例。其中，曾子以信教子的故事脍炙人口，成为后世典范。

曾子是孔子的学生。有一天，曾子的妻子准备去赶集，由于孩子哭闹不止，便向孩子许诺回来后杀猪给他吃肉。曾子的妻子从集市上回来，曾子

"3·16"国际诚信节大学生志愿者发出诚信倡议

（光明图片　冯凯敏／摄）

便抓猪来杀，妻子阻止说："我不过是跟孩子闹着玩的。"曾子说："和孩子是不可说着玩的。小孩子不懂事，凡事跟着父母学，听父母的教导。现在你哄骗他，就是教孩子骗人。"虽然曾子家并不富足，但他仍然践行诺言。中国的诚信传统启示我们，诚信教育要从自身做起、从小抓起，要在现实的伦理关系中具体展开。我们要继承并弘扬这些优良传统。教育是渗进血液、透入灵魂的，一定要从小就抓，要认真扣好人生的第一粒扣子。把社会主义核心价值观的种子埋入每个孩子的心灵深处，在祖国下一代的心田中生根发芽，使其内化于心，外化于行。

第二，建设现代诚信文化，营造诚信氛围。"一花独放不是春，百花齐放春满园"。一个人诚信是不够的，大家都诚信才能够共同走向诚信之路，共享诚信带来的成果。这就需要在全社会加强现代诚信文化建设，营造"守信光荣、失信可耻"的社会氛围，推动形成"重诚守信"的社会风尚。其中，特别要注重榜样的示范引领、感召带动作用。

我曾被一个"一句承诺，一生守候"的故事深深打动。在一次自卫反击战前夕，战士李元成和战友付先根约定，如果谁牺牲了，活着的那个就代为照顾对方父母。战友不幸牺牲后，李元成复员回乡，随即上门承担起照顾二老的责任。在此后的35年中，逢年过节，必然雷打不动携礼探望。实际上，李元成只是一名普通的电力职工，一家的日子一直很艰难。他结婚的新房是一间改造的猪圈屋，为了省钱，妻子连一毛钱的车费都舍不得花，每天坚持步行上下班，不久又下了岗，生活更加拮据。后来老人的小儿子又在一次事故中不幸身亡。赡养六位老人的重担都压在李元成一人的身上。尽管如此，李元成对老人的照顾从未间断。在李元成一家人的关怀下，这两位老人衣食无忧，安享晚年，直至去世。李元成因为一句承诺，付出半生，他用多年的坚守，兑现了和战友的生死诺言。这是一种怎样的坚持，又是一种怎样的担当！

第三，完善社会信用体系，强化诚信的法治保障。"法安天下，德润人心。"道德是法律的基础，法律是道德的保障，道德与法律相辅相成、互为条件。诚信建设需要人格的养成、诚信的教育，但现代社会仅有这些是不够的。习近平总书记指出，"要运用法治手段解决道德领域突出问题"。我们应该自律，但不能完全依赖自律。现代社会的诚信追求更需要法律制度的保障。

中国正在发展社会信用体系，该体系通过个人财务数据、社会关系、消费习惯和尊重法律的程度，来评估公民的诚信程度，使公民遵守社会秩序，让守信者畅行天下，失信者寸步难行。

同时，我们还要加强关于诚信的法治建设，以便有效地扭转仍然存在的遵约守法不得其利，丧失诚信代价甚微，维护诚信缺乏动力，制裁失信没有依据的不利局面，从而使诚实守信蔚然成风。

诚信既是个人修养和人格完善的核心要求，也是社会道德和价值追求的内在基础，更是新时代国与国交往的基本准则。我们要结合时代要求，在继承中发展，在创新中发扬，真正把诚信道德转化为情感认同和行为习惯，让中华文化展现出永久魅力和时代风采，以诚信托举中国梦的实现。

（演讲地点：四川省绵阳市）

现场问答
XIANCHANG
WENDA

提问：中华优秀传统文化中的诚信精神具体有哪些内容？

杨晓慧："诚信"二字，在中华民族和西方国家都存在。与别的国家不同的是，我们的诚信是中华优秀传统文化中的重要一部分。可以从以下几点进行理解：一是一体性，道德不是孤立的，而是与人、自然、社会等融为一体的。二是系统性，既有个体自内而外、自外而内的系统性转换，也有人与自然间的系统性改善。三是内省性，诚信容易受到干扰，不断地内省才有了自身的不断完善。四是互动性，将心比心、推己及人都是人与人之间诚信的一种体现。五是实践性，个人、家庭、国家都需要在实践中不断地认识诚信，然后作用于现实生活。

共筑中国梦

| "法安天下，德润人心" |
| 让社会主义核心价值观具有刚性约束力 |
| 家风正　政风清 |
| 新时代领导干部的政德建设 |

"法安天下，德润人心"
——在依法治国中践行社会主义核心价值观

李 林

李林，中国社会科学院学部委员、法学研究所原所长、中国法学会学术委员会副主任、中国法学会法理学研究会会长，马克思主义理论研究和建设工程首席专家，中宣部、司法部国家中高级干部学法讲师团成员，最高人民法院特邀咨询员、特邀监督员等。十六届中央政治局第八次集体学习主讲人、十九届中央政治局第四次集体学习主讲人，全国人大常委会和全国政协法制讲座主讲人，十八届四中全会专家咨询建议稿《全面推进依法治国，加快建设法治中国》专家组组长。出版专著、论著、译著等60余部，发表论文和理论文章300余篇，提交内部研究报告150余篇。

如果把依法治国比作一个时代的巨人，核心价值观就是他的灵魂、精神、思想。如果把依法治国比喻为一趟时代的列车，核心价值观就是它的导航仪、方向盘。

今天我们在"核心价值观百场讲坛"上，讲讲依法治国。核心价值观和依法治国是什么关系？可以这样说，两者有非常密切的内在联系。如果把依法治国比作一个时代的巨人，核心价值观就是他的灵魂、精神、思想。如果把依法治国比喻为一趟时代的列车，核心价值观就是它的导航仪、方向盘。

所以，依法治国须臾离不开核心价值观的指引，同时核心价值观作为思想灵魂、精神层面最宝贵的财富，它也需要外化于形、内化于心。一个文明国家中最重要的外化和内化平台，就是法治和依法治国。我们可以通过社会主义核心价值观的引导和践行，让法治"飞入寻常百姓家"，让广大群众学习法律知识，了解法治精神，培养法治素养，推动依法治国实践。我们就是在这样一个背景下，来理解依法治国和社会主义核心价值观的有关问题。

依法治国是治国理政的基本方略

第一个问题，我们讲一讲依法治国是党领导人民治国理政的基本方略。法治对于我们的国家、民族、社会和个人具有什么样的意义？答案是，法治兴则国兴，法治强则国强。依法治国事关党执政兴国，事关人民幸福安康，事关党和国家长治久安。在国家层面，社会主义核心价值观的表述是"富强、民主、文明、和谐"。其中最关键的目标指引是国家富强，国家强大和法治密切相关，与依法治国紧密相连。所以，在国家层面我们要全面推进依法治国，要实行依法治国基本方略。

在社会层面，社会主义核心价值观的表述是"自由、平等、公正、法治"。其中最关键的目标指引是社会公正。法治是社会关系的调整器，社会利益的分配器，社会行为的规范器，社会秩序的建构器。法治和自由、平等、公正密切相关，与社会公正紧密相连。从民族的角度讲，中华民族从站起来、富起来迈向强起来的一个重要路径依赖，实现社会公平正义的一个重要途径和保障，就是实行法治、推进依法治国。从个人的角度讲，法治是个人自由、平等、利益、权利、义务等的一种制度安排，是人民幸福具体化、规范化、法律化的表达形式和实现方式。

我们为什么要实行依法治国？习近平总书记在 2015 年 2 月中央党校省部级主要领导干部研讨班上的重要讲话中明确说，主要是历史教训、现实需要、着眼未来。我们在吸取历史教训，尤其是"文化大革命"的深刻教训中，找到了一条中国特色社会主义法治道路。中国特色的这条法治道路不是来自于书本，不是来自于教条，也不是来自于西方，而是来自于我们党领导人民进行革命、建设和改革开放的伟大实践，来自于中国历史发展的内在需要和中国人民的选择。当下，要解决社会主义现代化建设面临的一系列重大问题——改革稳定发展、治党治国治军、内政外交国防、政治建设、经济建设、文化建设、社会建设、生态文明建设等面临的问题，都离不开法治，都离不开依法治国。着眼未来，我们要实现"两个一百年"奋斗目标，实现中华民族伟大复兴的中国梦，离不开法治的引领、促进和保障。全面推进依法治国，正是朝着明天的奋斗目标和美好梦想迈出的坚实一步。

我们理解依法治国，要把握它的两个最重要的特征和要素：一是依法治国必须毫不动摇地坚持中国共产党的领导。党的领导是中国特色社会主义最本质的特征，是实现依法治国的必然要求，是社会主义法治的根本保证。二是依法治国必须坚持人民主体地位，坚持法治为了人民、依靠人民、造福人民、保护人民。依法治国的主体是广大人民群众，不能把人民变成依法治国的客体，变成法治整治对象。依法治国不是依法治民，不能用法律法规作为惩罚整治老百姓的手段。

依法治国的对象是什么？就是依法治权、依法治官，把权力关进法律和制度的笼子里，把人民赋予各级领导干部的权力用来全心全意为人民服务。这里要特别注意，依法治国的"治"这个动词，其最直接最基本的含义，不是惩治、整治，而是"治理""管理"，以及在治理和管理过程中，在特殊情况下所需要采取的奖励甚至惩罚措施。因此，我们讲到依法治省、依法治市、依法治县、依法治区、依法治乡、依法治村等概念时，不是上来就动用各种强制或者惩罚处罚手段，而重点是要科学治理和管理、民主治理和管理、依法治理和管理，是良法善治，在特殊和必要的情况下才采用奖励或惩罚等其他手段。

依法治国的宗旨，就是在党的领导下，走中国特色社会主义法治道路，建设中国特色社会主义法治体系，推进科学立法、严格执法、公正司法、全民守法，推进国家治理现代化，建设社会主义法治国家。全面推进依法治国，一方面就是要依法治权、依法治官，让每一个公职人员，不忘初心、牢记使命，把人民赋予的权力用来为人民服务，行使好人民赋予的法定权力，履行好自己的法定职责。另一方面要切实尊重保障人权，实现人民幸福，通过法治实现我们党和国家对人民的承诺，让人民幸福，让人民富裕，让人民有更多的安全感、获得感、幸福感、正义感。这就是中国特色社会主义法治最基本最核心的价值和功能。

全面推进依法治国，是我们党从坚持和发展中国特色社会主义出发、为更好治国理政提出的重大战略任务，也是事关我们党执政兴国的一个全局性问题。全面推进依法治国既是一场广泛而深刻的社会变革，又是一项宏大的系统工程。

坚持依法治国和以德治国相结合

习近平：坚持依法治国和以德治国相结合

第二个问题，我们讲一讲坚持依法治国和以德治国相结合的问题。2016 年 12 月习近平总书记在主持中共中央政治局第三十七次集体学习时指出：中国特色社会主义法治道路的一个鲜明特点，就是坚持依法治国和以德治国相结合，强调法治和德治两手抓、两手都要硬。这既是历史经验的总结，也是对治国理政规律的深刻把握。那么，如何从法治原理和依法治国理论的角度，来深刻理解和把握依法治国和以德治国相结合背后一些最基本的理据和精神呢？

我想依法治国和以德治国相结合，主要涉及三个层面的问题：法律和道德，法治和德治，依法治国和以德治国。这三个层面的关系是层层递进的，基础是法律和道德的关系问题。

法律和道德的关系问题，不仅在中国，在世界范围内也是法治和法学面临的一个重大问题，古今中外都有非常多的争论。比如说西方有一个典型案例：一艘轮船出海遇到风浪，船要沉没了，他们放下一个救生艇，逃出五个人，带了一些水和干粮在大海上漂泊，漂泊到最后水和粮食没有了，五个人面临重大选择：要么恪守当时的法治原则——任何人非经正当法律程序，不得非法剥夺他人的生命，大家等着饿死；要么按照他们商量的另外一条可能逃生的规则——五个人抽签，抽到谁，这个人倒霉，其他四个人吃掉他。然后依次抽下去，万一有人获救了，至少可以避免大家同归于尽。他们商量后，选择了后者。在他们即将吃完两个人的时候，剩下的三个人被路过的一艘商船救出来了。三个人回到他们国家，被以故意杀人罪告到法院。这就涉及道德和法律问题。根据他们国家的法治原则和法律规定，这三个人显然犯有故意杀人的重罪，但如果按照道德特别是功利主义道德的原则，又有某种合理性。这个经典案例在西方法庭已经争论了上千年，没有结论。争论到现在，自然法学派和规范法学派达成某种一致，认为法律需要（离不开）道德，否则会成为"恶法"；法律应当与道德相结合，这样才能实现良法善治。

还原到法理上，法律和道德的关系，既相互区别，也相互联系。从区别来说，一是两者产生的条件不同，只要有人类社会存在就有道德存在，而法律是从国家产生以后才有的。如果国家消亡了，今天讲的国家意志意义上的法律就不存在了，但是道德将与人类社会长期共存。二是表现形式不同，法律往往表现为一种明文、具体的规范和条文，而道德在很多时候、很多地方表现为一种不成文、口口相传的规则，甚至是具有模糊性、地域性特征的要求或规则。三是作用的机制和机理不同，法律如果不实行不遵守，就会产生以国家强制力（警察、法庭、监狱等）为内容的法律后果。但是道德主要靠内心的信念，靠精神的力量，靠包括社会舆论在内的某种外在约束，但是这种约束相对于法治的刚性约束来讲偏弱、偏软一些，缺乏强制力。四是两者适用范围不同，内容要求也有很多方面是不同的。法律实际上是社会行为的低度标准，例如我们讲的禁止性法律规范，不得杀人、不准放火，等等。道德是社会行为的高度标准，道德要求人们大公无私、舍己为人、见义勇为，等等。从对行为的要求来讲，如果行为突破最低限度的社会标准，法律就会采取相应措施，让行为人承担法律后果；而道德是高度的社会行为标准。道德和法律两者之间看似不同，但它们对人的行为影响和塑造，对人的素质特别是文明人素质的培养，是殊途同归的。

法律和道德两者是相辅相成的。道德是内心的法律，法律是外在的道德。"法安天下，德润人心"。法律和道德两者的关系，如果还原到法理和法律的基本出发点，也可以说道德是法律的基础。法律上为什么要规定杀人偿命、欠债还钱等等；凭什么把罪犯关在监狱里面，判处无期徒刑甚至处以死刑？法律做这类规定时，有很多依据都是来自于道德，来自于几千年、几百年以来人类社会发展过程中形成的、大家有相对高度共识的一些道德，然后把它们法律化，用国家意志的法律形式来体现道德的要求。就我国法律体系而言，到今天为止，全国人大及其常委会颁布的现行有效法律270多部，国务院颁布的现行有效行政法规800多件，地方性法规12000多件，这就是我国法律体系总的家当。在这个法律体系中，许多规定都来自于道德。比如说，通过公众参与立法，把一些法律规定的事项背后的道德要求表达出来；通过不同组织、不同群体、不同角度的民主立法，使公众的某些道德要求法律化。

法律是道德的底线和后盾。其基本原则是：凡是法律所禁止的，通常也是社会主义道德反对的；凡是法律所鼓励的，通常也是社会主义道德支持的。我们要做好道德和法律的转换，促进社会主义道德的法律化，以道德为支撑形成良法善治。

但无论如何，任何社会都会有一些道德是不能法律化的。换言之，不是说道德法律化的程度越高越好，事实上有一些道德要求是不能法律化或者不宜法律化的。比如男女谈恋爱的行为，立法者很难用法律明确规定谈恋爱达到多少个对象就必须结婚，否则要追究法律责任。其他有些社会道德问题，如尽孝方面的某些具体要求，也很难法律化。社会公德提倡子女常回家看看，但是在法律上很难作出明确规定，即使规定了也很难在实践中贯彻落实。

最难办的是某些社会道德问题既可以法律化，又可以不法律化的情况，例如第三者的问题。此外，还有社会上呼声比较多的安乐死能不能合法化，见义勇为入法等，也都是比较难处理的道德和法律问题。

道德法律化不是一个简单的问题。法治哲学假定人有恶的一面，法律是用来防范人性恶的；而道德假定人性善，人都是可以被教化的。两者的出发点和着眼点不尽相同，但殊途同归。我们一定要特别警惕法律万能论，不是说有了法律法规所有问题都可以得到解决；同时，也要避免道德万能论，防止把道德的教化作用无限放大。应该找到两者结合的平衡点，使法律和道德有机结合。

法治和德治，什么关系？法治是外在的控制之治，道德是内在的约束之治，两者相互依存、取长补短。法治和德治的内外结合，才能取得良好的治理效果。一方面，应当弘扬中华传统美德，培育社会公德、职业道德、家庭美德、个人品德，更加重视发挥道德的教化作用，提高全社会文明程度，为全面依法治国创造良好人文环境。另一方面，应当更加重视发挥全面依法治国的作用，以法治体现道德理念、强化法律对道德建设的促进作用，把道德要求贯彻到法治建设中，把社会主义核心价值观融入依法治国的实践中。

把社会主义核心价值观融入法治建设

如何把社会主义核心价值观融入法治建设，既是一个重大的理论问题，也是一个有相当难度的实践问题；既是一个当下亟待解决的现实问题，也是一个需要持续推进、久久为功的长期问题；既不能急于求成，也不能无所作为。可以说，社会主义核心价值观为依法治国提供价值引导，依法治国则是社会主义核心价值观的法治保障，两者相辅相成、相得益彰。

《关于进一步把社会主义核心价值观融入法治建设的指导意见》

社会主义核心价值观有三个层面。从社会主义核心价值观"富

强、民主、文明、和谐"这个国家层面看，就是要通过建设中国特色社会主义法治体系，建设社会主义法治国家，推进国家治理体系和治理能力现代化和法治化，使国家机器能够按照富强、民主、文明、和谐的目标要求更有效地运行起来，推动实现中华民族伟大复兴的中国梦，把我国建设成为社会主义现代化强国。

从社会主义核心价值观"自由、平等、公正、法治"这个社会层面讲，就是要更加重视发挥法治对于实现社会公平正义的重要作用，通过法治把抽象的公平正义转化为具体的法治正义，把每个人心目中的公平正义转化为一个有最大共识、最大公约数的法治公正，并通过法治方式来保障自由平等，实现社会公平正义。

从社会主义核心价值观"爱国、敬业、诚信、友善"这个层面讲，每个公民既要享受法定权利，也要履行法定义务。正如马克思所言，没有无义务的权利，也没有无权利的义务。权利和义务相统一，才能成为一个合格的公民。卢梭曾经讲过，什么是自由？自由就是做法律所许可做的事情，因为如果人人都做法律所不允许的事情，那就没有自由了。法治是人的社会行为的重要界限、重要标准，也是重要尺度，是构建人的行为秩序和良好社会关系网络的重要遵循。

将社会主义核心价值观融入法治建设，必须贯彻落实宪法精神，并在立法、执法、司法、守法中体现社会主义道德要求，把社会主义核心价值观贯穿到全面依法治国的全过程和各方面。

具体来说，立法要贯彻核心价值观。立法是一种分配正义，它通过确立权利和义务关系，进行资源配置，明确权力和责任，等等。立法过程如果能够把道德诉求中合理的部分最大限度法律化、法规化或者制度化，它在分配正义方面就有了很强的道义基础和道德内涵。有些事可以通过立法解决，但有些也要放给社会，让社会管，不能妄想法治万能。有人提出猫管不住了、狗管不好了、树叶管不好了，都要立法。法律对这些问题管不管？为什么要管？怎么个管法？法律法规作为国家的稀缺战略资源，应该管最该管、最重要、最基本

《社会主义核心价值观融入法治建设立法修法规划》印发

的东西。一方面，社会主义核心价值观涉及的许多行为需要用立法方式加以规范和调整，特别是用地方立法方式予以促进；另一方面，也要从实际出发，突出重点，体现可操作性，体现地方特色，抓住有示范作用的点，循序渐进地做。如果做得太快，法律法规形同虚设，最后法律的权威受到损害，道德的目标也没有实现。这样的法治和德治相结合，不见得是好事情。

法律法规对有些事情管不了、规定了也做不到，暂时不立法是实事求是的。当然，不是说立法就可以无所作为。相反，把核心价值观融入立法，就是要把实践中广泛认同、较为成熟、操作性强的道德要求及时上升为法律规范，引导全社会崇德向善。比如说刚刚通过的《民法总则》，就把公序良俗、一些社会主义核心价值观要求的内容做了规定，包括见义勇为的民事责任豁免，等等。此外，在英烈名誉保护法、反家庭暴力法、刑法修正案等立法当中，也都有关于核心价值观的新规定。这些新规定都是在国家层面上能够做到的，用立法方式促进和推动核心价值观践行的有益实践。

老党员在社区志愿宣讲《民法总则》（光明图片　张洪金／摄）

执法层面要体现社会主义核心价值观的要求。做到严格、规范、公正、公开、文明执法，就是执法对社会主义核心价值观的最好维护和实践。习近平总书记指出，人民群众对执法乱作为、不作为，以及司法不公的意见比较集中。他还说，一些黑恶势力长期进行聚众滋事、垄断经营、敲诈勒索、开设赌场等违法活动，老百姓敢怒不敢言。黑恶势力怎么就能在我们眼皮子底下从小到大发展起来？背后就存在执法者听之任之、不作为的情况，一些地方执法部门甚至同黑恶势力沆瀣一气，充当保护伞。执法部门代表的是人民利益，决不能成为家族势力、黑恶势力的保护伞。习近平总书记的话讲得非常深刻。扫黑除恶专项斗争就要把扫黑除恶与法治建设和社会主义核心价值观建设紧密联系在一起。黑恶问题不仅仅是一般的违法、一般的犯罪问题，而是一个已经危及社会主义法治大厦和人民群众根本利益的毒瘤，是对社会主义核心价值观的严重破坏和野蛮践踏，必须坚决铲除。

在司法层面，要坚持公正司法，发挥司法断案惩恶扬善功能。司法是维护社会公平正义的最后一道防线，必须担起责任，努力让人民群众在每一个司法案件中都感受到公平正义，推动社会主义核心价值观落地生根。在公正司法的同时，万一司法过程当中发现过去一些司法不公甚至发现冤假错案，要实事求是地及时纠正，这是最大地弘扬社会主义核心价值观的具体行动。

司法是维护社会公平正义的最后一道防线，也是捍卫社会主义核心价值观的最后一道防线。亚里士多德说，立法的本质是分配正义，执法的本质是实现正义，司法的本质是校正正义。万一正义在实践中出现偏离，核心价值观所要求的东西在立法、执法环节都失守了，只要司法环节切实守住了、做好了，就能保证其法律化要求的实现。比如，人民法院用两到三年时间基本解决执行难的问题，截至 2019 年 3 月共受理执行案件 2043.5 万件，执结 1936.1 万件，执行到位金额 4.4 万亿元，与前三年相

新疆巴里坤草原上的流动法庭　　（新华社发　蔡增乐／摄）

比分别增长 98.5%、105.1% 和 71.2%，解决了一批群众反映强烈的突出问题；又如，通过司法改革保障犯罪嫌疑人的人权，2018 年全国法院改判刑事案件 1821 件，其中依法纠正冤假错案 10 件，宣告 517 名公诉案件被告人和 302 名自述案件被告人无罪。所有这些举措，都是司法领域践行社会主义核

心价值观的具体行动，取得了很好成效。

此外，还要在守法层面积极发力，把法治教育与道德教育有效结合起来，在普法和守法过程中传播核心价值观。当前，确实存在违法成本低、守法成本高的问题。比如过去我们调研时跟个体商户聊，他们对法律（守法）的理解是很不同的。他们说："你讲的那一套法律，我们比你还会讲，但我们在这个地方能不能挣着钱才是关键。"他们讲得最多的所谓"法律知识"，是如何不择手段把政府相关部门搞定，是谁能在卫生、工商、安全等检查中不花钱或少花钱过关……要从制度和法律上、从观念和行为上真正解决违法成本低、守法成本高的问题。当然，某些公民中不同程度地存在信闹不信法、信钱不信法、信情不信法、信访不信法等问题，也需要把普法守法与核心价值观教育结合起来，综合解决。

最后，要抓住领导干部这个"关键少数"。要发挥领导干部在依法治国和以德治国中的关键作用。领导干部既应该做全面依法治国的重要组织者、推动者，也应该做道德建设的积极倡导者、示范者。当前，"关键少数"要着力解决以下问题：一是不屑学法，心中无法；二是以言代法，以权压法；三是执法不严，粗暴执法；四是干预司法，徇私枉法；五是利欲熏心，贪赃枉法；六是口头讲法，行动违法。"关键少数"应当做四个方面的模范：做尊法的模范，带头尊崇法治、敬畏法律；做学法的模范，带头了解法律、掌握法律；做守法的模范，带头遵纪守法、捍卫法治；做用法的模范，带头厉行法治、依法办事。各级领导干部要对法律怀有敬畏之心，牢记法律红线不可逾越、法律底线不可触碰，带头遵守法律，带头依法办事，不得违法行使权力，更不能以言代法、以权压法、徇私枉法。

总的来讲，社会主义核心价值观的实现依赖于法治的推进，特别是依法治国的全面推进；法治的推进需要社会主义核心价值观的引领，更需要在推进全面依法治国过程中践行核心价值观。还是那句话，我们要一手抓法治、一手抓德治，两手抓，两手都要硬。

（演讲地点：宁夏回族自治区吴忠市）

现场问答
XIANCHANG WENDA

提问：李老师，我们常说"法不容情"，但又说"法律不外乎人情"，怎么理解这两句话？

李林：这里讲的主要是法和情的关系。"法不容情"的第一个含义，是法律面前人人平等，不能因为亲情、友情、爱情或者其他什么人情世故，违反法律的规定，破坏法治的权威和尊严。第二个含义，"法不容情"主要是指"非法之情、法外之情"等，但对于"法内之情"要予以考量。例如，为什么某些法律条文要规定可以判处三到五年，特殊情况可以从轻或者减轻处罚？为什么要给法官一定的自由裁量权？一个重要意图就是要使刚性的法律能够更好适应社会上情、理、法千变万化的具体情况，给法律一种张力、一种"法内之情"的适应性。后面一句话，"法律不外乎人情"，这个地方讲的"情"，不是狭义的个人亲情、友情、爱情，而是指道理、情理、法理、事理，体现国情、社情、民情，包括伦理道德之情。

法和情这两个方面，应该是不矛盾的。一方面，法律面前人人平等，任何人不能寻求超乎法律之外或凌驾法律之上的特权；另一方面，在法律制定执行实施过程中，应当充分体现国情社情、风俗民情、伦理道德，把道理、情理、法理、事理、常理等融进去。其实，这样一来，对法官如何处理好"情、理、法"的关系是更大的考验。法官在碰到情、理、法问题时，怎么样从具体案情出发，从法律条文、立法原意和立法精神出发，平衡处理好国法、天理和人情的关系，这不仅是一种裁判的艺术，更是现代法治的精神。它能够检验法官的水平高低、能力强弱，是非常重要的一份法治考卷。这是个很重要的法理问题，也是很难的司法实践问题，需要不断总结规律，在深化司法改革进程中处理好它们的关系。

让社会主义核心价值观具有刚性约束力

周叶中

周叶中，武汉大学副校长、教授，中国宪法学研究会副会长，国家教材委员会委员，国务院学科评议组成员，教育部高等学校法学学科教学指导委员会副主任委员。曾被评为"全国十大杰出青年法学家"，获第七届高等学校科学研究优秀成果奖一等奖、全国青年社会科学优秀科研成果奖、司法部全国优秀法学科研成果一等奖、国家级教学优秀成果一等奖等各类奖励40余项。主持或参与完成各类科研项目40多项，独著、主编或合著学术专著、教材50多部，发表学术论文260多篇。

我国将社会主义核心价值观写入宪法，对于从根本上增强我国软实力，提升社会道德水平和社会文明，实现国家治理现代化具有重大意义。

表决通过宪法修正案

2018年3月11日，十三届全国人大一次会议在人民大会堂举行第三次全体会议，表决通过了《中华人民共和国宪法修正案》。这是我国现行宪法的第五次修正，审议通过的宪法修正案共有21条。其中，在第二十四条第二款前面增加了一句话："国家倡导社会主义核心价值观"，从而把社会主义核心价值观作为一个整体上升为国家意志。这不仅是坚持依法治国和以德治国相结合，推进社会主义核心价值体系建设的战略举措，而且也是我国宪法发展完善的必然选择。今天，我就新中国宪法历程与社会主义核心价值观入宪等问题，跟大家谈谈我的相关体会。

宪法是国家核心价值观最重要的载体

核心价值观是特定时代的主流价值观，是全体社会成员在价值观上的最大公约数，也是社会成员判断社会事物时所依据的最基本的是非标准和最基本的价值准则。宪法作为人类政治文明发展的产物和治国理政经验的总结，既是政治文明的制度形式，也是国家核心价值观最重要的载体。因此，立宪的过程既是政治文明制度化和国家基本制度创设生成的过程，也是国家核心价值观凝聚、提炼和成文化的过程。宪法作为国家核心价值观最重要的载体，是由宪法的基本内涵、宪法的发展历程所决定的，在世界各国的宪法中也有相应的体现。

首先，从宪法的基本内涵来说，在我看来应该是五句话的有机统一，即宪法是国家的根本大法，是人类政治文明发展的产物，是人权的根本保障书，是依法治权之法，是公民的生活规范。

作为国家根本大法，宪法在以根本法的形式规定国家基本制度、基本原则、基本国策的同时，也把国家核心价值观内嵌其中。因此，对国家基本制度、基本原则、基本国策的尊重和认同，本质上也是对国家核心价值观的认同和尊重。

作为人类政治文明发展的产物，宪法既是对过去治国理政经验的总结，也是当下和未来治国理政最根本的依据。那么宪法本身所代表的以及通过宪法制度所承载的民主、人权、法治这样一些基本价值，就构成了政治文明的内在本质。

作为人权的根本保障书，宪法以根本法的形式确认了人性尊严和人之为人的基本权利。宪法有关人权条款要求国家创造条件，让公民能够实际享有宪法规定的相关权利。

作为依法治权之法，宪法为国家机关设立的职能分工、权力边界以及正当程序，都是为了实现服务人民、保障民主政治。

作为公民生活的基本规范，宪法要求全体公民在宪法的指引下遵循本民族的优秀传统道德和当今时代的主流价值，履行公民的基本义务。

应该说，宪法这五个方面的基本内涵告诉我们，尽管表面上、文字上我们更多看到的是制度、是原则、是相应的有关条款，但是它所贯穿的基本精神是人类对于政治、经济、文化、社会等各个方面的价值共识。

其次，从宪法的发展历程看，在现代宪法两百多年的发展历程中，尽管不同时期不同国家的宪法有着不同的特点，但是这些宪法在对国家核心价值观的凝聚和承载方面都大同小异。

庆祝中华人民共和国成立 70 周年大会上的民主法治方阵

（新华社记者 詹彦／摄）

以英、美、法为代表的近代资本主义国家的宪法，在确立以代议制和分权制衡为基本内核的资本主义政体的同时，都实现了各自社会主流价值观的国家化和成文化。作为人类历史上第一部社会主义类型的宪法，1917年的苏俄宪法确立了社会主义发展方向和建设共产主义的宏伟目标，确立了以社会为本、崇尚民主价值、实行平等为优先原则的一系列社会主义价值观和宪法理念。

第二次世界大战之后的各国新宪法，大多确立了现代成文宪法下的民主宪制结构和基本权利保护机制。其中，基本权利条款和违宪审查体制成为绝大多数国家成文宪法的共同内容。比如，基于对法西斯独裁统治的反思，人格尊严条款成为德国《基本法》的核心内容，人权保障被视为宪法的"天条"，等等。

最后，从各国宪法的规定看，某种意义上说，宪法不仅是一套规范体系，而且本身也是一种价值体系。比如美国1787年宪法作为人类历史上第一部成文宪法，就凝聚、提炼了美国社会最广泛的价值共识，实现了核心价值观念的国家化和成文化。

法国大革命时期提出的"自由、平等、博爱"作为法兰西共和国格言，被确立为公认的核心价值观，230多年来这些内容一直被书写在宪法之中。德国社会公认的核心价值观体系被称为"自由民主的基本秩序"，这一概念在德国《基本法》的第18条、第22条都有相应的体现。第二次世界大战以后，德国逐渐凝练和形成了以"善良、诚实""民主、责任""宽容、和平、统一""博爱、团结"等为主要内容的核心价值观，并且把这些都写入了《基本法》。

由宪法的基本内涵、宪法的发展历程、各国宪法所具体规定的相关内容，我们都可以得出一个结论，这就是宪法是国家核心价值观最重要的载体。

社会主义核心价值观入宪历程及其基本经验

大家知道，1949年我们颁布了起临时宪法作用的《中国人民政治协商会议共同纲领》（以下简称《共同纲领》），从那时开始我们就十分重视通过宪法来推进核心价值观建设。我们下面从《共同纲领》到后来的"五四宪法""七五宪法""七八宪法",以及现行的"八二宪法",简单梳理一下我国社会主义核心价值观入宪的历程。

《共同纲领》的总纲里面就有不少规定体现了核心价值观。比如,"为中国的独立、民主、和平、统一和富强而奋斗",就有民主和富强的价值取向。在社会和公民层面规定了"中华人民共和国境内各民族,均有平等的权利和义务""妇女在政治的、经济的、文化教育的、社会的生活各方面,均有与男子平等的权利"等条款,这些条款就有自由和平等的价值取向。与此同时,《共同纲领》还专门规定"提倡爱祖国、爱人民、爱劳动、爱科学、爱护公共财物为中华人民共和国全体国民的公德"。

"五四宪法"以《共同纲领》为基础,继承了《共同纲领》中与核心价值观相关的规定,同时又对《共同纲领》予以发展,在这个基础之上出现了许多新的价值观方面的内容。比如说,在序言中提出要把我国"建成繁荣幸福的社会主义社会",丰富了国家层面的价值目标。同时"五四宪法"充实了公民基本权利和义务的规定,确定了以平等权、政治权利和自由、人身自由、宗教信仰自由、社会经济文化权利和特定主体权利保护为内容的整体的公民基本权利体系,全方位体现了自由、平等、公正、法治等社会层面的核心价值观。"五四宪法"还首次单列一章规定国旗、国徽、首都,使核心价值观有了符号化的载体。

"七五宪法"和"七八宪法"尽管有一些缺陷,但同样在相关内容里体现了社会主义核心价值观的要求。

现行宪法也就是 1982 年宪法,充分继承了"五四宪法"的相关规定。现行宪法虽然经过了 1988、1993、1999、2004 以及 2018 年先后五次修改,但是无论怎么修改,在围绕社会主义核心价值观相关内容这一块都不断得到了丰富和发展。现行宪法里面非常重要的一个特点就是,首次对精神文明建设进行了明确的规定,把精神文明建设和社会主义文化制度提高到前所未有的高度,规定精神文明建设是时代变迁导致人们观念变化在宪法上的体现。这表明在社会主义建设新时期,尤其是改革开放背景下,物质文明和精神文明不能"一腿长,一腿短",在加强物质文明建设的同时,还必须努力建设社会主义精神文明。

与此同时，现行宪法随着改革开放以来社会主义核心价值观的逐渐形成而不断发展和完善。社会主义核心价值观由我们党提出，在实践中不断发展完善，最终写入宪法。党的十二大提出"要把我国建设成为高度文明、高度民主的社会主义国家"。1993年的宪法修正案将国家层面的奋斗目标修改为"建设成为富强、民主、文明的社会主义国家"。党的十八大提出24字社会主义核心价值观，十三届全国人大一次会议通过宪法修正案，将社会主义核心价值观正式写入宪法。回顾这样一个历程我们发现，核心价值观发展的历程也是我国现行宪法不断发展、逐渐完善的历程。

从我国现行宪法五个部分的主要内容来看，无论是国家的价值目标、社会的价值取向，还是公民的价值准则，都在宪法里一以贯之地得到体现、得到了相应条文在这方面的规定。所以我国现行宪法不仅仅把我们所追求的相应的理念很好地体现出来，而且在相应的内容和条文制度方面充分彰显了我们对社会主义核心价值观的重视，以及对社会主义核心价值观践行的自觉和自信。

我们国家在把社会主义核心价值观入宪的过程中，积累了丰富的经验。这些经验既为我们加强社会主义精神文明建设提供指引，也预示着我国宪法发展完善的方向。具体来说，有以下几条。

第一，社会主义核心价值观是中华优秀传统道德精华与时代精神相结合的产物。中华优秀传统文化是中华民族生生不息的根和魂。正如习近平总书记强调的，培育和弘扬社会主义核心价值观必须立足中华优秀传统文化。牢固的核心价值观，都有其固有的根本。抛弃传统、丢掉根本，就等于割断了自己的精神命脉。

与此同时，我们要积极培育和践行社会主义核心价值观还必须具有全球视野和世界眼光，保持开放心态，把和平、发展、公平、正义、民主、自由等全人类共同的文明成果作为重要的价值资源。坚持普遍性和特殊性、世界性和民族性的辩证统一。

第二，德法相济是社会主义国家治国理政的本质要求。把倡导社会主义核心价值观写入宪法，体现了依法治国和以德治国的有机结合，有助于巩固全党全国各族人民团结奋斗的共同思想道德基础，为新时代中国特色社会主义伟大事业提供了源源不断的精神动力。法治和德治不可分离、不可偏废。把社会主义核心价值观这一党和人民创造的宝贵财富上升为宪法规定，将更好地发挥宪法的规范、引领、推动和保障作用，更好地为培育和践行社会主义核心价值观创造良好法治环境。

第三，社会主义核心价值观入宪是社会主义精神文明建设的内在需要。本次宪法修改将社会主义核心价值观正式纳入宪法，不仅实现了依宪治国和依宪执政相衔接，而且为进一步加强社会主义精神文明建设提供了宪法依据。2018 年中共中央印发的《社会主义核心价值观融入法治建设立法修法规划》就明确提出，要着力把社会主义核心价值观融入法律法规的立改废释全过程，这就表明社会主义核心价值观将由治国理政的宪法依据贯彻落实到每一部具体的法律之中，以推进社会主义精神文明建设。

加强宪法教育，育魂于法

学法、知法是守法、用法的前提。抓好宪法的实施工作，首先应该加强对宪法的学习，通过学习了解和把握宪法的基本精神，通过学习了解和把握宪法的基本内容，在这个基础之上不断地增强宪法意识、弘扬宪法精神。

我曾经多次讲过，作为公民一个最重要的观念就是宪法观念。也就是说，我们只有对关于宪法到底是什么、宪法里面有些什么有比较全面和深刻的了解，作为一个公民才能够把自己和宪法紧密地联系起来，才能够在自己的工作中、生活中、社会行为中自觉地学习宪法、尊崇宪法、遵守宪法、维护宪法、运用宪法。

加强宪法教育，有三个层面的要求。在国家层面，应当加强对公职人员的宪法教育，让"富强、民主、文明、和谐"成为公职人员的政治信仰和伦理准则。在社会层面，将宪法教育纳入国

习近平进行宪法宣誓

新录用公务员进行宪法宣誓　　　　（光明图片　韩冷/摄）

民教育体系，让"自由、平等、公正、法治"成为整个社会的本体价值和底线伦理。在个体层面，要让宪法成为人民的生活方式，让"爱国、敬业、诚信、友善"成为个体道德人格的共同要件和自觉追求。

具体来说，第一，要求国家工作人员带头学习宪法，完善国家工作人员学习宪法的制度。将社会主义核心价值观写入宪法，在宪法宣誓誓词中对国家机关工作人员提出明确要求，成为国家机关工作人员对宪法的庄严承诺，为培育和践行社会主义核心价值观创新了方式方法。宣誓忠于中华人民共和国宪法，也就是承诺忠于宪法所规定的社会主义核心价值观。公职人员必须以身作则，带头践行这些核心价值观。在我看来，作为国家工作人员不仅应该努力学习宪法，像普通公民一样形成自己牢固的宪法观念，而且作为国家工作人员，还应该有宪法思维。如果真正地树立起这样一种宪法思维，那么他对自己手中的权力就能够有应有的敬畏，因为他的职权都来源于宪法的赋予。他对自己权力的边界、自己行使权力的相关程序就有应有的觉醒。他能够时刻想到应该对宪法负责，应该时时刻刻按照宪法和法律的规定履好责、掌好权。

第二，我们应该以青少年作为普法的重点对象。青少年的价值取向关乎国家的未来，我们把宪法法律教育纳入国民教育体系，目的就是要引导青少年从小掌握宪法法律知识，树立宪法法律意识，养成遵法守法的习惯。我在学校里面分管招生工作，2017年我去了7个省将近30所中学，其中在21所中学我都讲了"什么是宪法"这样一个讲座。为什么我要讲这个？其实目的很清楚，就是希望把我国宪法里面所贯穿的治国理政的基本理念，宪法所明确的基本制度、基本原则、治国理政的基本方略，能够让青少年、中小学生比较清楚、比较明确，在青少年时期就能够牢固树立起应有的宪法观念。

第三，要创新宪法宣传和学习方式，推动宪法生活化，营造践行核心价值观的良好社会氛围。习近平总书记指出，一种价值观要真正发挥作用，必须融入社会生活，让人们在实践中感知它、领悟它。这就要求我们必须把我们倡导的核心价值观与人们的日常生活紧密联系起来，在落细、落小、落实上下功夫。因此，要创新宪法的学习和宣传方式，推动宪法生活化。

以法固魂，推进核心价值观建设

社会主义核心价值观建设是当代中国一项重大的时代课题。核心价值观建设离不开宪法的支持。习近平总书记指出："宪法的生命在于实施，宪法的权威也在于实施。"他还多次强调，要把我国宪法实施贯彻提高到新的水平。只有加强宪法实施、落实宪法中的有关条款，核心价值观才具有牢固的基础。因此，宪法实施是社会主义核心价值观建设的必由之路。

为此，党的十九大报告提出，要加强宪法实施和监督，推进合宪性审查工作，维护宪法权威。具体来说，有以下几个方面。

第一，实施人权条款，加强对公民基本权利的保障。"人权"我们大家都不陌生，但是什么叫人权，可能就说不太清楚了。我们对人权的理解既可以从抽象的角度来认识，也可以从具体的层面来把握。抽象的人权是指作为一个人应该享有的权利，只要你是人，不管你是美国人、英国人、法国人还是中国人，你都有这个权利。但人不是抽象的，人是具体的，人是社会中的人。我们每个人就会自觉不自觉地隶属于一定的集团、一定的组织、一定的阶层，在阶级社会就会隶属于一定的阶级。而我们所处的时代、所处的客观历史环境和条件，就会在每个人身上打下深深的烙印。因此对于人权的理解和把握，我们既要看到不同的国家在这个问题的认识上有相同之处，更应该看到不同的国家国情不一样、条件不相同，不同的国家也自然会有不同的人权观。所以我们对人权的认识既要看到它的普遍性，也要看到它的特殊性。

我国宪法不仅明确规定了人权保障的原则，而且赋予广大公民非常丰富的权利和自由。比如说，公民参与国家政治生活方面的权利和自由，就有这么一些内容：宪法规定中华人民共和国公民在法律面前一律平等，年满 18 周岁的中华人民共和国公民有选举权和被选举权，公民有对国家机关及其工作人员提出批评、申述、控告、检举的权利。不仅如此，宪法还规定了公民的人身自由、公民的人身自由不受侵犯、禁止任何人非法限制公民的人身自由，公民的住宅不受侵犯，公民的人格尊严不受侵犯，公民的通信自由、通信秘密受法律保护，公民有宗教信仰自由，等等。与此同时，宪法还赋予公民的经济、文化方面的权利。宪法规定公民有劳动的权利和义务，公民有休息权，公民有受教育的权利和义务，公民有进行科学研究、文艺创作的自由。还规定了特定主体的权利，比如男女平等，保护婚姻家庭、老人和儿童，关爱青少年成长，等等。由此可见，我国宪法赋予公民的权利和自由，内容丰富，不亚于世界上任何一个国家。所以我们在保障宪法实施的过程中，一个非常重要的方面，就是要努力加强对公民基本权利的保障，从而为社会主义核心价值观的实现奠定人权基础。

第二，要不断完善中国特色社会主义政治制度。践行和培育社会主义核心价值观有多种形式，其中加强制度建设最为根本。党的十一届三中全会就明确指出，为了保障人民民主必须加强法治，必须使民主制度化、法律化，使这种制度和法律不因领导人的改变而改变，不因领导人的看法和注意力的改变而改变。我们在推进和培育社会主义核心价值观的过程中，同样也需要通过制度化、法律化的方式来加强这块工作。

第三，要贯彻落实相关法律，培育尊重和爱护国旗、国徽、国歌意识。国旗、国徽、国歌是国家的象征和标志。每个公民和组织，都应当尊重和爱护国旗、国徽，尊重国歌，维护国歌的尊严。这既是社会主义核心价值观的基本要求，也是国旗法、国徽法、国歌法的明确要求。

第四，要加强道德领域突出问题的专项立法，将一些基本道德要求及时上升为法律规范。通过建立健全法律法规来实施宪法是我国宪法实施的主要途径。宪法中的核心价值观条款对于当下的立法活动也有着重要的指导意义。因此，必须坚持把宪法精神贯穿到立法工作的各方面和全过程，使法律法规更好体现国家的价值目标、社会的价值取向、公民的价值准则，以更加完备的法律推动宪法和法律的实施。

第五，加强宪法监督。宪法监督是保证宪法实施、维护宪法权威的重要途径。中国特色社会主义进入新时代，新的历史条件对宪法监督提出了更高要求。因而我们要完善全国人大及其常委会宪法监督制度，充分发挥宪法解释作用，加强备案审查制度和能力建设，引导社会各界积极参与宪法监督。

在我们培育和践行社会主义核心价值观的过程中，加强宪法实施不仅仅有非常明确的宪法要求，更重要的它是以国家根本法的这样一种形式，以国家的最高意志这样一种要求来体现、来保障。所以宪法的教育和宪法的实施无疑是我们推进核心价值观融入法治建设，并且使核心价值观真正融入我们整个社会生活最基本的、最核心的、最关键的一种途径。

总而言之，2018 年，我国将社会主义核心价值观写入宪法，对于从根本上增强我国软实力，提升社会道德水平和社会文明，实现国家治理现代化具有重大意义。加强宪法教育，弘扬社会主义价值观关系到国家的未来、社会的未来、中华民族的未来。社会主义核心价值观建设既要靠提倡、靠宣传，更要靠制度、靠法治。把社会主义核心价值观融入法治建设，把核心价值观的要求体现到宪法法律、法规规章和公共政策之中，转化为具有刚性约束力的法律规定，只有这样，才能为我们培育和践行核心价值观、推动精神文明建设提供强有力的保障。而只有加强宪法实施和监督，确保宪法规定得到切实有效的实施，宪法精神得到充分的弘扬，才能保障宪法中的价值最终得以实现。

（演讲地点：西南政法大学）

现场问答

提问：一种价值观要真正发挥作用必须融入生活，让人们感知领悟。高校除了宪法教育以外，还能如何作为呢？

周叶中：我们国家如今越来越重视宪法教育，无论是中央还是教育行政部门，都提出在高校要开设宪法课。从2016年开始，学宪法、讲宪法进入大中小学校园，已经成为每年国家宪法日的一个重要安排。把宪法教育纳入国民教育的体系已经成为一个制度，但是光有宪法课够吗？显然不够。我们应该用多种方式，比如相关的演讲、征文比赛、微电影等，与宪法课形成有机衔接。很多大学、政法院系在民商法、刑法学习兴趣组之外，也可以开设宪法学习兴趣小组、学生社团。第二课堂很重要。

另外，在全面建设法治国家的过程中，如果我们的宪法理论研究无法达到相当的层次，对于宪法的实施无法提出基于国情、有针对性而科学有效的意见和建议，依宪治国如何落地？依宪执政又怎样开展？我们所有的法律人，都需要积极地对宪法的理论与实践进行深入思考。

提问：当代大学生肩负着民族复兴的历史重任，我们应该如何为社会主义核心价值观的建设作出贡献？

周叶中：我认为首当其冲的就是从我做起、从现在做起、从身边的小事做起，让我们真正地在培育和践行社会主义核心价值观的过程中发挥好榜样作用，在社会上起到相应的带动效果。另外，核心价值观的培育和践行本身就是很好的社会实践选题。走入社区、农村、企业，跟广大人民群众多接触，能够让我们深入了解当前的社会现象、社会问题，并形成有针对性的意见和建议。这也是作为学生的我们，在为社会主义核心价值观的建设贡献力量。

家风正　政风清

周文彰

周文彰，曾任中共海南省委常委、宣传部部长，国家行政学院副院长，第十二届全国政协委员。现为中共中央党校（国家行政学院）教授，中国人民大学兼职教授，第六届中国书法家协会理事、中央国家机关书法家协会副主席。出版著作《狡黠的心灵》《特区导论》《效果是硬道理》《凡事都要下功夫》《撞钟就要撞响》《为民·务实·清廉——做官做事做人60讲》《让学习成为习惯》等，译著《康德》《理由与求知I》《当代认识论导论》等。作品曾获精神文明建设"五个一工程奖"、中国图书奖。

公权就要公用，不能私用，就像公款就要公用，不能私用一样。别老是惦记着亲人手里的权，别老想有权不用、过期作废。他的权不关你事，那是公权，它是为人民造福所需要的工具，我们家庭用不得。

党的十八大以来，学习、践行社会主义核心价值观的热潮一浪高过一浪。习近平总书记要求我们要"使核心价值观的影响像空气一样无所不在、无时不有"。因此，把社会主义核心价值观贯彻落实到政风家风当中，就是我们面临的一个重要课题。

社会主义核心价值观要落实在家风政风上

我们首先要搞清楚什么是价值和价值观。当我们看见一个绿色的圆圆的东西，首先要问这是什么，经过一番琢磨后发现："哦，原来是西瓜啊。"这个西瓜富含氨基酸和碳水化合物，这个琢磨的过程就是"认识"，得出的判断叫"事实判断"。接着，我们要问西瓜能吃吗？也就是说，西瓜对我们是有利还是有害呢？我们一番琢磨后懂得：吃西瓜是有利的，这个琢磨的过程就叫作"评价"，形成的判断叫作"价值判断"。

所谓价值，就是指事物对我们人的有用性。换句话说，事物对我们究竟是利还是害、是善还是恶、是美还是丑，这里讲的就是事物的价值。价值观就是我们关于什么是利害、善恶、美丑的根本观点和总的看法。我们在从事任何活动之前一定要进行认识和评价，以便形成正确的事实判断和价值判断；事实判断回答事物是什么，价值判断回答事物怎么样。

事实和价值是不同的。事实是不依赖于人的，你承认它是如此，你不承认它也是如此。比如西瓜富含氨基酸和碳水化合物，你喜欢不喜欢，它都是这样，你无法改变它。而价值恰恰是以人为转移的，人不同，同一个事物对他的价值就不一样。比如说西瓜，健康的人吃是有利的，糖尿病人吃就是有害的。价值是因人而异的。面对一个问题、一个项目、一个人物、一部戏剧时，每一个人都有自己不同的评价，这是非常正常的。当然，对事物的价值作出什么判断，一方面取决于事物对个人"怎么样"，另一方面取决于个人所形成的价值观。比如，捐资助学这件事，需要个人出钱，出钱对个人钱袋子来说意味着"失"，因此会被有的人看成是傻，但"助人为乐"的价值观却让捐资助学的人感到"得"——出钱帮助了需要帮助的孩子，获得了人生的意义，活出了人生的价值。

　　既然如此，我们不免要问，人们有共同价值吗？回答是肯定的。比如，任何民族的母亲都爱孩子，任何社会都讨厌小偷，任何时代都喜欢有礼貌的人，这就是共同价值观。一个组织有一个组织的共同价值观，一个民族有一个民族的共同价值观，国家也是如此。如果我们把共同价值观当中最根本、最核心的东西抽出来，这个就是核心价值观。核心价值观首先是共同价值观，同时它是共同价值观当中最根本、最核心的东西。它不讲爱不爱孩子，不讲偷不偷东西，不讲有没有礼貌，它比这些具体的价值观要更高一层。

　　核心价值观，说白了其实就是一种德，既是个人的德，也是一种大德，就是国家的德、社会的德。"德"有境界的高低，大公无私、无私奉献可以说是最高的德。要求每一个社会成员都具有最高的德，当然是不现实的。那么，每一个人都停留在最低的"德"上行不行呢？比如，不偷不抢就是最低的德。如果我们都践行这种最低的"德"会是什么情景呢？假设今天我讲着讲着突然倒在地上不省人事，脑溢血了，大家都静坐着，默念着"不偷不抢"这个道德原则，做到老师的手表再好我不要，老师口袋里的钱再多我也要负责送给家人，结果大家都这么看着我没有呼吸了，这种状态行吗？可见，一个社会如果仅仅满足于最低的"德"是很不够的。作为大家必须共同具有的德，真是"高不成低不就"！

　　怎么办呢？有办法！我们就在大家能够做到的"德"当中选一个最高的。比如说，我们现在有 12、24、48、60、84 这几个数字，它们的公约数是 2、3、4、6、12，那 2 是最小公约数，12 是最大公约数，我们就把大家应当具备的"德"定在 12 上，这就是大家都要做到的最高的"德"。社会主义核心价值观就是中国人的"德"的最大公约数。核心价值观要解决的问题就是我们要建设一个什么样的国家，建设一个什么样的社会，培育什么样的公民。这是一个极其重大的问题，也是对我们国家的发展至关重要的大问题。因此习近平总书记要求让社会主义核心价值观像空气一样无所不在、无时不有，落实在社会生活的方方面面。毫无疑问，家风政风也不例外。社会主义核心价值观一定要落实在家风和政风上！

家风≠政风？ 家风＝政风！

第二部分我们要来回答一个问题，在家风政风的关系上，我们的价值追求是什么？

家风和政风的关系，历来为人们所重视。从古至今，既有无数佳话，也有无数丑闻，更有汗牛充栋的精彩论述。人类政治生活早已证明，家风和政风既可以良性互动，也可以恶性循环。

习近平给父亲的
一封生日贺信

2001 年 10 月 15 日，习近平在写给父亲的祝寿信中说，父亲"平生一贯崇尚节俭，有时几近苛刻。家教的严格，是众所周知的。我们从小就是在您的这种教育下，养成勤俭持家习惯的。这样的好家风我辈将世代相传"。这是讲家风对政风的正面影响。

2016 年 1 月 12 日，习近平总书记在第十八届中央纪律检查委员会第六次全体会议上指出："从近年来查处的腐败案件看，家风败坏往往是领导干部走向严重违纪违法的重要原因。不少领导干部不仅在前台大搞权钱交易，还纵容家属在幕后收钱敛财，子女等也利用父母影响经商谋利、大发不义之财。"这是讲家风和政风的恶性循环。

我们要实现家风和政风的良性互动，那么家风和政风良性互动所要实现的目标状态是什么呢？就是两个方面。

家风和政风相互滋养

第一，家风对政风的滋养。

家风能为政风提供道德基础。家庭对我们每一个人的道德形成至关重要，道德理想和道德良心就是最先在家庭环境中形成的。好的家风一定是有利于个人道德品质的形成的。我们熟知的"岳母刺字"说明，岳母对岳飞的严格教育，对岳飞后来英勇善战、忠心报国起了多么大的作用。包拯严厉要求后代不犯赃滥，不违其志，否则就不是包家子孙，死了也不得葬在包家祖坟，对包氏后人产生了重要影响。可见，好的家风就是有效的教诲、无言的氛围，让家人深受感染和熏陶，助推立德立行，成人成才。

习近平：推动形成社会主义家庭文明新风尚

　　家风还能为政风提供亲情动力。好的家风以亲情的愿望和力量，推动感召领导干部一定要树立好的政风。正是因为好的家风能为领导干部的政风提供亲情动力，全国各地广泛开展了"贤内助""廉内助"活动，让家庭成为远离腐败的港湾，让干部家属始终绷紧廉洁这根弦，

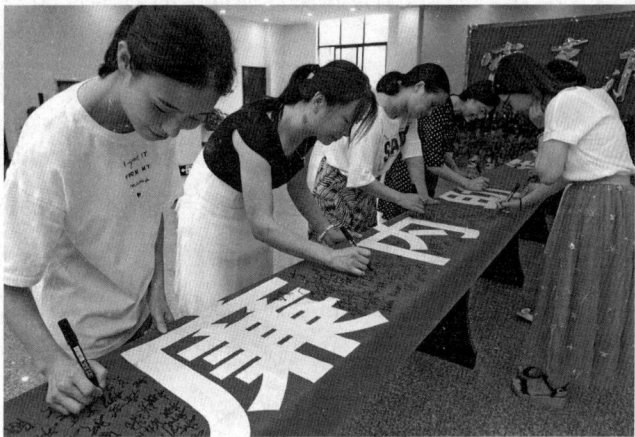

争当廉内助　传承好家风　　　　　（光明图片　袁智／摄）

常念紧箍咒，帮助家人筑牢拒腐防变思想防线。

　　第二，政风对家风的滋养。

　　政风为家风增添了政治内涵。领导干部好的政风，会要求家庭成员更加严格要求自己，更加自觉约束自己；领导干部会告诉家庭成员：我们家的家风如何，不仅关系到这个家庭的形象，而且关系到领导干部的形象、党的形象，从而使家风多了一层政治上的意义。习近平总书记指出，领导干部的家风，不是个人小事、家庭私事，而是领导干部作风的重要表现。

　　政风还会为家风提供社会压力。社会对领导干部带有期待，也伴有监督，必然对领导干部的家风带来巨大的社会压力。他们会强力要求家庭成员只能向好向善，不能随意造次。毛主席就不允许子女搞特殊化，要求他们与

老百姓一样，他常说的一句话是："谁叫你是毛泽东的儿女呢？"这一句"谁叫你是毛泽东的儿女呢？"道出了领导干部身份对家庭必须严加要求的重要性。毛主席在家风上坚持三条原则："恋亲不为亲徇私，念旧不为旧谋利，济亲不为亲撑腰"，为我们作出了光辉的榜样。我不止一次地听说，许多领导干部要求子女开车小心，不要出交通事故，在学校不要做特殊学生、在工作单位不要做特殊职工，因为一些事情发生在普通家庭根本不是事，要是发生在领导干部家庭就会成为大新闻。这就是领导干部身份为家庭带来的社会压力，这种压力反过来促使许多的领导干部严格抓好家风建设。

家风和政风相互校正

怎么校正呢？首先，好的家风让不良政风消失在萌生状态，或者让领导干部迷途知返，说的是家风对于遏制不良政风所起的巨大作用。好的家风会使领导干部的不良政风自惭形秽而稍纵即逝，对不起家庭的自责会使领导干部的不良政风无地自容而悬崖勒马。而家风不正，就会把本来不够廉洁的领导干部推向腐败。"家风败坏是干事创业的负资产，是滋生腐败的温床。"我们要避免这种情况。

其次，好的政风让不良家风湮灭在酝酿阶段，或者让不良家风失去变现条件。这是指好的政风使领导干部坚守底线、刀枪不入；家庭成员的任何不合理要求，领导干部不给面子；家庭成员任何打着领导干部名义办私事的企图，都不会有空子可钻。在这方面，习近平总书记为我们树立了光辉的榜样。习近平总书记对家人的要求非常严格，每到一处工作都告诫亲朋好友不能在他工作的地方从事任何商业活动，不能打着他的旗号办任何事。周恩来总理曾专门召开家庭会议，定下"十条家规"：晚辈不能丢下工作专程去看望他；来者一律住国务院招待所；一律到食堂买饭菜，有工作的自费，没有工作的总理代付伙食费；看电影看戏以家属身份买票入场，不准用招待券；不准请客送礼；不准动用公家的车子；个人生活凡能自己做的事，不要别人办；生活要艰苦朴素；任何场合都不要讲出与总理的关系，不要炫耀自己；不谋私利，不搞特殊化。这个就是好的政风，它一定带出一个好的家风。

综上所述，抓好家风建设，严格要求家属以及子女是一个干部作为一个清官的必备前提。我国传统文化当中有一句大家熟知的话："修身、齐家、治国、平天下""欲治其国者，先齐其家"，要想治国必先齐家，家齐了以后才能够达到国家的治理。这句话就言简意赅地指出了齐家与治国、家风与政风的相互关系，领导干部想要好的政风首先要严格治家。

如何实现家风和政风的良性互动

我们接着讲第三部分内容，如何实现家风和政风的价值目标？我用了两句话来表达：第一句话，定家规，约法三章；第二句话，践行动，相互掣肘。

定家规，约法三章

领导干部的家庭成员要约束自己，对自己约法三章。

一不施压。不要对身为领导干部的亲人施加压力，比如说，不要老是述说自己的单位穷，工资低，经济困难；不准唠叨谁家"一人当官，鸡犬升天"，不要求调整工作、不要求承揽工程；等等。据报道，粉碎"四人帮"后，徐向前出任国务院副总理兼国防部长，主持军委工作。这时，大女儿徐志明到了退休年龄，她是抗战时期在延安参加革命的，当了一辈子医生。有人给她出主意说，凭你的资历，请徐帅出面说句话，重新安排个职务还不容易？徐志明没有这样做，因为她深知父亲要求严格，从来没有给谁讲过话。徐帅的子女说："这点在我们家是很坦然的。一个党只有这样，才有战斗力。如果讲的和做的不一样，别人谁信啊！"

二不说情。家庭成员要自觉地做到不接受任何人的请托，不要在身为领导干部的亲人面前为他人说情。比如说，不要给别人捎话要官，不要为别人谋求不合理的事情，不要为一切非法活动牵线搭桥，更不能为了这个而敛财。

三不插手。家庭成员不应当插手领导干部职权范围内的工程发包、土地

《关于新形势下党内政治生活的若干准则》

出让、特种行业审批、干部任免，不插手一切资源配置。对此，党的十八届六中全会通过的《关于新形势下党内政治生活的若干准则》作出了严格的规定。如果家属不遵守这一条到处插手，而领导干部给予容忍或者是支持，总有一天会出大问题。苏荣就是一个例子。在苏荣担任江西省委书记期间，其妻频繁插手土地出让、工程建设、招标投标，索取收受巨额财物。她成天往来江西各地，结交各色人等，许多干部、商人竞相逢迎。其子多次插手土地、工程项目，大肆收取好处费。后查实，苏荣有13名家庭成员涉案，可谓夫妻联手、父子上阵、兄弟共同敛财。苏荣在忏悔书中写道："我家成了'权钱交易所'，我就是'所长'，老婆是'收款员'。"他醒悟得太晚了。

领导干部在严格要求家庭成员的同时，也要对自己约法三章。

一不为家属谋利。杨善洲同志就是这么做的，他在任县委书记的时候没有利用职权给家人农转非，也没有让儿女端上铁饭碗，儿女结婚的时候他要求从简办事，不能请客、不能收礼。

二不理家属说情。凡是按规定不能办、不该办的事项，家属说情的要一概不理。

三不准家属干政。这里的家属不仅是指领导干部本人的家属。根据中央要求，对所有来自领导干部家属亲友的违规干预行为，都要坚决抵制，并将有关情况报告党组织。

践行动，相互掣肘

要达到家风和政风的良性互动，我们不光要约法三章，还要主动作为，保证落实，而且要一以贯之。

第一，相互观察。家属要随时观察领导干部，看其有什么变化或异常，包括心理、态度、行为的变化。领导干部要随时观察家属有没有利用自己的职务或影响力谋利、办私事的行为，有没有收受礼金或贵重物品的行为。

第二，相互提醒。家属要常吹枕边风，这里的枕边风，不只是夫妻之间的话，枕边风吹的是家风。我们家人对领导干部每天到底唠叨一些什么，至关重要。你老是抱怨或者攀比，要求照顾，办这办那，吹的就是歪风；你提醒他清正廉洁，批评他作风飘浮，要求他自励自省，吹的就是正风。枕边风就是家风的重要载体，我们作为家属要多吹正风，要杜绝歪风，为领导干部端正政风，源源不断地注入正能量。

第三，相互监督。家属眼睛要盯着领导干部，严防任何违纪违法行为发生；领导干部要时刻警惕家属利用自己的权势办一切不该办之事。在这方面焦裕禄同志为我们树立了榜样，有一次他发现他的儿子看了一场"白戏"，没有买票，人家一看是县委书记的儿子就让他进去看了。就因为这件事情焦裕禄专门召开家庭会议，而且起草了《干部十不准》，任何干部在任何时候都不能搞特殊化。焦裕禄同志就是把眼睛盯着子女，对子女可能产生任何不良影响的小事他都不放过。习近平总书记在见到焦裕禄同志儿子的时候他专

"人民好干部"焦裕禄 　　　　　（新华社发）

门提到这件事情，说这件事情给他的印象太深刻了。

有些领导干部恰恰相反。国家发展改革委原副主任、国家能源局原局长刘铁男在儿子刘德成很小时就教育他，"做人要学会走捷径，要做人上人"。刘铁男的教诲在儿子心中深深地扎下了根。长大后的刘德成，脑海中全是父亲灌输的扭曲的金钱观、价值观、人生观。法院判决书显示，在刘铁男案涉及的 3558 万余元财物中，通过儿子刘德成收受的达到 3400 余万元。而儿子的贪婪，则直接源自于父亲的言传身教。刘铁男在法庭最后陈述中痛哭流涕："每天我都在自责，因为我的过错把孩子也毁了，让他走上歧途。'养不教，父之过'，对他的犯罪我应该负全部和根本的责任。"

保持清醒认识　建好家风政风

现在我提出来一个新的问题，家风和政风的关系给了我们什么启示呢？也就是说，我们每一个领导干部和家属从中都应当得到哪些启发呢？我提炼为三个"三"。

第一个"三"：三点认识

领导干部应该获得三点认识。第一，家风就是政风。对领导干部来说，家风就是政风的一部分，如何对待家庭、对待家属亲友，本身就是领导干部从政过程当中始终要处理好的重大政风问题，它体现和考验着领导干部的政治立场、政治态度和政治品格。如何对待家庭及其亲友，其实质就在于我们的领导干部究竟是全心全意为人民服务还是为自己的家庭谋利益。因此，如何对待家风建设，也就是如何对待党的宗旨的问题。

习近平总书记要求"每一位领导干部都要把家风建设摆在重要位置，廉洁修身、廉洁齐家，在管好自己的同时，严格要求配偶、子女和身边工作人员"。我们的领导干部要好好落实习近平总书记的这个要求，努力让家风和政风保持良性互动，让社会主义核心价值观和我们党的价值观始终贯穿党风和政风建设的始终。

第二，家风能够腐蚀政风。我们可不要小看家风，它的能量可大了。在近年来查处的案件当中，家族的腐败触目惊心。某地方检察院曾有一组数据统计：在他们立案查处的 37 起领导干部受贿案中，有 34 名"贪官夫人"充当丈夫的"收银员"，夫妻联手作案率高达 90% 以上。家风可以腐蚀政风，我们领导干部要树立这个观念。

第三，家风的好坏关键在于领导干部。领导干部始终处于主导地位，起着关键的作用，只要你守住底线、坚决不容忍，再坏的家属也办不了什么事。每一个领导干部都要自觉加强党性修养，坚定理想信念，增强政治意识、大局意识、核心意识、看齐意识，当好家风的掌舵人、政风的清醒者、社会主义核心价值观的带头践行者。

第二个"三"：三点建议

这是给家属的三点建议。第一，抛弃非分之想。这非分之想包括很多，不要指望家庭出来一个官，就应该全家沾光，不要指望夫荣妻贵、父荣子贵。

第二，别把公权当私权。我们的亲人是党的领导干部，领导干部掌握的权是公权，它不是私权。比如说周末我们全家去哪儿，究竟是爬山、游泳，还是到外地，你自己决定，这是你的私权。但是跟领导职务联系在一起的权力叫作公权。公权就要公用，不能私用，就像公款就要公用，不能私用一样。别老是惦记着亲人手里的权，别老想有权不用、过期作废。他的权不关你事，那是公权，它是为人民造福所需要的工具，我们家庭用不得。你不要惦记他的权力。

第三，别指望免费的午餐。作为领导干部的家属，别人讨好你、巴结你不是因为你有什么魅力，而是看中你身边的掌权人；别人送你也不是白送你，而是投资你，是在做权钱交易。对此，我们作为家属要设好防线，把住底线。

第三个"三"：三个珍惜

我们领导干部和家庭成员，应当有三个珍惜。

第一，共同珍惜亲人得来的官位。一个家族出来一个干部可不容易啊，领导干部要珍惜，做家属的同样要珍惜。不能辜负组织的培养、人民的期待、自己的努力。一旦栽倒在官位上，十几年、几十年所有的努力与期待都毁于一旦。有一个老母亲去探监看儿子，她说，要知道今天你这个样子，我就不让你读书了。你要是不读书，我们种田放羊，还可以在一起，你今天这样是妈妈错了。今天的位置无论高低，都来得不容易，领导干部、家属都要珍惜。

第二，要珍惜家庭。领导干部和家属都要珍惜家庭。我们作为领导干部，对很多人来说并不是很重要，更何况我们有的职务还不高。也许对别人而言，我们只是一棵草，但是，对家庭就是个天。因此，我们男人在家庭中要活出担当，女人要活出责任，我们都要怀着对家庭高度负责的态度来对待我们亲人手中的权力。

第三，珍惜机遇。我们能够走到今天这个岗位，无论职务高低都是一个舞台，我们应该用这个舞台好好地去履职尽职，闯出一番天地来。只要我们认真对待每一个岗位，它都是可以大显身手的舞台，我们都可以造福别人，也可以实现自我价值。

以上就是我要讲的四个部分的内容。党的十八大以来的这几年，我们能够亲身感受到的最重大的成就之一，就是以习近平同志为核心的党中央全面从严治党，党风明显好转。党风的好转有利地带动了家风政风建设，家庭成员普遍地看到了领导干部廉洁自律对家庭的极端重要性，领导干部普遍地认识到端正家风对领导干部掌权用权的重要意义。但是，我们也一定要清醒地看到，作风建设永远在路上，家风政风保持良性互动是摆在每一个领导干部以及家属面前的长期课题。

（演讲地点：河南省西峡县）

现场问答
XIANCHANG WENDA

提问：有人说，企业是为了追求效率的最大化，作为企业的普通员工只要用心工作就可以了，有没有家风、传不传家风，甚至家风的好坏对企业的影响不大，对此您怎么看？

周文彰：管理干部，要求广大企业职工同心同德向着企业的目标发奋劳动，需要企业文化。企业文化靠每一个领导干部、管理人员和每一个职工的言行来建构。听起来企业文化好像与家风没有关系，实则不然。家风已经给员工塑造了很好的道德品质，才能在工作岗位上发光发热。要建立好的家风和企业文化的互动关系，形成公司与家庭的平等沟通等机制，让员工安心工作，由此也可建立一种崭新的家风和优秀的企业文化。

提问：现实生活中，很少有人将自己的家风总结出来。您认为我们应该怎样让家风实体化，更好地传承下去？

周文彰：要在知识经济时代，把我们的家风传承下去，一定要加上"读书""做人"这两条，这两个方面很重要。我不能说家风是什么，因为每个家庭的具体情况不同，我们每一个家庭都希望优秀的家风可以代代相传。但我希望，我们每一个家庭都结合自家实际去认真琢磨自己的家风是什么，什么样的家风可以对自己现在的家庭成员有所规范、有所引导，同时对我们的下一代教育成长也大有好处。

新时代领导干部的政德建设

靳凤林

靳凤林，中共中央党校（国家行政学院）理论创新工程首席专家、哲学部伦理学教研室主任、教授，全国党校系统首届党性教育精品课获得者。兼任中国伦理学会常务理事、中国政治伦理学会会长、北京伦理学会副会长。先后到美英法德意俄等国访学或进行学术考察活动。长期从事政治伦理、生命伦理、比较伦理的教学与研究工作，出版《追求阶层正义》《死，而后生》《祠堂与教堂》等专著、教材18部。荣获国家图书奖、中央党校优秀科研成果奖等20余项国家和省部级教学科研奖励。

严私德的内在本质是保持自己内心世界的干净整洁，要做到这一点，积极禁止自己对各种不当物欲的追逐与放纵尤为重要，特别是不能让权力沾染上铜臭味，真正做到"当官莫求发财，发财别来做官"。

党的十八大以来，以习近平同志为核心的党中央，领导全国人民在经济、政治、文化、社会、生态方方面面的建设当中取得了巨大成就，其中一个重大的成就就是我们的从严治党、反腐倡廉工作。那在从严治党、反腐倡廉方面，我们解决了什么问题呢？我个人概括来说，就是解决了不敢腐、不能腐、不想腐这三个问题。我们今天就主要围绕着"不想腐"这一条，讲讲政德建设。

道德责任和伦理使命是新时代领导干部的"标配"

先讲讲道德和伦理的概念。

从伦理学专业的角度来讲，道德、伦理是有区别的。一般讲，道德侧重个人的品行、个人的德性，伦理是客观存在的各种各样的社会伦理关系、伦理规则。在平时，道德与伦理在很多时候是并用的，它们不同于法律，是靠信念、习惯、行为方式来进行约束、解决问题。对领导干部来说，加强道德建设究竟有什么价值和意义呢？我觉得主要体现在以下四个层面。

首先，道德责任和伦理使命是影响和制约领导干部个人成长与发展的极其重要的因素。德才兼备、以德为先，这是我们党选人用人的要求。为什么非要以德为先，以才为先不行吗？不行，一个干部在德才无法兼备的时候，有才无德的干部对社会危害更大。比如说，一个法官接到一个案子，涉及非常复杂的物理、化学等技术问题，如果他很有才，懂技术、懂法律，一看就明白这案子的玄机，但他就是个没有德的人，接受了吃请贿赂，就一定能想出办法为犯罪分子开脱罪责。而假如他对基础的技术知识不是很了解，但是他具备一个公平正义的品质，那他一定会按照公平公道的方式来处理这个案子。所以我们要强调，德才兼备一定是以德为先，领导干部个人的德性和才相比，德具有极端重要性。

其次，领导干部的政德水平对公民道德建设发挥着定向、推动、示范和凝聚作用。习近平总书记指出，领导干部要讲政德。政德是整个社会道德建设的风向标。为什么政德就成了风向标？普通人做了点不道德的事情，比如说随地吐痰，这是个人品行问题。领导干部就不同了。一旦领导干部的德性出了问题，这个单位的规章制度运作很可能就会发生倾斜。领导干部掌握着公共权力，对于制度的缺陷、漏洞比一般人了解更多，更有可能变通，会把整个部门风气搞得乌烟瘴气。而我们总是强调选拔一个好的干部就是树立一面旗帜，可以把一个行业、一个单位搞得风清气正。所以说，领导干部起着定向、推动、示范、凝聚的效应，这就是政德重要性之所在。只有领导干部在道德建设中起到率先垂范的作用，整个社会才能形成良好的道德风尚，从而有力促进公民道德建设。

再次，领导干部的政德状况直接影响我们党的执政合法性。一个政党的执政合法性来自方方面面，但是所有的执政党的合法性都离不开道德合理性。比如说，是不是取得了巨大的经济成就就意味着可以长期执政？未必，如果财富的分配是不合理的，带来了社会巨大的不公，那最终一定会引发社会的动荡。这就涉及如何实现社会财富的公平分配的问题。如果领导干部不具有公平正义的品质，就想多吃多占，这种不公平的分配一定会带来对这个国家政党的不满，这就对政党的合法性产生了巨大的威胁。普通百姓对党员领导干部的道德状况的评价，最能直接地反映出执政党的社会形象，并最终影响其执政合法性。

最后，提高领导干部政德水平是推动构建人类命运共同体的需要。一个人的精神格局往往决定人生格局，一个民族的精神格局也决定这个民族的兴衰。当前，中国日益走近世界舞台中央，我们需要站在人类文明的道德高度推动构建人类命运共同体。而这一切最终都要落细落实，落在党员干部身上。中国共产党要带领中国人民走出一条推动构建人类命运共同体的新型文明之路，从而引领人类文明迈向更高阶梯。

那把这个问题讲清了，就要涉及一个问题：党的十八大以后我们处理了这么多干部，干部队伍道德状况整体上到底是爬坡了还是滑坡了？有些人说是滑坡了。而我认为，领导干部道德水平整体来说是一个艰难的爬坡过程。改革开放以来我们国家经济、政治、文化方方面面发生了很大的变化，而广大的基层干部可以说是推动这个社会变革的精神脊梁，如果这些人道德都滑坡了，我们不可能取得这些成就。在这个过程当中也涌现出了一大批的先进人物，比如说像孔繁森、杨善洲为了党的事业呕心沥血、积极开拓、勇于奉献，代表了我们党的干部的整体情况。我们党的一些干部，尤其是高中级干部，出了问题以后对党的形象破坏是极严重的，就导致很多人认为整个领导干部队伍的道德状况

绿了荒山造福百姓的"改革先锋"杨善洲
（新华社发）

不行，导致一些人"端起碗来吃肉，放下筷子骂娘"、上网污蔑丑化我们领导干部。

那我们领导干部应该怎么看待这个问题？我觉得首先我们要对各种非理性的情绪化、极端化的情况有一个基本的抗压能力。我们国家长期以来是党领导方方面面的工作，老百姓很多时候也就认为一切责任在政府。所以我们的职业也是压力巨大，领导干部需要具备基本的抗压能力。另外，在我们国家，老百姓心目当中对于领导干部的道德期望值远远高于对其他人。一个商人做点坏事，大家觉得无商不奸，很自然。但是干部不应该这样，老百姓认为每个干部都应该是焦裕禄、孔繁森，一旦没有做到，老百姓就对你不满。老百姓的期望这么高，领导干部怎么解决道德问题？这就涉及我今天要谈的第二个大问题——新时代领导干部的政德建设具体包括哪些内容。

明大德、守公德、严私德，做新时代有德之人

在习近平总书记有关领导干部政德建设的系列重要讲话中，我认为，"忠诚、干净、担当"和"明大德、守公德、严私德"集中体现了新时代政德思想的核心要义。下面我就来具体讲一讲。

第一个是明大德与领导干部的忠诚品质。

习近平总书记指出，明大德，就是要铸牢理想信念、锤炼坚强党性，在大是大非面前旗帜鲜明，在风浪考验面前无所畏惧，在各种诱惑面前立场坚定，这是领导干部首先要修好的"大德"。当下，领导干部要做到这点，就是要坚定"四个自信"，增强"四个意识"，坚决做到"两个维护"。基本要求是以党章为根本遵循，把党章明确的党的性质和宗旨、指导思想和奋斗目标、基本路线和政策纲领落到实处，凸显党员干部身份的政治属性、政治使命、政治目标、政治追求。特别是要牢固确立马克思主义的指导地位，坚持用习近平新时代中国特色社会主义思想武装头脑，牢固树立共产主义远大理想和中国特色社会主义共同理想，挺起共产党人的脊梁，坚决防止"不信马列信鬼神""不信真理信金钱"。特别是要坚信中国特色社会主义是科学社会主义理论逻辑和中国社会发展的历史逻辑的辩证统一，是当代中国发展进步的根本方向，是全面建成小康社会、全面建成社会主义现代化强国、实现中华民族伟大复兴的必由之路。作为一名领导干部只有理论上认识到位，思想上高度清醒，筑牢了信仰根基，补足了精神之钙，把稳了思想之舵，才能做到品质上忠诚可靠，行动上坚决落实。

第二个是守公德与领导干部的担当精神。

守公德怎么理解？很多人会以为守公德就是讲公民的总体素质，其实在这里讲的守公德有其特定的含义。守公德，就是要强化宗旨意识，全心全意为人民服务，恪守立党为公、执政为民的理念，自觉践行人民对美好生活的需要就是我们的奋斗目标的承诺。这个就是守公德的核心内涵，就是讲领导

习近平强调：领导干部要讲政德

干部要怎么样担当起责任来。越是国内外形势复杂严峻的时候，我们越要保持清醒头脑和战略定力，把以经济建设为中心同坚持四项基本原则、坚持改革开放这两个基本点统一于新时代中国特色社会主义的伟大实践中。要全面贯彻实施新时代中国特色社会主义基本方略，统筹推进"五位一体"总体布局和协调推进"四个全面"战略布局，为实现"两个一百年"奋斗目标不懈努力。特别是在我们想问题、做决策、办事情时，要从人民利益出发，崇尚实干，勤政为民，把精力和心思用在稳增长、促改革、调结构、惠民生、防风险、保稳定上，着力解决人民群众最关心最直接最现实的利益问题，努力让人民群众产生更多的获得感、幸福感、安全感。

守公德还要求领导干部要时刻充满担当精神。世界上的事情都是干出来的，要做工作上的实干家，就必须撸起袖子加油干——苦干、实干加巧干。不因事难而推诿，不因善小而不为，努力做到勤勉敬业、持之以恒。口碑千古事，得失民心知。领导干部要以时不我待、只争朝夕的奋斗精神投入工作，把对组织和人民的感恩之情，转化为奉献社会和服务群众的实际行动，转化为勇创佳绩和拼搏进取的工作劲头，既要做老百姓看得见摸得着的显绩，也要做有利长远、为后人作铺垫的潜绩，要在老老实实干工作和默默无闻做奉献中，追求经过历史沉淀后人民群众真实而客观的评价。

第三个是严私德与领导干部的干净要求。

严私德是什么呢？就是领导干部要严格自己的操守和行为，戒贪止欲，克己奉公，从小事小节上加强修养，在一点一滴中完善自己。在日常工作中，我们要大力倡导清清爽爽的同志关系，规规矩矩的上下级关系，正确处理公和私、义和利、是和非、正和邪、苦和乐的关系。严私德的内在本质是保持自己内心世界的干净整洁，要做到这一点，积极禁止自己对各种不当物欲的追逐与放纵尤为重要，特别是不能让权力沾染上铜臭味，真正做到"当官莫求发财，发财别来做官"。一个公务员既想当官，又想发财，必定导致公权私用，贪污腐化，这种权力寻租即使能短时间内聚敛大量财富，实际上已经陷入了行贿者精心设置的陷阱，最终结果必定是官财两空，身陷囹圄。

领导干部严私德还要高度重视家庭、家教、家风，要把家风建设摆在重要位置，廉洁修身，廉洁齐家，防止"枕边风"成为贪腐的导火索，防止子女打着自己的旗号非法牟利，防止身边人把自己"拉下水"。有些干部对子女的教育从小就疏忽，老是强调自己忙。孩子不成才，父母觉得很亏欠，给他弄个空壳公司，搞点资金，越来越胆大，最后出事了。网上评论这叫"老子是儿子的通行证，儿子是老子的墓志铭"。把子女培养好，是一生中重大的事情。那干部家庭该怎么教育子女？必须大力弘扬知书达理、遵纪守法、家和万事兴的中华传统家庭美德；形成重言传、重身教、教知识、育品德的家教氛围；倡导爱国爱家、相亲相爱、向上向善、共建共享的良好家风。

关于习近平总书记讲的三大德，我结合忠诚、干净、担当，结合政治品德、职业道德、社会公德和家庭美德，对习近平总书记关于政德的相关论述进行了一个概括和理解，这是我谈的第二个大问题。

习近平:《努力造就一支忠诚干净担当的高素质干部队伍》

新时代领导干部政德建设面临的重大课题

上面讲清楚了领导干部核心的政德要求是什么的问题。那么在实际的工作生活当中要贯彻落实这些政德要求其实是很不容易的，为什么呢？因为今天，整个社会正在经历着变革与转型，领导干部面临着价值观、权力观、利益观的巨大挑战。在这个深刻变迁过程中，将领导干部科学正确的价值观、权力观、利益观落实和体现到明大德、守公德、严私德的政德实践，是新时代领导干部政德建设面临的重大课题。

多元文化中的价值观与领导干部的明大德

改革开放以来，伴随着各种社会思潮的兴起，主流价值观与多元价值观之间产生了争论。我认为，一方面，任何政党或国家作为一个生命有机体，其所遵循的价值观模式只能是一元的，它是该政党或国家赖以有效生存和独立发展的唯一抉择，就像一个人不能同时朝两个相反的方向走一样；另一方面，每个政党或国家都是由不同的阶层、阶级或利益集团构成的，他们在价值内容的具体选择、实现方式、操作程序上可以是多样的，就像一个人在实现人生目标时，可以进行多种路径选择一样。因此，我们既不能主张抽象的价值一元论，也不能片面强调相对主义的价值多样论，正确的做法只能是用价值一元论引领和整合价值多样论，用价值多样论丰富和发展价值一元论。当代领导干部要明大德，就必须牢固确立习近平新时代中国特色社会主义思想的指导地位，并用它对中国传统官德和西方公务员道德进行创造性转化和创新性发展，不断丰富和发展领导干部的政德思想。

民主政治制度中的权力观与领导干部的守公德

经过 40 多年改革开放，我国政治体制改革取得了巨大进步，各级领导干部必须通过牢固树立正确的权力观来实现守公德的基本要求。领导干部权力观的核心内容包括以下三点：第一，我是谁？我来自于人民群众，我是人民群众的一员，我要从群众中来，到群众中去，我是一名为人民服务的公仆，不是以权压人、仗势欺人的官老爷。第二，依靠谁？马克思主义群众史观告诉我们，人民群众是历史的创造者，要始终相信群众，依靠群众，密切联系群众，同人民群众打成一片。有一些干部认为自己是凭借个人才能发展起来的，是某位领导提拔起来的，但这种人不明白，没有人民群众的支持，没有党组织搭建的工作平台，你纵使有万般能耐，也不会有施展才能的机会。第三，为了谁？领导干部要意识到，中国共产党既是中国工人阶级的先锋队，也是中国人民和中华民族的先锋队，它的根本宗旨就是全心全意为人民服务，一切从人民利益出发，一切向人民负责，同危害人民群众利益的行为作斗争，万万不能把个人利害得失和少数人的物质利益作为出发点。各级领导干部只有牢固树立服务人民的意识，才能真正把"守公德"落到实处。

市场经济制度中的利益观与领导干部的严私德

马克思指出，每个人所奋斗的一切都与他们的利益相关。我国改革开放以来，利益主体多元化、利益趋向多极化、利益差别显性化、利益矛盾集中化成为当前我国社会的突出特点。

党的十九大报告将我国社会主要矛盾定位为人民日益增长的美好生活需要和不平衡不充分的发展之间的矛盾，那么，发展的不平衡不充分具体表现在哪些方面？我认为伴随社会主义市场经济的深入发展，权力、资本、劳动三大基本变量对我国不同社会阶层之间的利益博弈影响深远。其中，权力与资本、权力与劳动、资本与劳动的利益矛盾，构成了当代中国社会发展不平衡的重要原因之一。特别是一些权力与资本之间抑或政商关系没有处理好，相互勾结，进行利益输送，违背了"亲""清"两原则，引发了权力腐败、资本逻辑侵蚀、干群关系紧张、劳资冲突升级等问题。各级领导干部应该秉持共产党人除了人民的利益以外没有任何私利的理念，打破利益固化的樊篱，牢固树立全心全意为人民服务的根本宗旨，打好"严私德"这场硬战。

强化领导干部政德建设路在何方

强调领导干部政德建设的极端重要性，阐明领导干部政德建设的主要内容，指出当前政德建设面临的各种挑战，目的是为了进一步提高领导干部政德水平。而强化领导干部政德建设的方法和途径包括以下几点。

第一，在持之以恒的理论学习中丰富政德知识。只有理论上清楚了，立场才可以坚定，行动才可以坚决。如果头脑中的理论模糊一片，忽左忽右，行动上也一定是犹豫不决的。党的十九大报告指出，要增强学习本领，在全党营造善于学习、勇于实践的浓厚氛围，建设马克思主义学习型政党，推动建设学习大国。我们党在不同历史时期，都是依靠不断学习马克思主义先进理论和各种科学文化知识，不断更新学习方法和学习机制而走向成功的。在各种学习中，强化领导干部政德理论学习尤为重要。领导干部要爱读书、读好书、善读书，通过研读伦理经典，知廉耻，明是非，懂荣辱，辨善恶，培育健全的道德品格。一个领导干部只有把学习当作自己的崇高精神追求和健康生活方式，才能真正搞好自己的政德修养。习近平总书记在中央党校建校80周年庆祝大会上的讲话中指出：学习需要沉下心来，贵在持之以恒，重在学懂弄通，不能心浮气躁、浅尝辄止、不求甚解。领导干部一定要把学习放在很重要的位置上，如饥似渴地学习，哪怕一天挤出半小时，即使读几页书，只要坚持下去，必定会积少成多、积沙成塔，积跬步以至千里。

第二，在执政实践的砥砺磨炼中生成高超的道德智慧。一名领导干部具备了丰富的道德理论知识，未必证明他具有高水平政德能力，因为一个人的政德水平同其学历、阅历、经历和职务、职称、职级之间，只存在间接联系而没有直接联系。一名领导干部只有将其掌握的道德理论知识，化作植根于内心深处的修养、无须提醒的自觉、工作中时刻为他人着想的善良、以严格约束自己为前提的自由，才能逐步生成自己的道德智慧。换言之，必须内化到自己的内心世界，外化到执政实践中，才能发挥实际作用。

领导干部的政德实践，指的是领导干部在各种道德冲突和伦理悖论中去实践道德规范的过程。反思当前我国行为失范的领导干部，其突出特点是面对各种权力冲突、角色冲突和利益冲突时，无力将一种道德原则贯彻始终。具体表现为：言行不一，人格分裂。要克服这种非道德行为，只能是牢固树立道德自主意识，理论联系实际，努力实现知与行的统一，在基层的执政实践中磨炼道德智慧，在不同行业工作中提升职业道德水平，在不同职级的岗位上身历心悟政德的本质特征。

第三，在法治与德治相互结合中提高政德水平。法律是成文的道德，道德是内心的法律。我们既要强化道德对法律的支撑作用，把道德要求贯彻到法治建设中，更要运用法治手段解决道德领域的问题。领导干部政德风尚的形成、巩固和发展，必须将法治制度建设作为有效保障，因为法律既能对领导干部的道德权利发挥保护作用，也能对领导干部的不道德行为起到巨大的约束作用。只有不断推进领导干部政德建设的法治化、制度化，逐步建立起由奖惩制度、监督制度和管理制度构成的有机统一的党内外法律法规制度体系，才能通过他律手段实现领导干部道德自律的目的，真正培养起"明大德、守公德、严私德"的领导干部政德品质。

另外，无论是什么层面的制度，其本身都有条件性、滞后性、缺漏性三大基本缺陷。而中国正处在社会转型期，一些制度会呈现出缺漏和滞后性是

香山革命纪念地双清别墅一景 　　　　　　　　　　（新华社发　任超／摄）

很正常的，这时领导干部需要进行自由裁量。是创新制度还是任凭制度落后，是为国家着想、想办法弥补漏洞还是想方设法钻空子捞好处，这与法律制度没有关系，而是由他的德性来决定。加强领导干部的道德建设是极端重要的，它是弥补法律滞后性的基础条件，也是自由裁量权按照合理的方向正确使用的前提条件。这就是我说的，要在德法相济中提升领导干部的政德水平。

第四，在网络世界的道德冲突中增强善恶辨别能力。现在的从政环境与40年前完全不同。伴随信息化和经济全球化的相互促进，互联网已经融入领导干部生活的各个方面，它深刻改变着领导干部执政方式和生活方式，同时也在改变着舆论的生成方式和传播方式，改变着媒体格局和舆论生态。这对我们领导干部政德建设的影响越来越深，要求也越来越高。

我们要广泛借助网络世界的优势，创新网上宣传理念、内容、形式、方法、手段，弘扬主旋律，激发正能量，更好地凝聚社会共识，积极培育和践行社会主义核心价值观，大力提高领导干部政德水平。我们还要通过快速、及时、高效的舆论引导和安全监督，有效避免虚假、诈骗、恐怖、色情、暴力等各种不良信息的传播，为新时代我国政德建设提供一个天朗气清、生态良好的网络空间。领导干部面对网络世界的海量信息，怎样才能真正做到"好奇而不受蒙蔽，开放而不被操纵"，这是对其辨别能力的重大考验。领导干部要在网络空间中坚定地"明大德、守公德、严私德"，有效避免道德认知混乱和道德相对主义盛行，学会在多层次、多向度的道德原则体系中树立起道德价值内涵的等级观念，能够依据道德情景的特殊性和复杂性，通过对不同道德原则的通权达变，作出正确的道德判断和道德抉择。

习近平视察北京香山革命纪念地

新的时代面临新的挑战，领导干部落实明大德、守公德、严私德，要创新自己的学习方式，在实践中磨炼，在德法相济中提高，在互联网时代不断地把明大德、守公德、严私德推到一个更高的水平。

（演讲地点：重庆市巴南区）

现场问答
XIANCHANG WENDA

提问：靳教授您好，我是一名办公室的工作人员，也是一名"90后"。我们基层的工作往往头绪多、任务重，没有时间学习。基层干部如何处理好工学矛盾，变"要我学"为"我要学"？

靳凤林：学习这个事，贵在勤与恒。习近平总书记指出，学习需要沉下心来，贵在持之以恒，重在学懂弄通，不能心浮气躁、浅尝辄止、不求甚解。大家工作很忙、事很多，但一天就读几页书总还是可以的吧，只要你勤奋，每天抽半小时读几页书，久久为功，这样一年下来就是读几本书。我们要坚持下去，从而积少成多、聚沙成塔。

提问：我们应该如何通过制度完善来化解"公利"与"私利"的矛盾？如何在倡导政德的同时，合理规导干部的个人发展呢？

靳凤林：公利和私利是政治学研究很核心的问题，回答这个问题首先要搞清"公利"的概念是什么。公利有真正的,有虚假的。真正的公利是真正为全体人民共同享有的利益;虚假的公利是打着公利的旗号来谋取私利。我们要坚守的,是真正的公利,第一就是要保证集体利益。第二,要充分尊重个人的正当利益。第三,在公共利益和正当利益实在没有办法同时兼顾、发生冲突矛盾的时候,作为一个共产党人要放弃个人利益,维护整体的利益,这是必须遵守的原则。

二维码索引

责任编辑：钟金铃　郭彦辰
版式设计：汪　莹
封面设计：林芝玉
责任校对：史伟伟

图书在版编目（CIP）数据

中国价值／中共中央宣传部宣传教育局，光明日报社　编．——
　北京：人民出版社，2020.1
ISBN 978－7－01－021531－0

I.①中… II.①中… ②光… III.①社会主义核心价值观－中国
　IV.① D616

中国版本图书馆 CIP 数据核字（2019）第 244805 号

中国价值
ZHONGGUO JIAZHI

中共中央宣传部宣传教育局　光明日报社　编

人民出版社 出版发行
（100706　北京市东城区隆福寺街 99 号）

涿州市星河印刷有限公司印刷　新华书店经销

2020 年 1 月第 1 版　2020 年 1 月北京第 1 次印刷
开本：710 毫米 ×1000 毫米 1/16　印张：21.25
字数：315 千字

ISBN 978－7－01－021531－0　定价：49.00 元

邮购地址 100706　北京市东城区隆福寺街 99 号
人民东方图书销售中心　电话（010）65250042　65289539